ヨーロッパの社会保障

イタリア・フランス・ドイツ・オランダ

小磯 明 著

同時代社

はしがき

　2024年7月26日から8月11日まで、第33回オリンピック競技大会がフランス・パリを中心に開催されました。パリでオリンピックが開催されるのは1900年、1924年に続き3回目でした。大会では、32競技329種目が実施され、開会式ではパリ中心部を流れるセーヌ川が舞台となり、各国の選手が国旗を手に船で入場してきたのはわずか5カ月前のことでした。

　そして、8月28日から9月8日の12日間にわたって、パリ2024パラリンピック競技大会は、世界で最も優れたパラリンピック選手4,400人が一堂に会して開催されました。現在、パラリンピックは世界最大のスポーツイベントのひとつであり、大会ごとに世界中の人々の関心が高まっています。パラリンピックは単なるスポーツイベントではなく、スポーツと障がいについて世界の注目を集め、個々を励まし、社会変革をもたらし、障がいがある人々のためのインクルーシブなスポーツ参加を促す機会となっています。

　まだあのときの興奮が冷めやまぬ状況のなかで、私は『ヨーロッパの社会保障』というタイトルをつけた本書を出版するに至りました。日常であればこのような大きなタイトルをつけることはまずないと思うのですが、オリンピック・パラリンピックの興奮が私を後押ししてくれたものと考えます。

　さて、私が海外視察調査をはじめたのは2005年からです。博士論文執筆のために、ヨーロッパの社会保障の実際を現場から知るために、デンマーク、ドイツ、フランスを訪問したのが最初でした。あれからコロナ禍前の2019年まで、15年にわたってイタリア、デンマーク、ドイツ、イギリス、オランダ、フィンランド、リトアニアの8カ国の視察調査を行ってきました。2019年12月初旬に、武漢市で第1例目の新型コロナウィルス感染者が報告されてから、わずか数カ月でパンデミックと言われる世界的な流行となってしまったために、2019年8月に訪問したフィンランドとリトアニアの視察調査が海外視察調査の最後になってしまいました。その後は海外視察はどこにも行っていません。

当たり前のことですが、視察調査したことを文章にして読者に届ける作業というのは実に時間と労力を要します。わざわざ海外の国まで行き、見てきたこと聞いてきたこと、そして学んだことをすべて文章にして報告することなどできることではありません。これまで出版してきた拙著においてもそうですが、本書においても多くの時間と労力を要して何とか出版できる状況になったというのが実情です。その意味では、せっかく見て聞いた素晴らし他国の取り組みもまだ全然手付かずのままのものが多数残されており、思い通りにいかないもどかしさや歯がゆさがあります。このような思いがあり、本書を上梓することといたしました。

　私を含め、多くの日本人にとってヨーロッパの国々はどの国も魅力的で、憧れの国々です。本書で取り上げたイタリア、フランス、ドイツ、オランダは、それぞれが大変魅力的な国で、日本人にはいろいろな意味で興味深い国々だといってよいでしょう。

　私が本書で取り上げて記述していることは断片的なことではありますが、何事も自分の目で見て聞いて学んだことしか信じないという私の調査者としての基本があります関係で、今回も現場の様子がうまく記述されていれば読者の皆様には「良し」としていただけますよう、よろしくお願い申し上げます。

　本書が、社会保障に関心のある方、とりわけヨーロッパの社会保障に関心のある方、そしてイタリアやフランスやドイツやオランダという国に関心のある方、どこか1つの国にでも関心のある方やヨーロッパそのものに関心があるといった、多くの方々に読んでいただけますよう、心から願うばかりです。

2025 年 1 月

小磯　明

もくじ

はしがき ……………………………………………………………………… 3

序　視察調査の概要と本書の構成 ……………………… 19

第1節　本書の目的　19

第2節　視察調査と本書の関係　20

第3節　本書の構成　31

第Ⅰ部　イタリアの国民保健サービス

第1章　イタリアの医療制度 ……………………………… 36

第1節　国民保健サービスのしくみ　36

国民保健サービスの組織／　保健省／　州・自治権／　地域保健事業体

第2節　国民保健サービス機構　38

イタリア国民医療組織の歴史的変遷／　国民保健サービス機構（Servizio Sanitario Nazionale：SSN）＝イタリア健康保険制度の発足／　保健予約センターと保健広報センター／　公的医療制度の財源

第2章　家庭医とイタリア医療の課題（ミラノ）……………… 43

第1節　STUDIO MEDICO BARDI MONTANI SUTTI　43

1人の医師が1,500人の患者さんを担当／　医療費は無料／　予約患者は1日20人／　診療所を自由開業できるわけではない／　イタリア医師会の活動／　情報を行政に報告する義務はない／　患者の具合を判断することが家庭医にとって一番難しい／　医療情報システム／　患者データを自由に見られるはず？／　ASLとクリニックの日常的な関係／　待合室／　失業していても診ます

第2節　メディチナ・デモクラティカ（Medicina Democratica）
　　　　──イタリアの医療の課題──　52

メディチナ・デモクラティカの設立、目的、運動／　イタリアの医療システムとEU諸国の医療システムの違い／　イタリアの家庭医制度／ディスカッション

第3章　オスペダーレ・マッジョーレ（Ospedale Maggiore）・ボローニャ——ボローニャ市Ausl の地域医療政策—— ……………………………… 60

第1節　118番オペレーションセンター　60

マッジョーレ病院／　オペレーションセンターのネットワーク／　医師はボローニャ県内で12人が常駐／　救急通報を受ける体制／　オペレーションセンターの仕組み／　オペレーターと通報者のやり取り／　ヘリコプターと救急車の配備／　ドクターヘリ

第2節　マッジョーレ病院の医療機能　67

マウロ・ゴレッティ病院長の施設の説明／　ボローニャ市の医療環境／病院のネットワーク機能／　AUSL傘下のボローニャ県の病院総従業員数は約8,500名／　手術のウェイティングリスト／　どのように病院を改装しベッドを回していくかが一番の問題

第3節　ボローニャ市Auslの地域医療政策　73

アチエンダ・ウスルの使命は住民に医療サービスを保障すること／　全体的に予算が削減されて合理化せずにはいられない状況／　健康の家／地域医療計画と予算／　アチエンダ・ウスルの構造／　誰が介護するのか

第4章　地区高齢者介護施設と薬局 ……………………………… 80

第1節　ヴィラ・ラヌッチ（Villa Ranuzzi）（ボローニャ）　80

ヴィラ・ラヌッチ／　施設の概要／　アニマルセラピーと脳トレーニング／　リハビリテーション／　ミッション／　公的機関と民間／　地域のソーシャルワーカーとの連携／　公立病院をどう評価するか／　施設の良し悪しを決めるのはスタッフのチームワーク／　グループの概要、年間事業高／　イタリアの認知症対策ネットワーク／　経営者ネットワーク

第2節　サンタ・マリア・ノヴェッラ薬局（フィレンツェ）——Officina Profumo-Farmaceutica di Santa Maria Novella——　89

サンタ・マリア・ノヴェッラ薬局／　薬局の歴史／　オリジナルな製造法／　アックア・デッラ・レジーナ（王妃の水）／　ポプリ／　サンタマリアノヴェッラミュージアム／　おわりに

第Ⅱ部　フランスの医療と介護

第1章　フランスの医療保険制度 ················· 96

第1節　フランスの医療　96

データで見るフランス／　医療データ／　「新規開業看護師への地域制限」の法制化

第2節　フランスの医療制度　99

医療環境／　ビタルカード／　支払い方式／　無料と有料の救急車／日本のように1カ所で全部できない／　かかりつけ医制度／　患者の自己負担

第3節　2階建ての医療保険　104

保険診療と補足保険／　1ユーロはカバーされない／　2階保険には国民の85％が入っている

第4節　社会保障の3つのポケット　106

疾病・労災・CMU／　職域ごとの金庫分立

第2章　フランスの介護保険と在宅入院制度 ················· 109

第1節　フランスの介護保険　109

APA（高齢者自助手当）／　マイア／　連帯費用／　地方健康庁／MAIA の根拠法と沿革／　従来の制度カオス／　ジェッション・ド・カ（Gesrtion de Cas）／　MAIA の流れ

第2節　在宅入院制度　117

コーディネート・ドクター／　「病・診・HAD の三つ巴」で24時間管理／　HAD の誕生と沿革／　モバイル・チーム／　ナーシング／　病院平均在院日数は7日間／　在宅入院の治療／　介護の自己負担は多い／最期はどこで亡くなるか

第3節　パリ公立病院協会所属在宅入院連盟　124

体制と許可病床／　対象疾患／　コーディネーター看護師／　看護師はなぜ在宅で働きたがるのか

第3章　フランス赤十字社アンリ・デュナン病院老年科センター
CROIX-ROUGE FRANÇAISE HÔPITAL HENRY DUNANT Centre de Gérontologie

.... 128

第1節　医療保険制度と病院　128

医療保険制度等／　医療施設／　医療従事者／　公立病院／　民間非営利病院／　営利病院／　非営利法人の概要／　非営利団体への税制措置

第2節　HÔPITAL HENRY DUNANT Centre de Gérontologie CROIX-ROUGE FRANÇAISE　133

ラボと画像診断は外部委託／　リウマチ科の診察室・処置室／　臨床心理士がメモリーテストをする／　入院受付／　急性期一般病棟／　亜急性期病棟／　人員体制／　配薬・食事／　医師オフィス・ナースステーション／　退院支援／　ターミナルケア／　長期療養病棟／　入院するための審査／　強みはケアミックス／　マンパワー／　バカンスのときはどうするのか／　おわりに

第3節　日本への示唆　145

二人のディレクター／　マネジメント／　ストラテジー／　クオリティ・アシュアランス／　国の在宅への政策誘導

第4章　フランスの訪問看護 151

第1節　制度の概要　151

医療と介護の連携の重要性を再認識／　開業看護師は医師の処方に基づき看護行為を提供／　保健医療福祉制度の概要／　3種類の在宅看護とヘルパー／　①開業看護師による訪問看護／　②在宅訪問看護・介護事業所のサービス事業所による訪問看護／　③在宅入院制度による訪問看護／　④訪問看護の教育制度／　⑤ホームヘルパーの家事援助などの生活支援

第2節　開業看護師による訪問看護の実際　157

看護師数と種類、自由開業の規制／　クリストフ氏の事例／　ビタルカード／　在宅維持の看護行為／　診療報酬、連携、看取り／　看護師を70歳までやりたい

第3節　活動と課題　165

終末期医療／　グループ診療／　ナーシング／　開業希望者は多いのか／　地域区分と訪問に要する時間評価／　開業看護師数の地域間格差／　看護行為の範囲／　急変時の対応／　オブザベーション

第4節　訪問看護振興協会／高齢者対象在宅看護・介護ケアを
　　　　行う NPO 組織、開業ナースオフィス（ADSSID）　174

パリ郊外の訪問看護振興協会在宅訪問看護・介護事業所／　人員体制と
看護内容／　厳しい経営／　看護師、看護助手とヘルパー、付き添いの
違い／　利用者宅への在宅訪問の様子／　日本への示唆

第5章　フランスの地域包括ケア──パリ西地区の
MAIA, CLIC, RéseauX の活動──　181

第1節　パリ西地域の健康ネットワーク（RéseauX de Santé
　　　　Paris Ouest）　182

パリを6つの区域に分ける／　3つのネットワーク／　患者の状態をアセ
スメント／　223人の高齢者と213人のターミナルケアのネットワーク／
連絡はどこから来るのか／　かかりつけ医と病院医師など669人にコン
タクト／　カオスからシンプルが目的

第2節　クリック（CLIC）　187

クリックは社会医療施設の位置付け／　管轄区域の4人に1人が60歳以
上高齢者／　クリックのミッション／　アセスメント／　在宅での生活
維持をより長くする：73歳のケース／　フランスでは裁判所が介入する
／　ムジュール・プロテクションという法的保護

第3節　マイア（MAIA）　195

マイアはシンプル化し在宅維持を継続させる／　Gesrtion de Cas／　マ
イアが取り扱うケース／　マイアの介入効果

第4節　ディスカッション　198

認知症国家戦略／　それぞれの役割分担／　2016年末には355のマイア
／　在宅で老年学をやりたかった

第Ⅲ部　ドイツの社会保障

第1章　ドイツの介護保険　204

第1節　介護保険の概要　205

5番目の社会保険システムとして誕生／　原則として全国民が加入／　介
護手当／　部分保険

第2節　10年目の介護保険事情　206

介護必要度の判定／　介護度は3段階／　家族介護への現金給付／　保

険給付を受けている人は約3割

第2章　ミュンヘン・カリタス・ゾチアルスタチオン …… 210

第1節　カリタス会の慈善事業　210

カリタスとはカトリック系の教会組織／　カリタス会がやっていること
／　人種、宗教にかかわらず誰にでもサービス提供／　補完制の原則

第2節　ゾチアルスタチオンの事業　211

ミュンヘン全体をカバー／　13人の看護師が120〜130人の要介護者を看
護・介護／　介護報酬は行為別／　在宅看護の実際／　介護報酬が低い
ことが財政面の厳しさの原因／　看護・介護の質の問題は重要／　訪問
看護師の給料

第3節　10年目のドイツ介護保険が示唆するもの　215

介護保険の財政問題／　看護・介護サービスの質の問題／　ドイツの制
度は補完制の原則に基礎を置いている

第3章　プロテスタント・ディアコニークランケンハウ
　　　　ス・フライブルク──Evangelisches
　　　　Diakoniekrankenhaus freiburg── ……………… 219

第1節　病院の概要　219

1898年に設立／　医師の臨床研修／　病床数・医師数・看護師数ほか

第2節　院内視察　221

外来患者ステーション／　緊急外来／　給食室・洗濯設備／　集中治療
室／　新しい手術室／　移動式手術室／　洗浄滅菌消毒室／　外科病棟
／　内科病棟

第3節　病院経営　225

収入の9割は社会保険から／　常に行われる法改正／　患者負担金ゼロ

第4節　日本のLED無影灯と移動手術室　226

病院の約8割はハロゲンの無影灯を使用／　日本では手術室をレンタル
している病院はない／　日本でも進むICU室のシステム化

第4章　デンツリンゲン・森の自然幼稚園 ……………………… 228

第1節　子どもたちがずっと外で過ごす幼稚園　228

案内されたのは避難小屋／　サンクト・マーティンの歌／　森の幼稚園
（ヴァルトキンダーガルテン）とは／　やるべきことは他の幼稚園と全く

同じ、ただ場所が森の中／　自然がおもちゃ／　森の幼稚園の１週間

第２節　体験学習を重視　231

保育士がそれぞれの専門分野をもっている／　寒いときでももちろん外で遊ぶ／　幼稚園と保育園／　森の幼稚園の年齢は３歳から６歳／　先生何人で子どもたちをみるのか

第３節　市民が結成した非営利団体が森の幼稚園を運営　233

フェアアイン／　運営方式

第４節　園舎をもたず雨・雪の日も毎日森に出かけるのが森の幼稚園　234

発祥はデンマーク／　森の幼稚園は自然の中でのびのびと遊ばせたい親の願いから生まれた／　森の幼稚園は１年から２年待ち

第５章　ダッハウ・強制収容所 ……………………………… 237

第１節　ナチスによるドイツで最初の強制収容所　237

ダッハウ／　ARBEIT MACHT FREI／　囚人たちの記録／　収容された囚人は206,206人／　ファーターランド／　三角形は完全殺人の場所／　労働・住居・血統化／　ヒットラー／　神様は目をつぶっている／　ダビットの星／　鞭による制裁／　帽子を転がして銃殺する／　死の行進／　生体実験／　囚人の生活／　絞首刑と射殺、感電死

第２節　毒ガス室・火葬場・焼却炉　247

バラックＸ／　シャワー室と書かれたガス室

第３節　歴史を改ざんする逆流は許されない　249

侵略戦争を美化する日本／　ナチス戦犯を今でも裁き続けるドイツ／　ナチ犯罪に時効なし

第Ⅳ部　オランダの医療と介護

第１章　オランダの医療 ……………………………………… 254

第１節　オランダという国　254

面積と人口／　寛容政策／ヘドウヘン

第２節　オランダ医療の概要　255

ヨーロッパ第三のモデル／　三つの柱／　９割は独立非営利の病院／　デ

ッカー改革／　「規制された競争」を目指す

第3節　オランダの医療の仕組み　257

死亡原因と医療費／　医療の質　／高齢化による医療費増／　GP（一般医）システム／　地域医療の変化

第2章　オランダの介護保険 ················· 260

第1節　世界で最初の介護保険　260

特別医療費補償保険／　需要主導型のサービスが実現／　施設系と住宅系の介護サービス／　創設時の保険料率は 0.4%

第2節　ナーシングホームから住宅へシフト　262

保険料が 25 倍に上がった／　軽度者の保険給付をコムーネの事業へ

第3章　新しい医療保険制度 ················· 263

第1節　国民健康保険制度への加入が義務付けられた　263

健康保険制度が一本化／　オランダ在住、在勤者はすべて各自保険会社を選んで加入

第2節　年収別医療保険料を支払う　264

年収の約 6.25%／　ノー・クレイム

第4章　オランダの病院とナーシングホーム
―― フリースランド州とアムステルダム市の病院　視察を中心として ―― ················· 266

第1節　ウェストフリース病院　266

Westfries gasthuis／　2 つの病院を統合して 1 つの病院へ／　患者が医療を受療する 3 段階／　患者がくつろげる環境づくりが重要／　患者が病院を選べる仕組み／　病院設備／　病院建築予算の 1% は美術品で使う法律／心臓病の患者はそのまま 3 階の ICU にすぐに運ばれる仕組み／どのエネルギーを使うかは病院の自由

第2節　セント・ルーカス・アンドリュース病院　270

Sint Lucass Andeas Ziekenhuis／　800 オブジェにも及ぶ絵画や彫刻が病院内に展示／　産婦人科に力を入れている病院

第3節　アムステルダム大学医学部付属病院（AMC）　273

Academisch medisch Centrium／　総床面積は 34 万 km^2 で病院敷地面積世界一の病院

第4節　ナーシングホーム　274

De Die Cordaan／　施設の入居者は168人／　地域コミュニティセンターとしての役割／　おわりに

あとがき　277

初出一覧　280

図表目次

【I イタリア】

図 1-1 イタリア保健省の組織 36

図 1-2 SSN の収入・支出の推移 41

写真 2-1 バルディ先生 43

写真 2-2 マンションの 1 階にある診療所 43

写真 2-3 簡単な処置具 45

写真 2-4 薬のサンプルが置かれた棚 46

写真 2-5 患者の診療カード（テッセレ・サニタリア） 49

写真 2-6 画面に映しだされた患者データを操作する Bardi 先生 50

写真 2-7 モニカ先生の机 51

写真 2-8 モニカ先生の部屋に置かれた診察台 51

写真 2-9 待合室に置かれた本は患者用 51

写真 2-10 Bardi 先生の診察室のチェ・ゲバラの写真 52

写真 2-11 右から、バルディ先生、カルティドーリ さん、通訳の森田 さん、アンドレア・ミケーリ先生（前ミラノ大学伝染病担 当） 53

写真 2-12 ディスカッションの様子（ミラノ大学） 58

写真 3-1 マッジョーレ病院外観 60

写真 3-2 アレキサンドラさん（ヘリコプター操縦士） 66

写真 3-3 ドクターヘリ 67

写真 3-4 屋上のヘリポート 67

写真 3-5 マウロ・ゴレッティ：Mauro Goletti（マッジョーレ病院長） 68

写真 3-6 病院の裏側 68

写真 3-7 小児精神のデイセンター 68

写真 3-8 検査センター 69

写真 3-9 図書室で質疑応答 69

写真 3-10 説明するマリア・クリスティーナ・コーキ医師 75

写真 4-1 歓迎の挨拶をするアヴェラルド・オルタ副社長（中央） 80

写真 4-2 入居者の部屋 81

写真 4-3 動物を使ったセラピー 82

写真 4-4 バルコニーでゆったりと家族と過ごす高齢者 82

写真 4-5 電磁波を使ったリハビリ 83

写真 4-6 　「イタリアの認知症対策のネットワークサービスのあり方」
　　　　　　を執筆した医師　87

写真 4-7 　エレーナ・ブルーナ施設長（中央）　89

写真 4-8 　薬局入口　90

写真 4-9 　若い女性が商品について説明してくれる　90

写真 4-10 　薬局の入り口から奥を写す　94

写真 4-11 　サンタ・マリア・ノヴェッラの商品　94

【Ⅱ　フランス】

表 1-1 　　デモクラフィック・データ（2015 年 1 月 1 日現在）　97

表 1-2 　　医療データ（2014 年 12 月 31 日）　97

図 1-1 　　フランスの医療の仕組み　100

図 2-2 　　フランスの 2 階建て医療保険　107

表 2-1 　　6 段階の AGGIR の要介護度評価　110

表 2-2 　　マイア根拠法　113

図 2-1 　　従来の制度カオス　115

図 2-2 　　在宅入院制度：HAD（Hospitalisation a Domicile）　118

表 2-3 　　在宅入院の治療　123

写真 2-1 　パリ公立病院協会所属在宅入院連盟　125

写真 2-2 　HAD 広報担当ディレクターのダニエル・ペレーレさん（前
　　　　　　列左から 4 人目）　125

表 3-1 　　医療施設数・病床数・構成割合　129

写真 3-1 　病院の外観　134

写真 3-2 　　CROIX-ROUGE FRANÇAISE のロゴ　134

写真 3-3 　病院全景（模型）　134

写真 3-4 　読影室　135

写真 3-5 　リウマチ科の診察室・処置室　135

写真 3-6 　模型　135

写真 3-7 　臨床心理士がメモリーテストをする　136

写真 3-8 　入院受付室。左がメディカル・ディレクターの Dr.Tir（チ
　　　　　　ー）氏、右の男性が担当者　136

表 3-9 　　1 階の病室配置図　137

表 3-10 　　急性期病棟の看護部長　137

写真 3-11 　病棟の処置室　139

写真 3-12 　配薬カートで配薬中　139

写真 3-13　長期療養病棟の看護部長　139

写真 3-14　亜急性期病棟の食事ルーム　139

写真 3-15　医師のオフィス　139

写真 3-16　部屋番号が書かれており画像が置いてある　139

写真 3-17　ナースステーションの張り紙　140

写真 3-18　別の階の食事ルーム　140

写真 3-19　設置されたクーラー　140

写真 3-20　亜急性期担当のドクター　140

写真 3-21　長期療養病棟で働く看護師　144

写真 3-22　経営ディレクターの Sicard（シカー）氏（左）とメディカルディレクターの Dr.Tir（チー）（右）　145

表 4-1　主な医療・看護行為（AMI）の点数（抜粋）　152

表 4-2　フランスの訪問看護サービス　156

写真 4-1　開業看護師の Lasser, Christophe（ラセール，クリストフ）氏　158

写真 4-2　端末機　160

写真 4-3　ビタルカードから出てきた患者情報　161

写真 4-4　ケモテラピーをやっているところ　162

写真 4-5　マーチン・テルニシエンさん（左）とガブリエル・ローベルサックさん（Director）　175

写真 5-1　MAIA のビルの前の鉄橋　181

写真 5-2　MAIA, CLIC, RéseauX の入っている建物　181

写真 5-3　CLIC, MAIA, RéseauX de Santé Paris Ouest の看板　182

写真 5-4　説明するネットワークの老年科の医師　182

表 5-1　管轄区域　183

図 5-1　6CLIC PARIS ÉMERAUD（6 クリック・パリ・エムロード）　183

写真 5-5　CLIC の Sylvie Dhalleine（シルビー・ダリエーヌ）さん　188

写真 5-6　CLIC のテリトリー（管轄区）　189

表 5-2　管轄区域の高齢者人口　189

写真 5-7　クリックのミッション　190

写真 5-8　MAIA Paris Ouest の Pilote（パイロット）の Matthieu JOLY（マチュー・ジョリー）さん　195

写真 5-9　管内の MAIA　196

写真 5-10　パリの 6 つのマイア　201

【Ⅲ　ドイツ】

写真 1-1　　ミュンヘンの凱旋門　204

写真 1-2　　ミュンヘンの新市庁舎　204

表 1-1　　　ドイツ介護保険の財政状況　207

図 1-1　　　介護保険の給付　208

写真 2-1　　オフィスで説明する所長のクリスティーナ・ハックさん　212

写真 2-2　　リュックをもって要介護者の訪問にでようとしていた看護
　　　　　　師たち　212

写真 3-1　　病院全景（ホームページより）　219

写真 3-2　　病院経営管理者のデッカーさん（左）とアルガイヤ医師　220

写真 3-3　　集中治療室（ICU）の監視装置と薬液自動注入ポンプ　222

写真 3-4　　クレーンで吊り上げられた移動式手術室　224

写真 3-5　　洗浄減菌装置　224

写真 3-6　　外科病棟の個室　225

写真 4-1　　森の幼稚園のマーク：WALD KINDER GARTEN　228

写真 4-2　　避難小屋　228

写真 4-3　　サンクト・マーティンの歌を歌ってくれた子供たち　229

写真 4-4　　子供たちと一緒に遊ぶ犬　232

写真 5-1　　ARBEIT MACHT FREI　238

写真 5-2　　広大な敷地内に復元された２棟のバラック　239

写真 5-3　　ドイツ全土につくられた収容所　239

写真 5-4　　囚人たちの労働の様子　241

写真 5-5　　演説するヒットラー　241

写真 5-6　　空に目が描かれており、「いつも監視されていた」という意
　　　　　　味　242

写真 5-7　　囚人につけられたマーク　243

写真 5-8　　実物の牛の筋の乾燥した鞭と台　244

写真 5-9　　鞭で打たれている様子　244

写真 5-10　 ぶら下げられる囚人　244

写真 5-11　 仕切りのないベッド　245

写真 5-12　 鉄柵に張り付いている遺体を表現　246

写真 5-13　 ダッハウの囚人　246

写真 5-14　 山積みにされて放置された遺体　246

写真 5-15　 鉄条網と見張り門　247

写真 5-16　 かつて絞首刑が行われた場所　247

写真 5-17　新しく造られた毒ガス室と火葬場　248

写真 5-18　新しく造られた焼却炉　248

写真 5-19　囚人が焼却されるまでの部屋の順序を示した図　248

写真 5-20　シャワー室と書かれたガス室　248

写真 5-21　ガス室内部　248

写真 5-22　広大な敷地のダッハウ強制収容所　250

【Ⅳ　オランダ】

写真 4-1　ウェストフリース・ゲスト・ハウスと書かれた病院入口　267

写真 4-2　ウェストフリース病院　267

写真 4-3　病院通路から外が見える　268

写真 4-4　病院の壁に飾られた若手芸術家の作品　269

写真 4-5　病院併設の発電所　270

写真 4-6　セント・ルーカス・アンドリュース病院の全景　271

写真 4-7　ロビーに飾られた大きなオブジェ　271

写真 4-8　患者への情報提供のための装置　271

写真 4-9　病院ロビーでくつろぐ患者ら　272

写真 4-10　千夜一夜をテーマにした特別室　272

写真 4-11　水と空と大地と太陽をテーマにした部屋　272

写真 4-12　AMC 病院の全景　273

写真 4-13　AMC 内のロビー　273

写真 4-14　コールダーンのナーシングホーム　274

写真 4-15　ナーシングホームの模型　274

写真 4-16　施設スタッフのニーナ・マーザレオさん　275

写真 4-17　高齢者が入居する 2 人部屋　275

写真 4-18　施設のレストラン　276

序 視察調査の概要と本書の構成

第1節　本書の目的

　本書は、後述する4つの視察調査の社会保障の部分を取り出してまとめたものであり、イタリア、フランス、ドイツ、オランダの4カ国の医療や介護、社会保障などの政策や制度改革の内容と現場での取り組みに焦点を当てた著書です。

　イタリアとオランダは定点調査とはなってはいませんが、フランスとドイツについては、数度の定点調査を実施しており、とりわけドイツにおいては従来から介護保険制度には注目してきたところです。

　本書は、第2節をみてもらうとわかるように、2005年から2015年までの海外調査結果の報告書となっており、コロナ禍前の視察調査結果について、まとめています。したがって、コロナ後の調査は行っておらず、最新の状況をフォローすることはしていません。この点では、過去の情報としての誹りは免れません。しかしながら、何事も時間差のない研究などありえませんし、問題はどの程度の射程でものごとを見て考えるのかということだと思います。

　本書は、イタリア、フランス、ドイツ、オランダの医療と介護や社会保障を学ぶという意味において意義あるものと考えますし、ヨーロッパといっても違う国なのだということを紹介している点においては重要だと思います。

　国際比較研究という意味では、不十分ではありますが、4カ国を紹介し読者に情報を提供しているという点においては、本書の目的に適っていると考えます。

第2節　視察調査と本書の関係

イタリア

「第Ⅰ部　イタリアの国民保健サービス」の元になった視察調査は、「イタリア非営利・協同の医療福祉と社会サービスの視察と調査」（非営利・協同総合研究所いのちとくらし）です。

　私たちは、2013年10月26日〜11月4日（10日間）、イタリア視察（ミラノ・ボローニャ）を行いました。参加は総勢20名です。この視察は、非営利・協同総合研究所いのちとくらしの「地域医療再編と自治体病院問題ワーキンググループ」で発案され、田中夏子先生（元都留文科大学教授）、石塚秀雄先生（研究所主任研究員）による現地への依頼、ボローニャでの通訳の青山愛さんに依頼先へのフォローをお願いして全体の日程を決定しました。

　視察先一覧とその一部について述べます。

（1）CRM Coop Sociale arl（R.S.A）（ミラノ）

　CRM コープ・ソチャーレは、ミラノ県のコムーネの一つ、パッウロ（Paullo）市にある社会的協同組合（A型）の運営する高齢者介護施設です。建物はコムーネのもので、コムーネが使う部分以外は社会的協同組合が借りています。市民は市に紹介されてこうした施設に入るので、社会的協同組合としては選択・紹介されるように努めていました。

　デイケアは定員枠30人でしたが、私たちの訪問時にはまだオープンしたところだったので、利用者は定員まで達していませんでした。他に、16戸×2棟のミニアパートには32人、老人ホームには22人が入居していました。将来的にこの施設に入るであろう高齢者には在宅サービスも提供していました。

　組合員は480名、フルタイムの職を得るために組合員となります。利益目的の事業とは異なり、働く人の希望が事業に生かされる逆ピラミッドとなっていると説明を受けました。入所者の費用負担は障害の重さによって異なりますが、1日100ユーロでロンバルディア州が30%、家族70%（負担できないときは一部コムーネが負担）です。職員の最低給与（アシスタント）は週6日、38時間労働で

月 1,100 ユーロでした。

(2) Medicina Democratica（民主的医師協会）（ミラノ）

　一部が家庭医であるドクター・バルディの診療所で説明と見学、その後、全員がミラノ大学のキャンパスで概要説明を受けました。民主的医師協会は、ドクター・マッカカーロによって 1976 年に結成された医療・保健・労災職業病・公害・環境問題などに取り組む組織です。公害など問題があった時には調査など直ちに行動します。

　イタリアではベルルスコーニ政権により、公立医療に対する攻撃が 10 年前に強くなりました。これまでは、公立の医療は安価で長寿であると主張してきましたが、きちんとした証明はまだできていないということでした。公立病院の患者は重症化し、民間病院は利益を追求してしまう、また家庭医と病院が分断されてしまったそうです。

　そして、治療と予防とが改革以降分離してしまったそうです。また家庭医のシステムは全体では良く機能しているが、例えば病気の1人暮らしの老人の生活全体をどうしたらよいかについて、家庭医では手が出せないとのことでした。福祉と医療について、一カ所で全体的な対応ができない状況だそうです。

　制度は各州によって違いがあります。特に医療では南北格差が大きく、北部の州はまだよくやっていると思うという説明がありました。大病院に救急センターが付設され県内をネットワークで管理していること、日本とイタリアの病院長の役割の違い、社会的協同組合による福祉サービス提供とコムーネからの支払遅延の影響などが特に印象に残りました。

　他に、次のような視察を行いました。
(3) Beata Vergine delle Grazie（Soc.coop. r. l）（ボローニャ）、カトリック教区中心の社会的協同組合運営の高齢者介護施設。
(4) Societa Dolce（Soc Coop）、（ボローニャ）社会的協同組合の成年包摂施設。
(5) Villa Ranuzzi、有限会社運営の高齢者介護施設。
(6) Ospedale Maggiore（ボローニャ）、マッジョーレ病院（ASL

運営)。

(7) Confcooperativa 傘下の社会的協同組合 Domus Assistenza（本部モデナ）が運営する施設（障害者作業所兼デイセンター、障害者就労支援施設兼作業所）。

(8) 社会的協同組合 COPAPS（ボローニャ郊外）。

(9) ボローニャ・ナヴィレ区議会場で医療福祉政策のレクチャー、ナヴィレ区社会センター見学。

(10) ボローニャ・ポルト区の Centro Sociale Giorgio Costa（社会センター）、社会センターの全国組織 ANCESCAO についても説明を受けました。

　イタリア視察調査のうち、社会的協同組合の取り組みについては『イタリアの社会的協同組合』（同時代社）としてまとめて、2015年に出版済みです。本書「第Ⅰ部　イタリアの国民保健サービス」は、前著で書ききれなかった家庭医とイタリア医療の課題やボローニャのマッジョーレ病院を中心としたボローニャ市 Ausl の地域医療政策についてまとめています。

フランス

　「第Ⅱ部　フランスの医療と介護」の元になった視察調査は、「フランス（パリ）で学ぶ高齢者ケア視察」（トラベルパートナーズ）です。

　2015年10月9日から15日までのパリの高齢者ケア視察調査は、2005年調査以降の定点調査となりました。視察調査で驚いたことと新しい発見がいくつかありましたので、視察調査の概要を簡単に述べ、印象的な発見を述べておきます。視察調査先と面会者は、次の通りです。

　初日の午前は、奥田七穂子氏（日本医師会総合政策研究機構フランス駐在研究員：当時）の「フランスにおける地域包括ケア　医療と介護の連携」のレクチャーでした。午後は、ABCD（Abbaye-Bords de Marne-Cité Verte Domicile & Services）という公立の高齢者住宅の視察でした。

　2日目午前は、パリ市中心に所在する赤十字老年科病院の視察と

22

ディスカッション、そして午後は、開業看護師の実践についてのレクチャーとディスカッションでした。

3日目は全日、在宅入院最大手のサンテサービス（Foundation Santé Service）での特別研修でした。内容は、HAD（L'hospitalisation à domicile）の現状と経営について、在宅医療と介護の多職種連携についての説明でした。施設見学で見た薬剤と医療資材等の物流センターは圧巻でした。

4日目午前は、全国在宅入院連盟（FNEHAD）本部から、ニコラ・ノアレ（Nicolas Noiriel）連盟代表が私たちの滞在ホテルまで来てくれて、レクチャーをしていただきました。在宅入院については、拙著『高齢者医療と介護看護』（第八章）でも執筆しているので、関心のある方は、そちらを参照していただきたいと思います。午後は、日本の地域包括ケアシステムに当たる、MAIA（地域包括ケアの拠点）とCLIC、ネットワークと呼ばれる組織の実際の活動等のレクチャーでした。MAIAについて少し補足すると、2009年に第三次アルツハイマー・プランによってトライアルが開始され、2011年より全国展開されました。これまで医療・介護の分野には様々な制度、プレイヤーがあり、混沌としていたのを、シンプルにすることが目的で設置されました。2016年末には355カ所が設置され、これでフランス全土がカバーされることになりました。MAIAは、（高齢者障害者）全国自立連帯金庫（CNSA）の指示によって、各県の地方健康庁（ARS）が、MAIAの実行組織を公募して設立されます。各MAIAは指名されたパイロットが運営し、Gestion de Casというケアマネジャー的な役割の人が2〜3名配置されます。MAIAやGestion de Casはすべての要介護のケースを扱うわけではなく、困難事例を扱うところです。

5日目は帰国日だったので、オルセーとオランジュリーの美術館を巡り、オペラ座を眺めながらギャラリーラファイエット百貨店で買い物をしながらゆっくり過ごしました。滞在5日間の内、4日間の視察調査期間中に、できる限り高齢者を支えるフランスの在宅ケアの取り組みについて学ぶ機会を得ることができたことは幸いでした。

こういった視察調査の中で私が驚いたことの第一は、2005年調

23

査で初めて知った在宅入院のことでした。2005年時点から今日まで、サンテサービスでの研修から、在宅入院の規模は拡大し内容が充実していることがわかり、フランス政府の在宅入院への期待が大きいことがわかりました。しかし同時に驚いたのは、在宅入院連盟本部のニコラ・ノアレ氏は、在宅入院はフランス国内であまり知られていないと言いました。しかも医療者の中でも知られていない実態があるとのことでした。私はこのことを聞いたとき、大変意外でした。

　フランスの在宅入院は、ある程度国民合意の政策との思い込みがあったことを反省しました。考えてみれば、日本でも訪問看護事業を知らない人もいるだろうと考えると、フランスでも在宅入院を知らなくても不思議ではありません。さらにいうと、機能強化型訪問看護ステーションなどは、国民はほとんど知らないと思われました。

　第二に、新たな発見として、日本の地域包括ケアステーションに似た組織として、MAIA、CLIC、ネットワークが配置されていることがあります。これらの組織がパリ市内20区すべてをカバーするように配置することが決まっていました。住民に近いところで、政策が実行されている点は、日本の地域包括ケアシステム・ネットワークとの共通点がありました。

　第三に、納得したのは、開業看護師の活動です。第一と第二の中間に位置するのが、開業看護師です。在宅入院は、病院と変わらない高度医療を在宅で提供します。MAIA等は、住民生活に近いところで、介護や認知症の人への対応など、生活援助も担います。そして、開業看護師は、レベルの差はありますが、その中間を担うという三層構造ができていました。2015年調査時にはMAIA等がなかったので、在宅入院と開業看護師の二層構造でしたが、MAIA等が設置されたことで、三層構造ができあがりました。

　これらは住民ニーズの変化に鑑みれば当然と思われますが、政策がうまくいくかどうかは、やはり今後の動向を注目すべきと考えます。

　第四は、フランス生まれの新しい認知症ケアの手法＝ユマニチュードは、母国フランスではまったく普及しておらず、相手にされていないことも今回の視察の発見でした。「あまりにも当たり前すぎる」（サンテサービスの説明）ことが理由でした。この点は、日本

の方が騒ぎすぎだとよくわかりました。

　フランスの医療・介護制度に馴染みがない方は、フランスの医療保険の仕組みや介護保険ではない介護手当（APA, Allocation personnaliisée d'autonomie）、そして総合診療医（GP）と専門医のことなど、基本的なことから知りたいという方がいるかもしれません。そのような方は、拙著『フランスの医療福祉改革』（日本評論社）や類書をお読みください。

　また、フランスの高齢者ケア視察調査のうち、フランス赤十字社アンリ・デュナン病院老年学センターの取り組みや開業看護師の実際の活動、在宅入院の制度と事例について、パリ西地区のMAIA、CLIC、ネットワークなどの活動の事例、そしてフランスの高齢者をめぐる住環境と高齢者住宅についても『フランスの医療福祉改革』に研究内容をまとめていますので参考にして下さい。

　本書「第Ⅱ部　フランスの医療と介護」は、前著と内容が大きく異なっています。とくに研究書ではない一般書として執筆していますので、写真も多く読みやすいと思います。

　このように、第Ⅱ部は2015年の視察調査が元になっているのですが、前著とのもう1つの違いは、2005年調査の知見も盛り込んでいることです。

　「デンマーク・フランス・ドイツの在宅看護視察・研修と調査」の調査実施団体は日本訪問看護振興財団・日本看護協会です。研修参加者は、旅行会社の通訳とコーディネーターの山崎摩耶氏（日本訪問看護振興財団理事：当時）を含めた7人でした。

　私たちは、2005年11月20～27日の日程で、デンマーク・フランス・ドイツの在宅看護を視察・研修・調査しました。『コミュニティケア』誌に掲載された視察報告の中で、私は「まだ未成熟に思えるドイツの『介護の社会化』」を分担執筆しました。

　この視察のフランス（パリ）では、公立病院協会所属入院連名（HAD）を訪問し、広報担当ディレクターから事業概要のレクチャーを受け、グループディスカッションしました。その後、パリ郊外の訪問看護振興協会を訪問し、2人の管理者・ディレクターとスタ

ッフから訪問看護・介護の実際のレクチャーを受け、グループディスカッションしました。最後は、国立社会歴史人類研究所でマリークリスティーヌ・プシェル教授等からレクチャーを受けました。

私は、調査参加者のほとんどが看護師であったなかで、政策と制度の研究者として、日本の医療と介護の制度面からグループディスカッションに参加しました。

本書第Ⅱ部には、この2005年調査のときのHAD訪問での知見とパリ近郊の訪問看護振興協会での知見を盛り込んでいます。

ドイツ

「第Ⅲ部　ドイツの社会保障」の元になった視察調査は、「ドイツの非営利・協同の医療と脱原発の地域電力事業を見る旅」視察と調査（非営利・協同総合研究所いのちとくらし）です。

(1) 視察の概要

2012年11月3日から11日にかけて、「ドイツの非営利・協同の医療と脱原発の地域電力事業を見る旅」は、医師、弁護士、公認会計士、税理士、看護師、大学教授、研究所研究員等の15名の参加で実施されました。視察の実施主体は、非営利・協同総合研究所です。主な訪問先は医療・福祉分野では高齢者施設や民間非営利病院、地域電力事業については2012年3月に来日したエアハルト・シュルツ氏の協力を得て、フライブルク市内とその周辺地域における脱原発の実践を視察し、シェーナウの電力供給協同組合を訪問しました。詳細は報告書として発行済みです。

(2) AWO運営の高齢者施設とドイツの介護保険

AWO（労働者福祉団体）は、労働者の生活を維持・救済するものとして社会党マリー・ユハーツ氏がアイデアを出し、1919年から始まりました。ナチス時代には解体されましたが戦後に復活、東ドイツ側にも統一後に広まりました。本部はベルリンにあり、各州に州本部があります。会員は約40万人、職員は看護師・介護士など17.3万人です。AWOは子どもたちの学童保育や幼稚園、DVを受けた女性の保護、アルコール中毒患者等のクリニック、高齢者・

精神障害者のホームなどを運営しています。中立の立場で運営され、会員でなくても施設利用の対象になります。外国人、イスラム教徒も対象となるということでした。

ドイツ国内には福祉団体は6つあり（ドイツ赤十字、カトリック系カリタス、プロテスタント系のディアコニー・パリテート、ユダヤ中央福祉会）、この6団体合同組織もあります。通訳の方が住むミュンヘン市の老人サービスセンターは26カ所あり、カリタスその他の団体とともにAWOも受託運営していました。その場合、90％は市、10％は各団体が負担します。老人サービスセンターは高齢者の生活向上に向け、生活の相談にのるもので、デイサービスとは別に語学講座、ランチサービス、みんなでクリスマスを祝うなどを行うと言います。

この訪問ではケーニッヒスブルンにある高齢者施設を視察しました。ケーニッヒスブルンはアウグスブルク郊外の町で、1940年代は人口が2,800人でしたが東欧からの避難民や空軍基地の存在、アウグスブルクからの移住などもあり、2012年には2万8千人となりました。高齢者施設は2004年に設立されました。行政が誘致し、運営をAWOが行っています。周辺は施設が出来る前は何もなかったそうですが、現在は新興住宅街となっていました。

見学の前にドイツの制度全般についていうかがいました。施設によって金額に差はありますが、介護度1の場合、施設利用料の自己負担額は約60％、残りは介護保険が支払うといいます。自己負担が全額できない場合のため住民保険（Burger保険）を検討中であり、強制保険か任意かも検討中とのことでした。行政による負担はこのAWOで35％、ドイツ全体でも約3分の1になるといいます。介護保険開始時よりもコストが2倍になっているので負担も増えていました。

(3) フライブルク、シェーナウEWSを中心とする脱原発の視察

上述の通りシュルツ氏からはじめにドイツ全体やバーデン・ヴュルテンベルク州のエネルギー政策や反原発運動の経緯等についてレクチャーを受けました。その後、視察したのはフライブルク市内のヴォーバン地区（住民と行政が話し合いトラムが整備され自転車利

用が多く、自動車利用をなるべく減らす都市計画が作られ、太陽に向かって回転するソーラー住宅「ヘリオトロープ」やプラスエネルギー住宅、パッシブハウス等がある)、太陽エネルギーを利用するサッカースタジアム、小型水力発電、コジェネ・木質ペレットでの暖房、地下水冷房などを利用するエコ・ホテル（宿泊したところでもある）といった都市での取り組みのほか、農家によるバイオマス発電・コジェネの取り組み（酪農からシフトしたとのこと）、風力発電の風車などでした。

1970 年代の原発建設反対から代替エネルギーとして太陽を利用する発熱・発電、水力・風力・バイオマス等の発電を進め、省エネをすすめる市民の運動や協力が継続し、制度が整備されたからこその成果でした。いわば地産地消のエネルギー政策の実例を見ることが出来たのは大きな経験となりました。議会の決定が妥当かどうか、住民が住民投票で決定を行う例などはシェーナウを紹介する書籍にも記載がありますが、連邦政府の決定がすべてではない、自分たちの地域のことは自分たちで決定するという地方自治の裏付けが大きいと考えさせられました。

(4) その他、移動オペ室のある病院

かなり遅い時間になっての病院訪問となってしまったのですが、経営トップ、医師トップの二人から概要説明、施設内を案内してもらいました。その際に「オペ・コンテナ」という 7 × 5 メートルのワンセットになった移動式の手術室があり、大変興味深かったことを覚えています。数年単位で購入、売却をするといいます。

その他、ミュンヘン市内見学、ハイデルベル市内見学、ダッハウ強制収容所跡、スイスのバーゼル市内見学などを行いました。

ミュンヘン、フライブルク、ヴァイセンブルク、シェーナウ、フライアムト、ヘデルベルク、ローテンブルク、フランクフルトなどのドイツの街とスイスのヴァーゼルを訪問しました。

調査方法は、事業所を訪問してレクチャーを受けることと、実際のバイオマス、風力などの再生可能エネルギーを生産している農家でのヒアリング、小水力発電施設、農家レストラン、ソーラーパネルを設置したサッカー場などの視察です。

コーディネーターのシュルツ氏の案内で、ドイツで取り組まれている再生可能エネルギーについて理解を深めることができました。また、ヴォーバン地区ではパッシブハウスやプラスエネルギー住宅につて学び理解を深めることができました。またシェーナウでは、協同組合が売電会社を創設した歴史を学ぶことができ、大変興味深かったことが思い出されます。

再生可能エネルギー関係の訪問事業所数は8カ所です。高齢者施設は2カ所、病院は1カ所の事業所を訪問しました。

「ドイツの非営利・協同の医療と脱原発の地域電力事業を見る旅」視察と調査のうち、フライブルクやヴァイスヴァイル・シェーナウ、フライアムトを訪問調査した結果については、拙著『ドイツのエネルギー協同組合』（同時代社）にまとめて、2015年に出版済みです。

本書「第Ⅲ部　ドイツの社会保障」は、前著では取り上げらることができなかったプロテスタント・ディアコニークランケンハウス・フライブルクとデンツリンゲン・森の自然幼稚園、そしてダッハウ・強制収容所についてまとめています。

このように、第Ⅲ部は2012年の視察調査が元になっているのですが、第Ⅱ部と同様に、2005年調査の「デンマーク・フランス・ドイツの在宅看護視察・研修と調査」の知見も盛り込んでいます。この視察のドイツ（ミュンヘン）では、バイエルン州MDK（疾病金庫）において介護保険認定部の総責任者ロルフ・ジョイ氏から介護保険の概況のレクチャーを受けました。その後、カリタス・ゾチアルスタチオン（在宅看護介護事業所）を視察しました。

本書第Ⅲ部には、この2005年調査のときの介護保険事情とミュンヘン・カリタス・ゾチアルスタチオン訪問での知見を盛り込んでいます。

オランダ

「第Ⅳ部　オランダの医療と介護」の元になった視察調査は、「オランダ医療施設及び一般建築視察」研修と調査（フォルボ・フロア

リングジャパン）です。

　実施年は2007年で、調査主体（調査実施団体）は、フォルボ・フロアリングジャパンです。

　視察・研修・調査は、2007年5月13日から20日までの日程で実施されました。視察・研修の内容について、報告書『オランダ医療施設及び一般建築視察ツアー　報告書（2007年5月）』の中で、私は「オランダの病院とナーシングホーム――フリースランド州とアムステルダム市の病院視察を中心として――」を分担執筆しました。

　私たちが調査したのは、ウェストフリース病院（病床数530、ICU13床）。次に、アムステルダム市にある地方病院のセント・ルーカス・アンドリュース病院（病床数600）。3つ目は、アムステルダム大学医学部附属病院でした。4つ目は、コールダーンという組合組織が運営するナーシングホームでした。

　調査方法は、それぞれの事業所のキーパーソンからのヒアリングです。私たちが、視察・研修から得た知見は、オランダの医療機関もヨーロッパ諸国の中にあって、同じような歩みをしているということでした。ヨーロッパ諸国では、高騰する医療費の抑制を目的に、およそ20年前から病院の統廃合を行い、機能を集中化させてきた経過がありました。

　私は、日本の医療機関のアクセスの良さは先進諸国の中でも極めて優れていて、地域住民の医療を受ける権利を保障する大事な施策であると考えています。世界一の高齢社会をすでに迎えた日本においては、急性期医療の充実とともに、在宅での介護と福祉の充実が喫緊の課題であったと思われます。私の役割は、建築家が多かった参加者の中で、医療政策と制度に精通した研究者として、各事業者キーパーソンのヒアリングに参加しました。

　研究業績となった「オランダの病院とナーシングホーム――フリースランド州とアムステルダム市の病院視察を中心として――」『オランダ医療施設及び一般建築視察ツアー　報告書（2007年5月）』（2007年）を加筆修正して、第Ⅳ部として本書におさめました。

第3節　本書の構成

　本書は4部構成です。「第Ⅰ部　イタリアの医療制度」は、第1章でイタリアの医療制度について述べています。国民保健サービスのしくみを紹介し、国民保健サービス機構について述べています。

　第2章は家庭医とイタリア医療の課題にいついて述べています。第1節でイタリアの家庭医の事例を紹介し、第2節ではイタリア医療の課題を取り上げています。

　第3章は、ボローニャ市Auslの地域医療政策について、ボローニャのマジョーレ病院を中心とした取り組みを事例として取り上げています。

　第4章はボローニャのヴィラ・ラヌッチという地区高齢者介護施設を事例として取り上げて高齢者のリハビリや介護の取り組みについて述べています。そして、フィレンツェに所在するサンタ・マリア・ノヴェッラ薬局を紹介しています。

　「第Ⅱ部　フランスの医療と介護」は、第1章はフランスの医療保険制度について述べています。第2章はフランスの介護保険と在宅入院制度について、第1節でフランスの介護保険制度のしくみについて述べて、第2節では在宅入院制度について、そして第3節ではパリ公立病院協会所属在宅入院連盟の取り組みについて述べています。

　第3章は、フランス赤十字社アンリ・デュナン病院老年科センターを事例にして、フランスの医療保険制度と病院について述べ、第2節でフランスパリの病院とはどのようなものかを、アンリ・デュナン病院の取り組みを通じて紹介しています。続く第3節も二人のディレクターの病院経営の考え方を知る上で参考になると考えます。

　第4章はフランスの訪問看護について展開しています。制度の概要や開業看護師による訪問看護の実際やその活動と課題などを知ることができます。

　第5章はフランスの地域包括ケアについて、パリ西地区のMAIAなどのネットワークでの取り組みを展開しています。日本の地域包括ケアシステムと比較した考察はしていませんが、フラン

スの地域包括ケアシステムとはどういったものかを知ることができると思います。

「第Ⅲ部　ドイツの社会保障」は、第1章は10年目を迎えた際のドイツの介護保険について述べているものであり、すでに20年を超えたドイツの介護保険からみると物足りなさがあると思われますが、10年前を振り返るのにちょうどよい素材となっています。

第2章は、ミュンヘンのカリタス・ゾチアルスタチオンの事例ではありますが、2005年当時の視察の際の課題や実際について述べられており、歴史を少し振り返るのに良いと思われます。

第3章は、プロテスタント・ディアコニークランケンハウス・フライブルグの事例です。ドイツの病院の取り組みや経営課題についてもわかるようになっています。

第4章は、デンツリンゲンの森の自然幼稚園の事例を紹介しています。本書の中で唯一保育にかかわる内容であり、とりわけ森の幼稚園といった、日本でも取り組みをしているところはあるにはありますが、ドイツの取り組みとはどういったものかを知ることができる唯一の論考になっています。

第5章のダッハウ・強制収容所は、本書の中でも一際異色の論考で、ナチスによるドイツで最初の強制収容所の論考です。現在も現実社会では戦争が行われていて、休戦するまでにはまだまだ時間がかかりそうです。戦争とはどんなに酷いかをこの論考から改めて考えてほしいと思います。戦争をしないということは究極の社会保障ではないかという思いを込めて本書におさめています。

「第Ⅳ部　オランダの医療と介護」は、第1章でオランダの医療について仕組みを簡単に説明しています。第2章ではオランダの介護保険について述べており、世界で最初の介護保険であるオランダの介護事情について簡単に紹介しています。さらに第3章では新しい医療保険制度というテーマを紹介していますが、現在のオランダの制度から見たらどう変化したかの考察をしていませんので、詳しく知りたい読者はフォローする必要があります。

第4章はオランダの病院とナーシングホームについて、2007年

序 視察調査の概要と本書の構成

の視察時点での訪問先の取り組みを紹介しています。3つの病院と
1つのナーシングホームの4つについて述べています。

第Ⅰ部　イタリアの国民保健サービス

第1章 イタリアの医療制度

第1節 国民保健サービスのしくみ

国民保健サービスの組織

　国民保健サービス（Servizio Sanitario Nazionale：SSN）は、1978年の法律第833号（Legge 23 dicember 1978, No 833. Istituzione del servizio sanitario nazionale.）によって導入された国営の医療制度で、疾病の治療、予防、リハビリテーションなどを通じ、全ての国民に同じレベルの健康を保障することが目的です。同サービスは、保健省を頂点とする国・州・各地域の3段階に分かれた各組織により実施されています（European Commission 2002）（図1-1）。

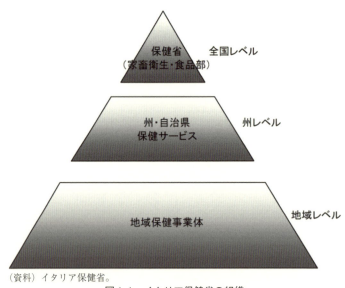

（資料）イタリア保健省。

図1-1　イタリア保健省の組織

第1章　イタリアの医療制度

　国民保健サービスを実施する組織の中心は保健省（Ministero della Salute）であり、次が21の州・自治県政府（19の州（Regioni）と2つの自治県（Province　autonome））、そして人口5万人から20万人に1ヵ所の基準で設置された地域保健事業体（Azienda Sanitaria Locale：ASL）が保健医療サービスを提供する基礎単位となっています。これらに加え、多数の国レベルや地域レベルで設置された各種機関・研究所があります。

保健省

　保健省は、国民保健サービスの中心機関として、国民の健康に関する政策・計画の策定・実施、またイタリアに生活する全市民に保障するヘルスケア水準の設定を使命とします。原則として3年ごとに「国民保健計画（Piano Sanitario Nazionale）」を策定し、重点施策やヘルスケアの提供水準、予算計画を定め、議会の承認を経て実施します。

　保健省の中央組織は、主に改革局（Dipartimento dell'innovazione）、品質管理局（Dipartimento della Qualità）および予防対策・広報局（Dipartimento della Prevenzione e della Comunicazione）の3つの局からなりたっています。

州・自治県

　各州（Regioni）・自治県（Province autonome）は、地方レベルの保健・健康保護サービスの立案・運営、地域保健事業体および病院の活動の調整・監督を行います。国民保健計画に基づき3ヵ年の地方保健計画を策定し、地域保健事業体や病院の目標・指針を設定、予算の配分を行います。

地域保健事業体

　地域保健事業体とは、地域住民の健康を総合的に管理・保障する基礎的な単位として、疾病予防からヘルスケア、治療、リハビリテーション、環境衛生、職場の労働衛生や家畜衛生に至るまで、広範囲にわたる医療サービスを提供する機関であり（小島 1999）、原則として、人口5万人から20万人に一つの割合で全国に設置されて

37

第Ⅰ部　イタリアの国民保健サービス

います。各事業体には公衆衛生サービスおよび家畜管理サービス（動物衛生、動物由来食品の検査、畜産・農業分野の衛生）があり、立ち入り検査、サンプリング、分析・診断などを行っています。地域保健事業体の管轄内で伝染病が発生した場合、地域保健事業体は州または自治県当局に通報し、州・自治県から保健省、高等厚生研究所（Istituto Superiore di Sanità）[1] および中央統計研究機関に通報されます。

第2節　国民保健サービス機構

イタリア国民医療組織の歴史的変遷

　初めはイタリア統一と同時に公安組織の一部に国民医療機関が計画されました。その後、国民の健康保持を目指した結果、1958 年に保健省（Ministero della Sanità）が設立されました。保健省の設立以前に高等厚生委員会（Consiglio Superiore di Sanità）が 1888 年に設立され、高等厚生研究所（Istituto Superiore di Sanità）は 1934 年に設立されました。

　現在のイタリアの国民医療保健制度の基本法は、1978 年 12 月 28 日に制定された保健改正法（Legge di Riforma Sanitaria）第 833 法に基づいて設立した国民保健サービス機構（Servizio Sanitario Nazionale：SSN）です。この法律は、1958、68、74 年にそれぞれ制定された健康保険負担金に関する総合法、公共委員会の管理下に置かれる診療施設に関する法、そして州行政下に診療施設財政権限を委譲する法から構成されています。

　その後、法令 502/92 が 1992 年に発令され、1999 年には法令 229/99 が発令されました。法令 229/99 の主な改革事項としては、公的医療機関に勤務する医師の 65 歳定年制、地域保健事業体（Aziende Unità Sanitarie Locali：ASL）と病院企業体（Aziende Ospedaliere）への投資の柔軟化、公共医療監視体制の導入、そして国民健康の擁護があげられます。国民保健サービス機構（SSN）は受益者一部負担を原則として、国家医療保険給付に基づき、包括的な市民健康維持に関する保健及び診療を行います。

38

国民保健サービス機構（Servizio Sanitario Nazionale：SSN）＝イタリア健康保険制度の発足

　国民保健サービス機構（SSN）は「万人救済」universalistico の精神を基とし、直接あるいは間接国税による公共融資を基盤とする公的医療機関として1978年に発足しました。

　イタリアの健康保険制度は、地方政府が実施しましたが、その水準は国が決定し、財源も国が交付する方法をとってきました。しかし実施と負担の主体が異なっていては、効率化インセンティブは働きません。そこで1997年のバッサリーニ改革で、国と地方の役割分担が見直され、地方分権化が進められた結果、運営自治権が移管されるに従い、保健支出の権限も州政府に移されるようになりました。保健省が定める「必要不可欠な医療サービス」Livelli essenziali di assistenza（保険医、自由選択可能な小児科医、当直医、専門医、診療検査など）も州政府に移管されました。

　国民保健サービス機構 SSN（イタリア健康保険制度）の役割は、地域社会におけるいわゆる「一次医療サービス」の提供と保険医を通じて「二次医療サービス」の提供（地域保健所 Azienda Ospedaliere、Azienda Sanitario Locale が受け持つ）が主な役割です。

　国民保健サービス（イタリア健康保険）加入は、イタリアに生活する全イタリア市民は国民保健サービスを享受することが出来ます。海外に生活するイタリア市民もイタリア国内に帰国したときに同じように国民保健サービスを受けることが出来ます。さらに次に述べる人達もイタリアの国民保健サービスを受ける権利を有します。

1.　ヨーロッパ共同体諸国からの外国人、そしてイタリアと医療相互協定のある国から来た外国人。
2.　イタリアに在住し、従って国民保険料を支払い、国民保健サービス機関に登録し、労働に従事している外国人。
3.　イタリア国内にいる外国人（もし滞在許可証がない場合でも）は感染症予防処置、妊娠中の母子保護を無償で受ける権利を有する。

第Ⅰ部　イタリアの国民保健サービス

　イタリア市民は国民保健サービス機関に登録加入する義務を有し、最寄りの地域医療企業体（ASL USL）で規定の保険医（ホームドクター）を決めることができます。

保健予約センターと保健広報センター

　保健予約センター（Centro Unico di Prenotazione：CUP）は、電話、E-mail、Fax などで 地域医療企業体（ASL）が維持する専門医治療の有料受付の予約センターです。予約業務の集中化による業務の簡略化かつ能率化を目的として設けられ、予約窓口は地域医療企業体（ASL）内や病院内に設けられています。予約センターは、月曜日から金曜日まで 8 時から 16 時までと土曜日は 8 時から 12 時半時まで受け付けています。E-mail、Fax での受付は 24 時間態勢です。

　また、保健広報センター（Ufficio per le Relazioni con il Pubblico：URP）は、地域医療企業体（ASL）内に設けられた窓口で、保険業務の円滑化とかつ医療行政の透明化を目的として設けられました。

公的医療制度の財源

　医療制度の財源は全て税財源が充てられており、IRAP（州生産活動税）、IRPEF（州個人所得税）、及び付加価値税の州政府への分配分（付加価値税収の約 4 割）で賄われています。このうち、IRAP は 1990 年代の地方行政改革の中で、これまでの事業主負担の保険料に代わり、州財政の分権化を促進するとともに、自主財源の強化を念頭に置いて導入されたものです（財政制度等審議会 2014：116）。

　「財政状況は各州によって様々ですが、付加価値税の分配により、州政府間の財政調整が行われています。また、1 人当たり医療費を仮定し州ごとに必要な総医療費を算定した上で、州税収が不足する場合は、付加価値税収による財政調整とは別に、中央政府からの補助がなされることとなります。2012 年における中央政府からの補助は 40 億ユーロ（SSN の総収入 1,126 億ユーロのうち約 3.5％を占める）となっていました（財政制度等審議会 2014：116）（図 1-2）。

　今後、高齢化により医療支出が増加した場合には、中央政府から

第1章　イタリアの医療制度

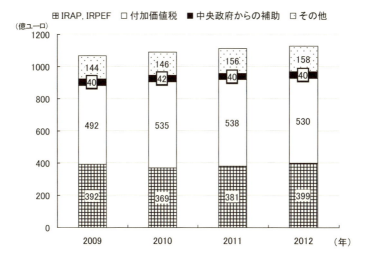

収入	1068	1091	1115	1126
支出	1102	1113	1128	1137
差	-34	-22	-13	-11

（資料）Ministero dell'Economia e delle Finanze, *Relazione Generale sulla Situazione Economica del Paese 2012*.
（出所）財政制度等審議会（2014：116）、図10を一部改変。
図1-2　SSNの収入・支出の推移

の付加価値税分配分が増大することにより、中央政府の財政負担が増加する可能性があります。

注

1) イタリア国民保健サービスにおける中心的研究機関として、国民保健計画の策定に協力すると共に、国民保健計画の目的に基づき、保健省や各州保健機関、地域保健事業体や病院など各種機関と協力して公衆衛生や科学に関するプログラムを計画・実行し、公衆衛生に関連する調査、試験、コントロールや研修を行います。EU加盟国やEU以外の諸国、各種国際機関との協力も積極的に進めています。

41

第Ⅰ部　イタリアの国民保健サービス

文献

European Commission, *Missoc-Info 03/2002 – Health Care in Europe*, 2002.
Ministero dell'Economia e delle Finanze, *Relazione Generale sulla Situazione Economica del Paese*, 2012.
イタリア保健省。
小島晴洋「国民保健サービス法（抄訳）」仲村優一・一番ヶ瀬康子編『世界の社会福祉5　フランス・イタリア』旬報社、1999年、pp.514-515。
財政制度等審議会『財政制度分科会海外調査報告書』2014年7月。

第2章 家庭医とイタリア医療の課題（ミラノ）

第1節　STUDIO MEDICO BARDI MONTANI SUTTI

　2013年10月28日、イタリアのミラノで、家庭医のバルディ（Bardi）先生たちからイタリアの家庭医について説明を受けました。バルディ先生（**写真 2-1**）は二人の仲間とともに診療にあたっています。診療所は高層住居の1階にあります（**写真 2-2**）。看板などはなく、診療所がどこにあるのか場所を探すのに大変苦労しました。

1人の医師が1,500人の患者さんを担当

　バルディ先生は、「診療所はシンプルだし、診療地域もそんなに大きくありません。皆さんはイタリアの医療システムをご存知ですか」と話はじめました。イタリアでは、1人の医師が1,500人の患者さんを担当します。バルディ先生たちの診療所は3人の医師がいますので、全部で4,500人の患者さんを担当しています。診療所には他に看護師2人と秘書1人がいます。

　通常、診療時間は朝から夕方までの1日7～8時間の予約制で、

写真 2-1　バルディ先生

写真 2-2　マンションの1階にある診療所

第Ⅰ部　イタリアの国民保健サービス

何か緊急のことがあればそれにも対応します。一人で診療している
家庭医の場合には診療時間がもう少し短くなるそうです。土曜日の
午前中も開業していますが、すべての家庭医が土曜診療をしている
わけではありません。ASL（Azienda Sanitaria Locale：アズル：
地域医療公社）が、土曜診療を引き受けてくれる医師を募ります。

　患者は調子が悪いと思ったら、まずは家庭医に診てもらい、専門
医や大きな病院には直接行くことはありません。もちろん緊急の場
合は救急病院に行きます。家庭医は地域に密着しており、患者さん
とのふれあいが多いそうです。親の代からの住民も多く、身体だけ
診るのではなく、「この人はどこに住んでいるか、どういう仕事を
しているか」、そういうことが全部わかるようになります。身体を
診る以上に患者のことを知っています。

医療費は無料

　バルディ先生のところに来る患者は無料です。1回だけの来院だ
ろうが、5回来院しようが、何回来院しても無料です。診療所でお
金のやり取りがないので、地域密着型で患者とは非常にいい関係を
保てます。

　「患者が何回来てもお金を払わないなら、医師らの生活費はどこ
で稼いでいるのか」という疑問が浮かびます。それは政府からお金
が支払われています。患者は政府に税金を払っていますので、その
税金から家庭医は報酬をもらいます。1人の患者さんに対して点数
制でいくらもらえるかが決まります。

　家庭医は政府から給料をもらう形ですが、大病院の場合は違いま
す。「患者」というお客さんが来院し、どういう治療をしたかによ
って収入が変わってきます。そのため、色々と問題も多いそうです。
バルディ先生ら家庭医は、直接の診療にお金が関係しないため、
「心臓音とか肺の様子を診たいから2日後にもう一度おいで」、「も
うあなたは元気だから来るな」とか、自由なことを患者に言えるそ
うです。

　患者は「検査が重要」と思っており、「検査はいらないよ」と説
得するのがとても難しいそうです。患者が血液検査をしたいときに
は家庭医と相談します。「どうしても検査がしたい」と患者が言っ

第2章　家庭医とイタリア医療の課題（ミラノ）

たら、「じゃあ、しょうがない」となりますが、診療所では検査をしないので、病院にいかなければなりません。私たちが不思議そうに「血液検査も病院ですか」と聞くと、「緊急の場合を除いて患者が血液検査をしたいと言ったら、書類を書く必要がある」との答えでした。バルディ先生らの目標は、「なるべく患者を診ないこと」です。

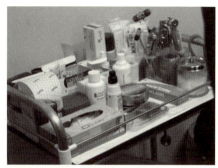

写真 2-3　簡単な処置具

　診察室には簡単な処置具が置かれており（写真 2-3）、わずかばかりの薬剤の入った棚もありました。

予約患者は1日20人

　この診療所には3人の医師がいますが、毎日朝から3人が揃って出てくるわけではありません。1人が朝出、1人が午後出をします。「郊外の街だったらわりと大きなスペースで"家庭医が10人一緒に"ということもできますが、ミラノではそれはなかなか難しい」と言います。診療所全体で1日に予約診察する患者は20人くらいです。高齢で動けない患者には往診もしますが、その場合も一切お金はかかりません。例えば20歳の若者が熱があるといったら、「タキピリーナ（解熱剤）を飲んでここ（診療所）に来い」と言えるけれども、高齢者はそうはいかないので往診が必要と言います。

　診療所では薬も出しませんが、注射は打ってくれることはあるそうです。廊下には薬棚があったので、「この薬は患者が買うのですね」と聞くと、「ここでは見本で試してみることはありますが、通常、薬は売りません」。廊下にあった薬はすべて見本（サンプル）でした（写真 2-4）。患者が40度の熱があるといったら、患者は家庭医が書いたくれた処方箋をもって薬局で薬を買います。「薬局で薬を買う場合の自己負担はどれくらいか」と聞くと、「抗生物質だったら、処方箋をもって薬局に行くと箱に10ユーロと書いてあっても、患者は2ユーロでいい。残りは政府が援助する」とのことで

第Ⅰ部　イタリアの国民保健サービス

写真 2-4　薬のサンプルが置かれた棚

す。

「政府からのお金は患者一人当たりではいくらくらいになりますか」と聞くと、「僕（バルディ先生）が1,500人の患者さん、他の医師が1,500人の患者さん、それでもらうお金はいっしょです。1人当たりいくらということはありません。例えば僕は1日に10人診察し、他の医師は0人、それでももらう金額は同じです」とのことでした。その上で、計算すると、1年で1人当たり50ユーロだそうです。「50ユーロ掛ける1,500人」です。でも、それが全部医師たちの懐に入るのではなく、そこから家賃と看護師さんに支出しないといけません。援助金みたいな形で秘書を雇い、看護師を雇います。また土曜日に診療することで、州から別に少しお金が入るとのことでした。

診療所を自由開業できるわけではない

医師1人あたりの登録患者数は人数制限があります。バルディ先生は1,500人よりちょっと多くの患者をもっているそうです。診療所の開業は医師が自由にできません。家庭医に登録できるかどうかの試験があり、医学部を卒業したからといって開業医になれるわけではありません。最近は、医学部を卒業した後に、家庭医・一般医になる3年間のコースを修了しなければならないそうです。その前までは、医者のランク表があって、「どこの病院で働いていた。スペシャルな病院（専門医のところ）で働いた」などで点数をもらい、点数が多ければ多いほど上に上がって行く仕組みだったそうです。

患者が自分の家庭医を選ぶときには、保健所に行くとリストを見せてくれます。それにはアルファベット順に医師の名前が書かれていて、優秀な先生から順番に書いてあるわけではありません。「担当の患者さんたちが病気にならないための教育活動・保健予防活動はしていますか」と聞くと、「患者が来たときに病気にならないようなアドバイスはするけれども、それ以上のことはやっていません。

第2章　家庭医とイタリア医療の課題（ミラノ）

そういうことに対する準備はないので」との答えでした。

イタリア医師会の活動

　「州政府が医師リストを作るときに、医師側団体は何か働きかけるのでしょうか」と聞くと、団体は、基本は労働組合であって特別に医師会がみんなで力を合わせることはないそうです。バルディ先生たちは労働組合に入っていません。「労働組合は経済的な動きに対して効果はあるけれども、健康や医療には彼らはほとんど目を向けていないようにみえるから加盟していません」と先生は言いました。

　イタリアの医師会はどのような活動をしているのでしょうか。「医者が集まって患者さんのために何かするというより、医学と科学の向上のための活動をしている」と話してくれました。でも、バルディ先生と一緒に働くもう一人の医師は、「イタリアでは、他の国と比べると積極的には医学を科学的に進歩させようということはない。他の国だったら『血液検査を年に1回しろ』と言うけれども、イタリアではそんなことはない」と言います。そのかわり、家庭医は患者さんを実によく知っています。例えば、「奥さんと旦那さんが離婚を調停中といった場合に、奥さんは誰に相談に行くかというと、家庭医に相談に行きます。そういうことは非常に重要なことで、今の時代は誰かに話を聞いて欲しいときに、話を聞いてくれる人がいない。そういうときにお医者さんと話すというのは重要なことです」と言いました。

情報を行政に報告する義務はない

　老人の介護が必要になったときに、福祉関係のコネクションはどのようになるのでしょうか。高齢者でもう動けなくなり、在宅での生活が無理になった場合、家族がいなければ家庭医らは社会福祉に連絡をとりますが、家族がいる場合にはそちらに連絡を取ります。「1年間の病気の受診状況や病気の発生状況、そういう情報を行政に報告する義務はあるのでしょうか」と聞くと、「必要ありません。この仕事には上からのコントロールがないかわりに、患者さんは医者が嫌だったらすぐに変えられます。イタリアのシステムは非常に

47

第Ⅰ部　イタリアの国民保健サービス

いいシステムと評価されているはずです」と述べました。

「地域医療計画に家庭医が参加する機会はありますか」と聞くと、「ASL は通常何かをするときは医師の労働組合と話します。ただ、そういうことをやっても参加者が少ないのが今日の問題です」との答えでした。

患者の具合を判断することが家庭医にとって一番難しい

診療所は重症の患者さんを紹介する病院が決まっているのでしょうか。病院と契約はあるのでしょうか。

患者に「あなたここが悪いからこの病院に行ったほうがいい」ということは言えるけれども、「そこに送ります」という、そこまで言えるような病院との強い直接のパイプはないそうです。「患者さんに近いところを紹介するんですか」と聞くと、「病気・症状に対して一番いいところを紹介します」とのことでした。「紹介状は書面ですか」と聞くと、直接大病院に行っても受けてくれないこともないけれども、やはり診療所が「この人はなるべく早く診てやらなければいけない」ということを紹介状に書いて送ってあげないと、検査にすごく時間がかかるそうです。

家庭医の仕事にとって非常に重要で難しいのは、長期的に診て普通の薬で治せるものか、それともこれは緊急を要するもので、普通に手に入る薬では治らないのかを判断することだそうです。

医療情報システム

3人の医師が診ている患者 4,500 人の入院や死亡したなどの情報を、どういう形で家庭医はキャッチしているのでしょう。

現在のシステムでは、患者さんたちがクリニックに来る前に、他の医師にかかっていたデータは入ってきません。だから、患者さんが話してくれないと分からないことが多いです。今始まっているのは、医師が中央のコンピュータにデータを送り、その情報を見られる共通データベースづくりをやっているところで、あと 1、2 年たてば、おそらく医師が患者さんの過去のデータを見られるようになるだろうということでした。

例えば、自分の患者が明日別の医師にかかりに行くと言い、「患

48

第2章　家庭医とイタリア医療の課題（ミラノ）

者さんが『今までの診察記録をください』と言われたら、僕はあげます」と、バルディ先生は言いました。次のお医者さんに渡してということはできるけれども、医師どうしの直接的なやり取りは今はないそうです。データベースづくりは、ロンバルディア州では州政府がやっています。

写真 2-5　患者の診療カード（テッセレ・サニタリア）

　テッセレ・サニタリア（診療カード）は患者さんが持っているもので、そこには患者さんの情報は何も入っていません。（写真2-5）「何のためにあるのですか」と聞くと、ロンバルディア州では、テッセレ・サニタリアで何でもできるようにしたいそうですが、実際は何もできないそうです。いずれは医師のところにいってこれを渡すと、患者のデータを見ることができるようになるそうですが、今は何もできません。しかし、ロンバルディア州の医療情報システムにかけているお金は、スコットランドの医療費くらい使っているといいます。

患者データを自由に見られるはず？

　「患者さんの検査結果を見せてあげようと思っているけれどもコンピュータがうまくいかない。今日は調子が悪い」とバルディ先生は言いました（写真2-6）。バルディ先生は、「例えばここをクリックすると患者さんが先生を変えたかどうかわかります。患者さんは医師を自由に変えられます。患者がこの医師は嫌で、こっちの医師がいいから替えたいと言っても、この医師の登録がいっぱいだったら新たに登録はさせてくれない。登録リストが空いていればリストから自由に変えられます。ABCDという先生の名前と住所が書いてあって、それから時間が書いてあります。経歴は書かれてないけれども、小児科とかは書いてあった気がします」と述べました。

　バルディ先生の患者は1,500人ですが、他の医師2人の3,000人の患者のデータも見られるし、他の2人の医師もそれぞれ3,000人

第Ⅰ部　イタリアの国民保健サービス

写真 2-6　画面に映しだされた患者データを操作するバルディ先生

の患者のデータを見られるようにしてあります。私が「グループ診療でしょう」と聞くと、「患者の主治医はバルディ先生だけれども、彼がいないときには他の先生が診てもいいよということです」という答えでした。

ASL とクリニックの日常的な関係

「ASL とクリニックの日常的な関係はどういった関係でしょうか」と尋ねました。

「あまり関係ないです。ここの診療所は本とかおいているけれども、何もない診察室もあるし、絶対診療所にはこれを置きなさいというのはありません。ここは 3 人の友達同士でやっている診療所だし、僕達はどちらかというと社会にちゃんと目を向けているのでこういうのを置いているけれどもね。ほかの家庭医がやっているかはわからないです」と先生は述べました。

写真 2-7 はモニカ先生という女医さんの診察室です。私たちが訪問した日は残念ながら不在でした。

モニカ先生の診察室には少しばかりの薬剤が入った棚があり、診察台が置かれていました（写真 2-8）。女性らしく、とてもきれいにしていました。

「家庭医の先生たちで、病院で仕事をしたり福祉施設で仕事をしたりアルバイトしたりしている人は多いですか」と聞くと、「昔はできましたが、20 年前からそういうアルバイトは禁止です」。そして、「確かに僕達はたくさんバカンスをとっている。でも仕事のときは仕事だ。彼らがバカンスに行くときには替わりの人にお金を払います。バカンスのときは仕事場からなるべく遠いところに行く」と言いました。

第2章　家庭医とイタリア医療の課題（ミラノ）

写真 2-7　モニカ先生の机

写真 2-8　モニカ先生の部屋に置かれた診察台

待合室

患者さんが待っているときに読む本は患者さんが持って行ったり、患者さんが本を持ってきたりすることもあるそうです（写真 2-9）。

待合室には、患者が自由に持ち帰れるリーフレットが置いてありました。コレストロールは

写真 2-9　待合室に置かれた本は患者用

どうだとかオメガスリーはどうだとかが書かれています。これはASL がつくっています。中には、ASL ではなく、女性の虐待のリーフレットも置いてありました。非常によく活動しているので、ここにおいているそうです。

失業していても診ます

私たちは一通り診療所の中を見せてもらいました。

医療に関してはイタリアの州によって大分違うそうです。例えば、バルディ先生は、「家庭医ならナポリに行っても同じように働けると思うけれども、病院というのはそうはいかない。病院や専門医などのことを考えたら、僕はナポリには行かない。ミラノの病院にかかる」と言います。

「登録している患者さん以外の住民はいますか」と聞くと、「いない。でも、ホームレスやジプシーたち（ロマ族）も登録できる。移

51

第Ⅰ部　イタリアの国民保健サービス

写真 2-10　バルディ先生の診察室のチェ・ゲバラの写真

民とか、パスポートや滞在許可証などを持っていなくても、世話してくれる組織もあるので、そういうところにかかる」と言いました。

「例えば仕事がなくても"ペルメッソジョルノ"といって、外国人がここに住むときに登録をして許可証をとらないといけないんです。許可証をもっていれば失業していて税金を払って無くても診ます。アメリカなんかはお金を払わなければ死にそうでも診ない。それはイタリアのシステムとは違う」と述べました。

「お産と感染症については外国人でも無料ですか」と聞くと、「患者はお金を払わないです」との答えでした。「EU全体で共通していますか」とさらに聞くと、「それはわからない、他の国のことは」との答えでした。「例えばフランスだったら払うけれども後で返してくれる。イタリアは最初から無料です」。「僕はこの人を診るから、いくら稼ぐからと考える必要が無いことは非常にいいと思う」と先生は述べました。

バルディ先生の診察室に、チェ・ゲバラの写真がかかっていたのが印象的でした（写真 2-10）。

第 2 節　メディチナ・デモクラティカ（Medicina Democratica）
――イタリア医療の課題――

2013 年 10 月、ミラノ大学のキャンパスであるカッシーナ・ローサで、メディチナ・デモクラティカ（Medicina Democratica：民主的医師協会）の説明を受けました。カッシーナとは、この地域の農家の建物の一種です。

メディチナ・デモクラティカの設立、目的、運動

カルティドーリさんはメディチナ・デモクラティカの代表です

第 2 章　家庭医とイタリア医療の課題（ミラノ）

（写真2-11）。メディチナ・デモクラティカという運動は1976年に生まれ、医療環境に関して「すべての人々にはそれぞれの役割があり、俳優のように自分の役割を健康で演じられるような状態にすること」を目的としています。

イタリアでは、1978年の国民保健サービス制度の改正で、

写真2-11　左からバルディ先生、カルティドーリさん、通訳の森田さん、アンドレア・ミケーリ先生（前ミラノ大学伝染病担当）

より地域に近く、治療だけでなく病気の予防にも力を注ぐようになりました。それから環境にも目を向けるようになりました。1976年、ミラノ近くのセベソというところで、ある会社が毒を土に撒いてしまったという事件が起きました。そのせいで農作業ができなくなり、発がん性物質も問題になりました。これが、メディチナ・デモクラティカが組織として環境を守り、ゴミのリサイクルなどに力を入れる契機となりました。

一般市民もメディチナ・デモクラティカのメンバーになることはできますが、やはり医師と看護師が多いです。組織の中心となる人は少ないですが、影響は大きく与えていて、同じような団体もたくさんあります。メディチナ・デモクラティカは、運動をしている他の小さなグループに対してのご意見番でもあり、行動も援助しています。

運動の形態としては工場で大爆発などが起きたときに動きますし、市民から連絡を受けることもあります。例えば、ある病院のある部門を閉鎖という動きがあると、市民は誰かに言いたいわけです。そうすると市民からメディチナ・デモクラティカに伝わり、動くことがあります。『メディチナ・デモクラティカ』という雑誌を3カ月ごとに出しているのでそれを見るとメディチナ・デモクラティカの活動がわかります。

市民の安全と健康を守るために、例えばベネチアの近くのポルトマルゲーラというところや、スイスのエテルニックという会社のアスベストに対しても、反対行動をとっています。それから、仕事中

53

第Ⅰ部　イタリアの国民保健サービス

の事故にも目を向けています。

　イタリアの場合、AUSL（Azienda Unità Sanitaria Locale：地域医療公社）が工場や職場に行き、環境をチェックして労災の原因を探り改善したりします。例えば、階段がちゃんとできてないとか空調の問題などは AUSL が調べますが、お金を払うのは INAIL（istituto Nazionale per l'Assicurazione contro gli Infortuni sul Lavoro：国家労災補償機構）です。職場で仕事中に怪我をしたことを証明できれば INAIL がお金を払います。スイスではそれがひとつになっていて、同じところが検査もするしお金も払うそうです。こういった活動は WHO のとくに欧州事務所ですすめているヘルスプロモーション、あるいは健康の社会的要因ということにかなり強く意識されているようです。

　メディチナ・デモクラティカの運動のおかげで、例えばプーリアやシチリアなどでは、特に環境の問題が起きたときには、市民がメディチナ・デモクラティカに言うことができます。環境汚染で人が健康でなくなったら病院の数を増やすのではなくて原因を取り除くべきで、そちらに動かなければいけません。

　メディチナ・デモクラティカの最終目的は市民みんなにこの運動に賛同してもらい、市民を巻き込みながら全員の健康環境を守っていくことです。当然ながら家庭医・一般医もその範疇です。市民の健康を保つには家庭医が必要になってきます。家庭医は患者住民と直接話ができるため、どんな仕事環境にいるとか、仕事上でケガをしたとか、普通の生活に関しても患者の環境、伝染病や汚染からくる病気などを全部知ることができます。すべての人々が安全に暮らしていけるようにすることが、この運動の目的です。

イタリアの医療システムと EU 諸国の医療システムの違い

　アンドレア・ミケーリ先生はミラノ大学の伝染病学を担当していましたが、2 年前に定年になっています。伝染病学はがん研究所の一部という位置づけで、ここ 10 年 EU のがん予防運動のリーダーシップをとっていました。ミケーリ先生からイタリアの医療システムと EU の他のヨーロッパの国の医療システムの違いについて説明がありました。

54

第2章　家庭医とイタリア医療の課題（ミラノ）

　イタリアの医療システムは、常に近いところに市民の参加があり、法律上公立のもので、組織は国ではなく州単位です。一方、ヨーロッパの国々には色々な医療システムがあります。イタリアのように公立の医療システムをもっているのはイギリス、オランダ、スペイン、ヨーロッパ北部、それから旧東の国々です。フランスとドイツは社会保険システムです。

　イタリアの医療システムは、公立やプライベートの病院にかかわらず分け隔てなくお金を支払います。その結果どうなったかというと、医療が2つに分かれてしまいました。1つは治療、そして予防です。昔の公立病院は治療と予防を行っていたそうです。ロンバルディア州を例にとりますが、最初はUSL（Unità Sanitaria Locale：地域保健機構）[1]で、予防と治療そしてリハビリをひとつの組織でやっていました。このシステムの時には、イタリアは日本とフランスに続いて長寿の国でした。「予防」とは病気だけでなくケガも入りますが、要するに労災です。労災が起きないような職場環境を昔はUSLがやっていたのです。騒音などに対するコントロールは昔はうまくいっていましたが、今ではそれが分かれてしまったので、なかなかうまくいきません。1992年の医療改革（法律502号）では健康ではなくコスト削減に集中してしまいました。

　日本で「予防活動」と言えば、患者さんに血圧の測り方を教えたり、食事の作り方を教えたり、そういったことをして住民が中心になって健康を守ろうという活動をしますが、イタリアではどうでしょう？　20年くらい前にまだUSLに教育係のような人がいましたが、今はそれがなくなってしまいました。ボローニャにいけば、学校の近くや幼稚園にはまだあるそうです。

　メディチナ・デモクラティカは治療と予防の両方を一緒にやっていきたいのですが、現在のイタリアの医療はそれとはまったく逆の方向にいっています。また、公立と私立に分け隔てなくお金を渡されたことで、プライベートの病院は利益の追求ばかりで、儲かる部分は全部プライベートの病院がもっていき、重い病気は公立の病院の方にきてしまいます。

　ベネディ州とエミリア・ロマーニャ州はASL（Azienda Sanitalia Locale：地域保健公社）直営の病院がありますが、ロンバルディア

55

州にはありません。ロンバルディア州では、プライベートの病院であろうが公立の病院であろうが、経営はそれぞれです。公立病院は普通の会社のようになっています。そのため、患者さんの健康を診るというより、利益をあげる方に目がいってしまっています。ロンバルディア州が病院を監視して、この病院はこれだけの売上を上げるはずだということで見込むそうです。その売上に到達しないと、解雇される人がいるそうです。もし到達しなかった場合には、一応国から補助はでるそうです。公立病院は今まで使わなくていい費用を使っていた点もあるので、それを見直すという意味ではいいと思います。利益の方に向かっていくのは仕方がないと思います。イタリアの医療というのは、貧乏人であれお金持ちであれ、みんながもてる権利です。医療サービスは全部受けられることになっています。リスボンのEUの会議で、ヨーロッパの国の全員が医療を受けられる権利を持つのが義務だと発言されました。

　イタリアの医療システムは問題点があるにもかかわらず、ヨーロッパの中では非常にいい方に位置しています。例えば、イタリアは予算の7〜8％を医療に使っています。他の国は予算の10〜12％くらいを医療費に使っているにもかかわらず、イタリアのように動いていません。

　ヨーロッパの動きについては、市民の声が非常に強く上がっているので、例えば、がんの治療は全体として保険が利くようになってきていますし、政府の援助が出ます。以前は同じところで治療できましたが、今はどんどん再分化されています。公立の大きな病院とプライベートの小さな病院、家庭医とのつながりがどんどんなくなってしまっているので、メディチナ・デモクラティカの思いとは違って悪い方向に行っているそうです。

イタリアの家庭医制度

　バルディ先生は家庭医です。家庭医制度は無料で、距離的にも地域住民に近く人間的にも近い存在で全員に対してすべて同じです。ここ20〜30年で病気の質が変わってきています。家庭医が担当する患者さんはどちらかというと、回復に時間がかかる長い病気の方です。患者さんと家庭医は非常に近い関係になるので、例えば患者

さんが薬をちゃんと飲むよう指導するとか、専門医に早く行くように勧めるとか、うまくつながればつながるだけ患者さんの回復が早くなります。

家庭で治療しなければならない長期の患者さんの場合、援助の必要がある人ほど答えをもらえない問題が出てきます。例えば、精神的な病気になったときには、精神的病気が治るだけでなく、患者さんの周りの環境も影響してきます。高齢者で身体的には健康になったけれども、社会的接触がないという問題があります。家庭医は患者さんに点滴を打つことはできるけれども、患者さんがひとりぼっちでいるという問題を解決することはできません。

イタリアの医療システムは細分化されすぎてしまっているので、医師は病気を治すところまでしかできません。それ以上のことはやってはいけないことになっているので、非常にシステムとしては悪くなってしまっています。医療が細分化されていることで患者さんは色々なところにいかなければなりません。長期の観察・治療が必要で、その周りの者も関係してくるような病気の人にとっては、細分化されている今の医療システムは非常に悪いです。

お金の支払も問題になっています。大きな病院ではいくつ検査をするかでお金が入りますので、患者さん本意ではなくなってきています。

このシステムは３つの危険性を犯します。１つめは、患者さんを選択する可能性があります。病院にとって儲かる患者さんと、そうではない患者さんです。そして２つめは、途中で儲からないからといってほっぽりだしてしまう可能性がでてきます。３つめは、やらなくていい検査などをさせてしまう危険性です。大きな病院は、患者さんの健康を診ているのではなくて、病院の経営状況を見てしまっていることが多いです。患者さんがよくなるというよりは病院が儲かるほうに動いています。

ディスカッション

ひととおりの説明を受けた後、私たちはディスカッションを行いました（**写真 2-12**）。

「公営医療の場合にはウェイティングリストは深刻と聞きますが、

第Ⅰ部　イタリアの国民保健サービス

写真2-12　ディスカッションの様子（ミラノ大学）

イタリアの場合はどうでしょうか」と質問がありました。「イタリアにもやっぱりウェイティングリストはあります。要するにみんな平等にやるということですが、みんなが公立病院に行くから待つことになります。そうするとプライベート病院に行った方が早いです。プライベート病院で働いている医師や看護師などの給料は高かったりするので、医師も多くいますから、予約して待つ時間が少なくて済みます。ところが公立の病院はそうはいかないので、何カ月も待つことがあります」と答えてくれました。続けて「経済危機が叫ばれている今、お金が無い人は本当にないので、そのウェイティングリストが短くなっています。医師が『この病院に行ってこの検査をしなさい』と言っても患者は検査のチケットを買わなければなりません。それが検査によっては40ユーロだったり60ユーロだったりするのですが、それを払えない人が増えてきているので、ウェイティングリストはここ2年くらい短くなっています」と話してくれました。

　病院での検査は無料ではなく、検査の30％くらいのお金を患者さんが払っているそうです。でも例えば、1,000ユーロなどの高い検査の場合では、最高額は決められています。けれども12歳までの子どもや妊婦さん、65歳以上の人は無料にしています。それから特別な許可をもらっている人や失業者も無料です。今はチケットという言い方もしなくなり、「コントリブート・サニターリ」という名前に変えました。収入のある人が一部を協力するということで、ちょっと高くなりました。

　医師や看護師がヨーロッパの病院に流出したり流入したりすることはあるのか疑問に思います。イタリアの医師が他の国へ行くよりも、他の国からイタリアへ来て働く人が多いそうです。イタリアで働いたほうが稼ぎがいいからです。フランスは10年くらい前に医学部の定員を決めたので、今では医師が足りなくなっているそうで

第2章　家庭医とイタリア医療の課題（ミラノ）

す。イタリアも現在、ニューメルキューボといって、医学部に入れる人数を限っていますから、今後、医師が足りなくなるかもしれないと話してくれました。

　この運動に精神科医師は参加できているのか聞いてみました。精神科の団体はメディチナ・デモクラティカと非常に似ているのですが、メディチナ・デモクラティカよりも力が強いかもしれません。というのも、彼らのおかげでイタリアにあった精神病院を廃止させられたからです。

　メディチナ・デモクラティカは、イタリア全体の動きに反対しています。イタリアが向かっている間違った方向ではない、正しい方向に向かわせようと考えています。

注

1)　1978年に国民保健サービス制度の導入で、住民5〜20万人に1つの割合でイタリア全土にUSLが設置され、地域住民の保健医療サービスを実施する主体とされました。1992年の医療制度改革で、それまで約650あったUSLを約250に再編統合しASL（AUSL）と改められました。

59

第3章 オスペダーレ・マッジョーレ (Ospedale Maggiore)・ボローニャ
―― ボローニャ市 Ausl の地域医療政策 ――

第1節　118番オペレーションセンター

マッジョーレ病院

　2013年10月30日、ボローニャ（Bologna）市アウスル（AUSL）の地域病院＝マッジョーレ病院（Ospedale Maggiore）を訪問しました（写真3-1）。マッジョーレ（maggiore）とは「大きい」という意味で、反対の「小さな」という意味はピッコロ（piccolo）です。1994年にF1レーサーだったアイルトン・セナがアエラのレース中の事故のため、ヘリコプターで搬送されて息を引き取った病院です。私たちに対応してくれたのは、マウロ・ゴレッティ（Mauro Goletti）マッジョーレ病院長、マリア・クリスティーナ・コッキ（Maria Cristina Cocchi）AUSL ボローニャ責任者、ミーノ・ピコーコ（Mino Picoco）118番通報オペレーション・センター責任者です。マッジョーレ病院の訪問は、ボローニャ市保健医療局の紹介で可能になりました。

　私たちが最初に訪問したのは救急オペレーションセンターです。緊急の通報が来る電話のコールセンターです。センターには検査室、ヘリポートがあり、当直室もあります。イタリアでは電話番号118番（日本の119番にあたる）で救急車を呼びます。私たちは、責任者のミーノ・ピコーコ（Mino Picoco）医師からセンターの説明を受けました。

写真3-1　マッジョーレ病院外観

第3章　オスペダーレ・マッジョーレ（Ospedale Maggiore）・ボローニャ

オペレーションセンターのネットワーク

　「こちらにはボローニャ県内からすべての緊急通報が入ってきます」とミーノ・ピコーコ医師は言いました。ボローニャ県の人口は約100万人で、年間に11万5,000件の通報があり、そのうち10万5,000件は緊急車両（救急車）が出動します。大きな病院はこのマッジョーレ病院と、市の中心部を挟んで反対側にサントルソラ病院（Sant'Orsola Hospital）があります。それ以外にボローニャ県内に9つの病院があって、マッジョーレ病院のオペレーションセンターが全部をネットワークでつないでいます。約40台救急車が待機し、それ以外に州所有の2機のヘリコプターがあります。ヘリコプター1機はボローニャにあり、もう1機はモデナ県の山岳地帯にも飛ぶヘリコプターなので、モデナ県の郊外に待機しています。

　ボローニャのヘリコプターはボローニャ県だけではなくエミリアロマーニャ州すべての緊急事態にも対応しているため、すべての伝達手段、電話からインターネットまで全部がここにつながっています。

　重症のケガの患者にはマッジョーレ病院に受け入れセンターがあるので、ボローニャ県内のどこで事故が起こっても、すべて患者は必ずマッジョーレ病院に送られてきます。同じように、心臓発作を起こした患者に関しては、マッジョーレ病院とサントルソラ病院、脳溢血の場合も受け入れセンターのある2つの病院のどちらかで、必ず受け入れられるようになっています。そういう指令もマッジョーレ病院のオペレーションセンターが行います。

　もちろん普通の市民はそういうことは何も知りません。市民は何か緊急事態が起こったら118番に電話をして、「こういう状態なんです。どうしたらいいでしょう」と言うと、オペレーションセンターで判断して、「こうしてください」という指示を出します。

　今はボローニャ県だけのオペレーションセンターですが、将来的にはもう少し広域のオペレーションセンターに拡大される予定で、ボローニャ県とモデナ県とフェラーラ県を統合して、約220万人の住民の緊急通報をこのオペレーションセンターで受けられるようにしていくとのことでした。予算削減で合理化を図らなければいけないということが理由だそうです。フェラーラは2014年の初頭の1

61

第Ⅰ部　イタリアの国民保健サービス

月から3月くらいまでに、こちらのオペレーションセンターに吸収
される予定だと聞きました。

医師はボローニャ県内で12人が常駐

　情報センターの医師はミーノ・ピコーコさんだけです。118番の
緊急通報システムがイタリアのボローニャで生まれたのは1980年
くらいの話です。新しい建物ができたのは、私たちの訪問の2年前
の2011年です。救急車で患者さんを運ぶだけではなく、救急車両
に医師が乗って医師を現場に運ぶシステムもあります。常駐してい
る医師はボローニャ県内で12人です。電話の緊急通報を受けるの
は看護師です。緊急通報を受けるための訓練を受けた専門の看護師
が話を聞いてトリアージして判断します。この人は非常に重症とか
この人は軽症とかトリアージするということです。3段階に分かれ
ていて、非常に重症の場合は赤色、中度の場合は黄色、軽傷の場合
は緑色の3段階です。

　トリアージする看護師に国の専門資格は特にありませんが、州で
そういう人材育成講習を行っていて、それを受けていなければいけ
ません。すべての看護師たちはオペレーションセンターに来る前に、
例えば心臓内科であったり、外科であったり自分の専門のところで
働いていて、しかもそういう普通の診断だけではなく、蘇生に携わ
った労働経験のある看護師で、かつ州の研修を受けている人という
ことです。

　ドクターカーの医師12名はマッジョーレ病院にいるのではなく、
救急病院の所在に合わせて配置されます。医師は救急車に乗って行
くだけでなく、それ以外の時には救急病院の救急病棟で働いていま
す。マッジョーレ病院にはドクターカーが1台あって、専任の医師
が1人います。ボローニャ市とサンラッザロ（San Lazzaro）とカ
ザレッキオ・ディ・レノ（Casalecchio di Reno）という隣の市を合
わせた約50万人の地域にはドクターカーが2台あって、それ以外
はボローニャ県内の山岳部は救急病院までの搬送時間が長いので、
そちらのほうに多く医師を配置しています。市内は病院にすぐアク
セスできるので少ないです。

　医師は救急専門医の資格をもっています。実際の緊急通報では医

62

第3章　オスペダーレ・マッジョーレ（Ospedale Maggiore）・ボローニャ

師が必要な場合は思ったほど多くなく、看護師が救急車に乗って済むケースが多いそうです。だから12人というのは少なく思われるかもしれませんが、実際はそれで十分だそうです。

精神科の救急も対象で、精神科独自の体制があるわけではありません。通報がこちらに入ってきて、その発作の状況に応じて専門のところに連れて行きます。救急ネットワークの訓練を行っているのは民間病院は1つだけで、あとは全部公立病院です。

救急通報を受ける体制

電話の救急通報を受けるのは看護師です。朝7時から夜20時の時間帯は4人、夜間は3人で対応していて、全員で40人いるそうです。1日に280〜300件の通報を受けています。ここはハイテクシステムを使っているので、対応人数も3〜4人で済んでいます。

ボローニャの病院の救急車搬入件数は年間9万人くらいです。そのうちの3分の1がマッジョーレ病院に、3分の1がサントルソラ病院に行き、残りの3分の1が他の9つの病院に搬入されます。日本では救急車を使いすぎるという批判がありますが、やはり、イタリアでも同じだということでした。単純計算しても年間に10人に1人は救急車を呼んでいる計算になるそうです。

その状況を緩和する方法として、イタリアではファミリードクター制を敷いているので、ファミリードクターの強化を行うということが考えられます。それと、現在はチケット制なので、どうでもいいのに救急車を呼んだ人にはチケットを払ってもらう（お金を払ってもらう）ということも考えられるそうですが、それには政治が関わってくるのでコメントしたくないとのことでした。

基本的には救急は無料です。救急オペレーションセンターで集中して受けていることで全体を把握できるので、やはりセンター化は有効なことだと考えています。

通報が入ってから救急車が病院に着くまでが8分、山岳部では現場に着くまでが20分かかります。現場からマッジョーレ病院に帰ってきて搬入されて診察を受けるまでが36〜37分です。

心臓停止の場合には8分は長すぎるので、着くまでに緊急蘇生できるように市内にAED〔自動体外式除細動器 A：Automated（自

第Ⅰ部　イタリアの国民保健サービス

動化された）、E：External（体外式の）、D：Defibrillator（除細動器）〕を設置しています。

オペレーションセンターの仕組み

　私たちは、救急オペレーションセンターへ移動しました。写真撮影の許可はでませんでした。

　はじめに、オペレーターが搬送だけか救急かを判断して、搬送と救急のそれぞれのオペレーターに振り分けます。はじめに電話を受ける人は1人ですが、地震や大事故があって電話が集中するような場合には、すぐにオペレーターを2人にすることができます。日本ではオペレーターの判断が悪くて死亡して訴訟になる場合がありますが、イタリアでは非常に珍しいケースだそうです。最近のケースでは病院側が勝訴して、オペレーターの判断が間違っていなかったということでした。患者は亡くなったけれども、それはオペレーターの責任ではないと判断されました。

　救急部門には専門の訓練を受けている看護師がおり、緊急の通報を受けてトリアージします。通報が入ってくると、どこで起きたかが地図で見られるようになっています。聞き取る情報をどういう順番で聞くかが決まっていてデータを入れて行き、最後にトリアージします。

　実際に画面を見ていると、電話が入ってくると自動的に電話番号が出ます。どの地域の何番地で起きているかが見られます。それが公共の場で起こっていた場合には、その公共の場の名前を入れるとその住所が自動的にでてきます。例えば「空港」と入れれば空港の住所が自動的に出てきます。

　患者が普段飲んでいる薬や罹っている病名などの情報はセンターではわかりませんので、患者に直接聞くことになります。将来的には現在のオペレーションのシステムと救急病院のデータをつなぐというプロジェクトがあります。それがうまくいけば、その人の健康上のすべてのデータとつなぐことが可能となります。

オペレーターと通報者のやり取り

　実際のオペレーターと通報者のやり取りを聞く場面がありました。

64

第3章　オスペダーレ・マッジョーレ（Ospedale Maggiore）・ボローニャ

郊外から通報で、通報者は「胸が痛い」と言っています。オペレーターは、意識があるか呼吸の状態はどうかを聞いています。そして、住所を聞いて、最後に「救急車を送るのでその電話を使わないで。こちらから折り返しかけられるように。万が一田舎だと道が分からなくなることがあるので、必ず電話は使わないでつながる状態にしておいてください」と言っていました。この場合は郊外の山岳部なので、山岳部に待機している救急車が行きます。ボローニャ市内の場合には、マッジョーレ病院から行く場合もあるし、救急病棟のある病院に待機しています。

　住所をいれると地図の上に場所が映しだされます。入力したすべてのデータが医療データも含めて自動的にその場所に一番近くに待機している救急車のコンピュータに送られます。もし派遣された救急車が場所を見つけられない場合には、オペレーションセンターに電話をしてきて、地図をみながら指示をすることができます。救急車の待機場というのは、そもそも救急病院があるところにあります。

　患者を送る病院が満床かどうかという情報はここにはありません。ベッドコントロールはオペレーションセンターでは行いません。地図上で救急車がいまどの地点にいるか、どのくらいの速度で走っているかを見ることができます。

　画面の左側には医療データを入力するところがあります。そこに医療データを入れると、自動的にトリアージされ判断されますが、オペレーターはそれを変えることができます。コンピュータが赤と判断しても、オペレーターが黄色でいいと判断すると変更ができます。

ヘリコプターと救急車の配備

　ヘリコプターと救急車の待機しているところに行きました。途中、パイロットや救急車の運転手が待機している部屋があります。マリア・クリスティーナ・コッキ AUSL ボローニャ責任者から、「今日は天候条件がよくないので、マッジョーレ病院からはヘリコプターは飛びません。このような日は普段ヘリコプターに乗っている要員はこの日は救急車で色々なところを回ります」と説明がありました。

　また、ヘリコプターの夜間飛行は基本的にしないと決めたそうで

第Ⅰ部　イタリアの国民保健サービス

写真 3-2　アレキサンドラさん（ヘリコプター操縦士）

す。ヘリコプターで派遣されるチームは、パイロットとパイロットの補助ができる看護師、医師、麻酔ができて緊急蘇生ができる医師の4名です。パイロットの補助のできる看護師とは、ヘリコプターの操縦ができるという意味ではなく、安全面や現場を確認するという意味です。ヘリコプター操縦士のアレキサンドラさん（写真 3-2）は、「ナビだけではなくて、ヘリポートのように必ずしもヘリが降りられる場所に着陸するとは限りません。高速道路や空地に降りたりしますから、目視確認をするのもその人です」と説明しました。

　コッキさんは2つの使命を説明してくれました。「一番重要なのが大規模な交通事故や自然災害の場合にヘリが派遣されること、そしてそれ以外の場合には病院から病院に緊急搬送、例えばやけどの重症患者をやけど専門の病院に送るとかの緊急搬送です」。続けて、「これは患者さんを2人乗せることができるヘリコプターです。呼吸困難患者用の装置があり、それも載せています」と説明してくれました。

　「年間出動回数は何回くらいですか」と聞くと、「夜間飛行はしないので、どうしても夏は長くて冬は短くなりますが、平均すると1日3〜4件くらいです」との答えでした。病院間搬送の場合には、ボローニャの場合は高速道路が発達しているので、救急車で搬送することが多く、ヘリコプターでの搬送は少ないそうです。

　日本では救急車は消防署に属します。イタリアでは火事の場合や交通事故の場合には消防署と一緒に働くことがあります。消防車と救急車と両方出動しますが、イタリアでは救急車は消防署の所属ではないので、救急病棟のある病院の近くに待機しています。

ドクターヘリ

　「エンジンが2基ついているタイプのヘリコプターです（写真

第3章 オスペダーレ・マッジョーレ（Ospedale Maggiore）・ボローニャ

写真3-3 ドクターヘリ

写真3-4 屋上のヘリポート

3-3）。たとえ1つのエンジンに何かあったとしても安全に着陸できるようになっています。一応4人乗りですが、5人乗れます。小さな子どもの場合には子どもにお母さんが付き添って乗れるようになっています。もっと大きなヘリコプターがあるのは知っていますが、このヘリコプターは、狭い道路に着陸したり山岳部に救助に行ったりするので、小さいほうが便利です。患者さんの症状に合わせて装置を入れ替えたりして、色々な医療装置を積んで出動します」。アレキサンドラさんはこのように説明してくれました。

　コッキさんは、「ヘリコプターがいつもここに待機していて、出動して患者さんを連れて来た時は、いつも屋上のあの黄色いヘリポートに着陸するわけです（写真3-4）。エレベーターで直接、手術室や蘇生室に運ばれるので、時間を短縮することができます。時間の短縮を優先しているため、症状の重度にかかわらずすべての患者さんは屋上に運ばれていきます」と説明してくれました。

第2節　マッジョーレ病院の医療機能

マウロ・ゴレッティ病院長の施設の説明

　私たちはマッジョーレ病院の裏側に移動しました。マウロ・ゴレッティ（Mauro Goletti）病院長はマッジョーレ病院のディレットーレ（責任者）で、病院の概要を説明してくれました（写真3-5）。また、マリア・クリスティーナ・コッキ医師はボローニャ地区の担当ということで、コッキ医師からは実際に治療が行われる場合の手

第Ⅰ部　イタリアの国民保健サービス

写真3-5　マウロ・ゴレッティ：Mauro Goletti（マッジョーレ病院長）

写真3-6　病院の裏側

写真3-7　小児精神のデイセンター

順などを説明してもらいました。
　マッジョーレ病院は古い病院です。1955年と90年代に増改築されました。そして2005年から2007年にかけてさらに増築され、手術室や蘇生室は2012年に改装されました。その下階部分のオフィスや診察室はこれから改装するそうです（写真3-6）。
　私たちは新しく改装された部分を見た後、院内を移動しながら説明を受けました。
　小児精神科は1960年代頃に建てられたもので、もとは病院の中で奉仕をしていた尼さんのいた建物です。55年前の建物なので耐震工事をしています。小児精神科は入院病棟ではなくデイセンターです（写真3-7）。移動途中に産婦人科の赤い建物や検査センターがありました（写真3-8）。
　院内を移動しながら殺菌室、CTが3台ある放射線科を見ながら図書室へと移動しました（写真3-9）。

ボローニャ市の医療環境
　「ボローニャには2つ大きな公立の病院があります。このマッジョーレ病院と街の反対側にあるサントルソラ病院で、ちょうど東と

第3章　オスペダーレ・マッジョーレ（Ospedale Maggiore）・ボローニャ

写真 3-8　検査センター

写真 3-9　図書室で質疑応答

西の地区に分かれています。ボローニャの人はマッジョーレ病院を大衆病院と言って、サントルソラ病院は中流階級以上の病院と言っていたそうです。しかし今は違います。ボローニャ県内に他に9つの病院があるので、病院間の教育関係を深めていこうという方針で進めています」とゴレッティ病院長は説明しました。

ボローニャ市内にはその2つの大きな病院以外にも小規模の専門病院と、研修・研究を行っている専門の病院があります。1つはリッツォーリ病院で整形外科、スポーツ医学で有名です。ヨーロッパのサッカー選手なども治療にやってきます。もう1つはベッラーリア病院という郊外にある病院で、そちらは神経科と眼科が専門です。

マッジョーレ病院は630床、それ以外にデイホスピタルという1日だけいられる人のベッドが20床です。救急病棟があり一般救急の他に、整形外科と小児科、産婦人科、外傷の科があります。外傷はすべてマッジョーレ病院に送られてきます。産婦人科も24時間体制で救急に対応しています。2012年の入院患者総数は3万2,000人、その内の2万7,500人が一般の入院患者、4,500人がデイホスピタルの患者でした。通常の手術件数が9,500、デイホスピタルの手術件数が3,000です。

病院のネットワーク機能

マッジョーレ病院の活動の3分の1は色々なネットワークの活動です。ここで入院患者を受け入れる以外の、他の病院から回ってくるネットワークの部分の活動です。心臓発作の患者や重度の外傷の

第Ⅰ部　イタリアの国民保健サービス

人たちは、マッジョーレ病院に専門のセンターがあるので全部ここ
で受けます。それが全体の活動の3分の1を占めています。

　1年間に3,100人がマッジョーレ病院で出産します。一方、マッ
ジョーレ病院には心臓外科はなく、サントルソラ病院にあります。
マッジョーレ病院にはそれ以外は全部揃っています。臓器の移植も
サントルソラ病院ですが、臓器を取り出すまではマッショーッレ病院
でも行います。

　救急では、心臓外科こそありませんが心臓発作などはこちらに集
中して送られて来ます。整形外科の救急や脳溢血の患者もマッジョ
ーレ病院に送られてきます。日によって違いはありますが、救急か
らの入院患者数、外科での入院患者数など、年間で入院患者数の監
視を行っていくことで、推定で患者数を出しベッドを空けておかな
ければいけないと計画するわけですが、必ずしもその通りに行くと
は限りません。2年前までは、このシステムを取り入れていなかっ
たのでベッドの調整が非常に大変でした。空きベッドがすぐ見つか
らないことがよくあったそうですが、このシステムを取り入れてか
らは、うまく機能するようになってきたそうです。

AUSL傘下のボローニャ県の病院総従業員数は約8,500名

　マッジョーレ病院内の医師数、看護師数など、職員数を確定する
ことは非常に複雑で、できないと病院長は言います。なぜかという
と、マッジョーレ病院で働いている人は、ここだけで働いているわ
けではないからです。例えばマッジョーレ病院には救急の神経外科
がありますが、緊急ではない脳腫瘍の摘出などを行う神経外科はベ
ッラーリア病院にあって、手術のスタッフは普段はそこにいるそう
です。緊急の場合にマッジョーレ病院に来て対応するようにして職
員を共有しているそうです。ですから、きれいに数字がでてきませ
ん。

　ただ、AUSL（地域医療公社）傘下のボローニャ県の病院を全部
合わせた総従業員数は約8,500人、その内の1,000人くらいが医師
です。ここ2、3年人員削減が行われて従業員数はかなり減ったそ
うです。

　看護師は他の病院と共有していることはないと思われましたが、

70

第3章　オスペダーレ・マッジョーレ（Ospedale Maggiore）・ボローニャ

2年くらい前までは病院ネットワークを強化するために、看護師も含めて病院所属ではなく内科なら内科所属、外科所属などとして職員を回していたそうです。そのために看護師もこの病院に何人の看護師がいるという数字がでないとのことでした。今はある程度どこの病院所属というように方針が変わりつつあります。

手術のウェイティングリスト

　マッジョーレ病院の平均在院日数は8.2日です。ベッド稼働率、1日のベッドが埋まっている割合は約90％強です。ベッド数をここ数年で大幅に減らしたそうです。そのこともあって90％強です。常時ベッド数の推移を監視していて、推定・計画してベッドを回していけるそうです。

　「ベッドを削減した理由は何ですか」と尋ねると、「ベッド数は長期入院患者を含めて100人の住民に対して3.7床という国のガイドライン（基準）があります。それとともに合理化を図るということで、244床のベッドを削減しました。それ以前はまったく使われていないベッドもあったし、効果的にベッドが回っていない診療科もあって、全体の組織編制を行って合理化を図るということでベッド数を減らした」との答えでした。

　「一般の入院の待機期間はどれくらいですか」と聞くと、「入院に関してのウェイティングリストではなくて、手術を受けるためのウェイティングリストです。例えば、一般医から『この人はこういう検査が必要です』と送られてきた場合、検査をして診断の結果『がん』であれば手術が必要ということになります。症状の重度によって4段階に分かれます。一番緊急性を要する人は30日以内に手術をしなければならないとか、段階によって何日以内に手術するかが決まっています。マッジョーレ病院の場合には、緊急の手術の対応はうまくできています。ただ、少し問題があるのは緊急性を要さない人への対応で、ウェイティングリストが長くなっている」と答えてくれました。

　「イタリアの手術の待機期間が長いということは日本に伝わってきているけれども、手術を早くするための改善をするには、重度による段階だけではなく他にどういう体制が必要ですか」と質問する

71

第Ⅰ部　イタリアの国民保健サービス

と、「考え方としては、2日早かろうか遅かろうが基本的に関係ありません。30日以内に手術をする、あるいは3カ月以内に手術をすることが大切であって、その基準を短くする必要はないという判断です」との答えでした。

どのように病院を改装しベッドを回していくかが一番の問題

　病院で働いている人たちの身分は、基本的に地域医療公社の所属で公務員です。全国から募集し国レベルで採用試験が行われます。しかし最近では、州の認可がないと採用試験ができないこともあって、エミリア・ロマーニャ州では少ないですが、他の州では正式な雇用契約ではなく、期限付きの契約（短期契約）の医師も増えていると言います。

　「日本では医師の採用が一番の困難ですが、病院長は医師の配置や採用に困ることはありませんか。一番困難な課題は何ですか」と聞くと、「たぶん病院長のあり方は日本とは違うと思っています。イタリアの場合には、公立病院の院長はその組織を運営していかなければいけないけれども、実際の政策や人事はアチエンダ・ウスル〔(Azienda USL〔unita sanitaria locale〕：地域医療公社)〕が執り行っています。採用試験をはじめ、医師や看護師が何人必要だとかはアチエンダ・ウスルのほうでやり、それが病院にまわってきます。だからそういうことにはまったく病院長はかかわっていません。病院長とはアチエンダ・ウスルが決めたことを実行する人なのです」との答えでした。

　例えば、アチエンダ・ウスルのように人事とか運営とか政策の決定をやっている部署の責任者であれば、現在の状況だと予算に合わせてどのように人員を確保していくかは重要な問題になってきますが、それは病院長の問題ではありません。現在、イタリアでは医師を確保することは比較的簡単で、そんなに難しくありません。10年くらい前までは看護師が不足すると騒がれていましたが、今はそれも解消されつつあります。

　「マッジョーレ病院の院長としての一番の問題で考えなければならないことは、色々な場所を改装して建物を新しく建てて、そこにどういうものを配置して、何をまず先に移転させるか、どのように

72

うまく病院を機能させていくか、それとベッド数のやりくりです。
監視をずっと続けていって、それで推定数を出してうまく回してい
くか、そういうことが病院長にとっては一番の問題です」とゴレッ
ティ病院長は述べました。

第3節　ボローニャ市 Ausl の地域医療政策

アチエンダ・ウスルの使命は住民に医療サービスを保障すること

　イタリアでは、「全ての市民は、性別や年齢、所得にかかわらず、
基本的な医療を受けられなければならない」を基本に今の医療シス
テムがあります。一般的に病院に入るお金は州から支払われること
になります。90年代以降の景気悪化により医療改革が行われてき
ています。

　1978年、1990年、1999年、2000年と改革が行われて、そこで修
正がかけられていますが、80年代まで景気が良かったので、わり
と予算を使うことができました。それが90年代になってどんどん
厳しくなってきて、予算を気にしなければならなくなって、現時点
で非常に予算に配慮しなければいけない状態になってきています。

　1992年にアチエンダ・サニタリア（Azienda saniaria：医療公
社）がマネージメントを行う組織としてつくられ、ディレットー
レ・ジェネラーレ（Direttore Generale：最高責任者）が予算を組
み、それを州と労働組合が承認するようになりました。ここには2
つの主体があります。1つが医療を行う病院で、もう1つがアチエ
ンダ・ウスル（Azienda Unità　Saniarialocale：地域医療公社）で
す。

　アチエンダ・ウスルの使命は住民に基本的な医療サービスを保障
することです。公共の病院や、公的な病院と委託契約をしている民
間の病院を問わず提供される医療がどんな形であれ、基本的な医療
サービスは保障しなければなりません。アチエンダ・ウスルが料金
と質をにらみながら、基本的な医療サービスを選んで市民に提供し
ていきます。

　例えば、ある住民がボローニャで検査を受けた場合、その住民が
住んでいる所のアチエンダ・ウスルがお金を払います。アチエン

第Ⅰ部　イタリアの国民保健サービス

ダ・ウスルには住民1人当たりの予算があり、管轄地域の住民数に合わせて「1人当たり予算×住民数」で予算を出しています。その料金は州が決めます。検査数が増えれば病院の収入も増えるとは限りません。なぜかというと、州が決める予算は一定で、それが必ずしも手術や検査などのコストをカバーしているとは限らないからです。したがって検査数が多いからといってその分の利益が出るわけではなく、損になる場合もあります。

　マッジョーレ病院はアチエンダ・ウスルの一部なので病院として独立しておらず、病院の予算もありません。一方、サントルソラ病院は病院として独立しており、他にもアチエンダ・ウスルに認定されている病院が9つあります。それらの病院には、行った医療行為に対して州で決められている定額の報酬が支払われます。州から支払われるお金のうち、51％がサントルソラ病院などで行われた医療行為に対する報酬に、45％がマッジョーレ病院の運営費に、残りの4％が予防に関する予算となります。

全体的に予算が削減されて合理化せずにはいられない状況

　ファミリードクターへの報酬は51％の予算から支払われます。小児科医とファミリードクターは住民登録制で、アチエンダ・ウスルとの委託契約です。1人の医師（ファミリードクター）の契約数は、ファミリードクターが1,500人、小児科医が600〜800人までと決まっていて、「登録数×1人当たり予算」で報酬が払われます。だから人気のある医師にはいっぱいお金が入ってくるけれども、人気のない医師は本当にお金が少ししか入ってこないことになります。

　2012年の医療公社から支払われた全体の金額は10億6,000万ユーロでした。病院は年々技術革新や新しい医療技術の獲得で医療費を増やしていく法則性があります。そうすると、その限られた予算の中で病院間で予算配分上のコンフリクトが起きないのでしょうか。サトルソラ病院とマッジョーレ病院は昔からライバル意識が強く、組織も違うので協力関係を築くのが難しかったそうです。最近では全体の予算が削減され、合理化のために協力せざるを得なくなりました。例えば、検査室を同じところにしたり小児科を統合したり、切符を共有したりと、チームを共有し合う形で協力関係を強めるよ

74

うにして、予算上もバランスを
とろうという雰囲気で関係も良
くなっています。全体的に予算
が削減されて、どうしても合理
化せずにいられない状況なので、
組織的に再編成して協力できる
部分は協力してやっていかない
と生き残れない方向性で進んで
います。

写真3-10　説明するマリア・クリスティーナ・コーキ医師

「2つの病院以外の9つの病院がすべて公立で、小さな病院の統合再編成も計画の中にあるのではないですか」と質問したところ、「国のガイドラインで120床以下の病院は認めないという方針が出ましたが、郊外の小さな病院を完全に閉めてしまうと市民から不満がでるのです」「小さい病院であっても質の高い医療サービスを提供できるように、エミリア・ロマーニャ州でもボローニャ県にある9つの病院は内科、外科、整形を統合しました。また、一部は地域医療活動を行うようにと内部の組織再編成を行っていますが、病院の合併はありません」との答えでした。

健康の家

「病院では本当に治療を必要としている人を受け入れて、例えば介護が必要な人や長期入院患者は病院でなくても他の医療サービスで十分対応できるはずだという考え方があります」と、マリア・クリスティーナ・コーキ医師は言いました（写真3-10）。

90年代から小さい病院を閉鎖する現象がボローニャ県内でも起こっています。そこで以前病院だった建物を使い、その地域に住んでいる医師（特に総合内科医のグループ）、看護師、専門医（例えば老人専門医）たちが社会福祉課の人たちと協力して、医療サービスを提供する施設を作っていこうという動きがでてきました。病院に行かなくても医師と看護師が協力して、社会福祉関係の障害者を扱う場所や老人関係の施設をつくっていこうということです。

古いつぶれた病院を老人施設にしていくということではなく、老

第Ⅰ部　イタリアの国民保健サービス

人施設とは限らず、障害者施設です。そのような施設を「健康の
家」とアチエンダ・ウスルでは呼んでいます。ボローニャ県に健康
の家は5つあるそうです。アチエンダ・ウスルはボローニャ県で6
つの地区に分かれています。これは政治的な地区ではなく、県や市
ではなく、それとは別にアチエンダ・ウスルで決めた分割の地域が
あります。ボローニャはボローニャだけですが、その周りの市では
2つとか3つとか一緒になったりして6つあります。

地域医療計画と予算

　地域医療計画に住民の意見をどのように取り入れているのでしょ
うか。

　大きくは国の医療計画があり州のレベルで社会医療計画がありま
す。それを反映して3年計画の地域の医療計画・社会医療計画をつ
くります。地区単位の計画というのは、要するに市内の老人がもっ
ているニーズと山岳部の老人がもっているニーズはかなり違うので、
地域ごとのニーズに合わせてうまく予算配分を行って効果的なサー
ビスを提供していこうと3年計画でつくられます。その計画をつく
るに当たっては、色々な主体が参加して意見を言います。色々な主
体、例えば色々なタイプのアソシエーションや様々な病気の患者さ
んが集まっている協会、社会的協同組合が参加して意見を言います。
社会的協同組合はニーズを伝えるだけでなく、市に代わって実際に
サービスの提供を行います。また、市長の政治的な意見・方針や、
色々なところからニーズを吸い上げて、みんなが納得できるような
方法で、地域にあった医療計画をつくっていきます。

　市民個人が意見を言える場はありませんが、色々なところに意見
や苦情を出せる窓口があるので、そこに意見や苦情を書いて出して、
それをアチエンダ・ウスルが受け入れるシステムがあります。また、
問題を抱えている市民は、何か病気の団体だったり障害者協会であ
ったり、協同組合であったり、何らかの団体に属していることが多
いです。その代表者が意見をまとめて、計画をつくる場に参加して
います。アチエンダ・ウスルの責任者が出ている場で、色々なニー
ズを抱えている人たちが集まって話し合いをします。

　「県の予算は医療の予算と介護の予算もあるようです。私たちが

76

第3章　オスペダーレ・マッジョーレ（Ospedale Maggiore）・ボローニャ

今まで視察してきたところでは自治体の一般財源から福祉予算がでています。社会医療計画は医療の国家予算だけですか、それとも福祉も含めた計画になっていますか」と質問しました。「要介護者の障害者や老人の場合には州の基金『FRNA』があり、そこからお金が出ます。それ以外に、社会福祉サービス的なものに関しては市からもお金が出ています。今年は州の基金から約5,000万ユーロ、市の社会福祉の予算から約1,000万ユーロ出ています」との答えでした。

　その基金の大部分は、自宅介護であったりデイセンターであったり居住施設であったりと、老人が消費しています。居住施設に入れる人は65歳以上なのですが、重度の人しか入れないということで、現在80歳以上だそうです。そういう自宅で生活する老人を支えるために、例えば介護の人を雇用した場合には一部補助を出したりしながら、できるだけ施設に入ると公的機関にとっては経済的負担が大きく老人にとっては自分が慣れ親しんだ環境から切り離されるので、どちらもあまりいいことがありません。自宅にいられる間は自宅で過ごしてもらおうということで、自宅で生活する老人を支えるための介護者を雇用した場合は一部補助なども出しています。

アチエンダ・ウスルの構造

　「日本では発達障害やADHD（注意欠如・多動性障害）の子達が精神科に通うことが多くなっているが、イタリアではどうか。それと精神科のデイサービスの職員の職種と通っている人の年齢層を教えてほしい」と質問しました。「小児精神科には神経精神科医と心理学者とエデュケーターがいます。イタリアではエデュケーターと看護師でチームが構成されています。イタリアで近年増えているのは、行動障害などの子どもよりも虐待を受けた子どもや移民の子どもです。受け入れているのは0歳から18歳までです。イタリアの場合は18歳で成人になるので管轄が変わります。16歳くらいから小児から成人の精神科との協力関係が始まり移行する準備が始まります」との答えでした。

　「病院長のアチエンダ・ウスルの中でのポジションと、病院長とアチエンダ・ウスルのかかわりはどんな役目をしているか」を聞く

第Ⅰ部　イタリアの国民保健サービス

と、マウロ・ゴレッティ病院長は「マッジョーレ病院自体がアチエンダ・ウスルの機関なので、アチエンダ・ウスルの中のマッジョーレ病院の院長という肩書きです」と述べました。

「事務総長の下に管理局長と保健局長が配置されているのが一般的なスタイルですが、医師で保健局長みたいな方は別にいますか」と聞くと、「その２人はディレトーレ・ジェネラーレが選び、別にいます。その下に管理部門のスタッフと安全面の責任者とか、その下が内科、外科、精神科、緊急医療、予防医学というように医学の領域が10の科に分かれています。それぞれの科に責任者が１人いて、局長が１人いて、下にスタッフがいます」との答えでした。

「病院長の上に誰がいますか」の質問には、「10の部門の間に入って色々コーディネートしていくのがマリア・クリスティーナ・コーキ医師のようなボローニャに６つある地区の責任者です。それ以外に２つの病院、マッジョーレ病院の病院長とベッラーリア病院病院長がいます。そういう構造になっています」との答えでした。

誰が介護するのか

「日本でも高齢化にともなって自宅で医療や介護を提供しようという動きが強いですが、ボローニャでも同じような状況で在宅への介護サービスや医療サービスの提供はありますか。また、日本では訪問看護・介護という仕組みがありますが、イタリアではありますか」と質問しました。コーキ医師は、「自宅介護の内容が社会的なものなのか、それとも医療的なものなのか、あるいはミックスされたものなのかで窓口が異なります。例えば完全に社会的なもので買い物にいけないとかお風呂に入れられないという場合は、市の社会福祉課に家族か本人が行ってお願いします。医療サービスの場合にはアチエンダ・ウスルに窓口があってそちらに行きます。ミックスの場合にはどちらにいってもかまいません。両方の窓口がつながっていて情報を共有しているので、家族はどっちに行ってもいいです。行動の主体であり、サービスを提供するのは市とアチエンダ・ウスルの両方です。サービスを受ける人が週何回、何時間、どういうタイプの介護が必要になるかという個人計画をつくります。その計画は、社会福祉課の人や医師や看護師などがチームになって作り、個

78

第3章　オスペダーレ・マッジョーレ（Ospedale Maggiore）・ボローニャ

人計画という形で提供されます」と述べました。

「ホームヘルパーや訪問看護師はいますか」の質問に、ゴレッティ病院長は「在宅看護の場合には経験のある看護師が行きます。1人で色々なことを解決しなければならないため、経験が求められますが、特に資格はありません。だから、その看護師が在宅看護が好きかとか病院でしか働いたことしかないとかの傾向はありますが、資格としてはありません」との回答でした。

ホームヘルパーという資格はありません。イタリアでも20年くらい前までは家族を非常に大切にしたので、家族で介護を賄っていました。しかし、核家族化や高齢化が進み、さらには10年くらい前から東ヨーロッパから大量に女性がやってきて、非公式な形で正式な労働契約など結ばずに家で介護してもらうことがはやった時期がありました。それが社会現象のようになってしまいました。そういう人たちには違法で入って来ている人たちも多くいました。問題を解決するために、きちんと滞在許可証を与えて正規に雇用し、専門の人に育てていきましょうと改善されてきました。現在もそういう方向で色々な研修を行っています。

近年変わってきているのは、はじめは東ヨーロッパから入って来た人が多くそういう仕事についていましたが、最近では、若者や女性、とくに失業者が多いので、イタリア人の女性がそういうことをやりたいという人が増えてきているそうです。移民の人では文化が違うので、おじいちゃんおばあちゃんが食べたいものをつくれない。例えば、スパゲッティが食べたいけれどもスパゲッティを作れないという問題があったり、コミュニケーションの問題があったりするとのことでした。

79

第4章 地区高齢者介護施設と薬局

第1節 ヴィラ・ラヌッチ（Villa Ranuzzi）（ボローニャ）

ヴィラ・ラヌッチ

　2013年10月29日、ボローニャで3番目に訪問したのは、有限会社が経営するVilla Ranuzzi（ヴィラ・ラヌッチ）という151床の地区高齢者介護施設です。

　主に対応していただいたのは、ロレンツォ・オルタ（Lorenzo Orta）社長、アヴェラルド・オルタ（Averardo Orta）副社長で二人は親子です（写真4-1）。それからエドモンド・ブスカローリ（Edmondo Buscaroli）取締役、エウゲニオ・デマルティーノ（Eugenio DeMartino）老人病専門医師、ヴィンチェンツォ・ペドーネ（Vincenzo Pedone）医療責任者、パトリツィア・ヴィタルビ（Patrizia Vitalbi）運営管理責任者で、施設のコーディネートをしています。

　その他に社会福祉関係のコンサルタントの女性やヴィラ・ラヌッチの組合員であり理事、コリブリ（ハチドリ）というコンソーシアムの代表の方、看護師長、総合内科医師、精神科のコンダクター（ソーシャルワーカー）、そして日本人の看護師の徳留ひさこさん（日本の大学を卒業後、ドイツで看護師資格を取得）などが対応してくれました。

写真4-1　歓迎の挨拶をするアヴェラルド・オルタ副社長（中央）

施設の概要

　ヴィラ・ラヌッチは、2011

第4章　地区高齢者介護施設と薬局

年末にオープンした、新しい施設です。1、2階で4つの科があり、1フロアは30人です。**写真4-2**は入居者の部屋です。一人部屋は日本の部屋面積よりも広い造りで、窓が大きく太陽光を部屋に取り込めるようになっていることも特徴です。

ここでは患者さんの状態が色でわかるように工夫しています。

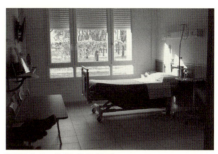

写真4-2　入居者の部屋

1階と2階のフロアは同じ構造で造られています。1階には、虹の科（レインボーセクション）と呼ばれるアルツハイマー専門、行動障害、言語障害のセクションがあります。緑色は自立歩行可能な人のセクションです。2階のオレンジのセクションは要介護度が中程度の人でプライベートの入所者が多いそうです。青のセクションは寝たきり状態の人です。

ヴィラ・ラヌッチは、プライベートな施設ですのでAUSL（Azienda Unita Sanitaria Locale）と契約はしていませんが、認可されているため国から費用が出ています。また、国から費用がでない患者さんの受け入れ体制も整っていて、両方から受け入れる体制になっています。

施設の周りは囲われているため、患者さんたちは自由に散歩できるようになっており、迷子にならないようにグルッと回って戻ってこられる構造になっています。介護者が付き添うことなく、アルツハイマーの人でも自由に施設の外に出ても迷子になりません。入居者はGPSのブレスレッドをしていますので、敷地内から出たらアラームがなります。かつて、囲いを昇ろうとした人がいたそうですが、昇りきれなかったそうです。

アニマルセラピーと脳トレーニング

入居者は、午前・午後とも絵を描いたり運動などしたりしています。動物を使ってセラピーで成果を上げていて、私たちの訪問時には、ラブラドール・レトリーバーを連れたトレーナーがセラピーを

81

第Ⅰ部　イタリアの国民保健サービス

写真 4-3　動物を使ったセラピー

写真 4-4　バルコニーでゆったりと家族と過ごす高齢者

していました（写真 4-3）。

　また、記憶力のトレーニングにコンピュータを取り入れていました。コンピュータのタッチパネルを使用した訓練は、記憶力と注意力のトレーニングになるそうです。

　視察中、リハビリテーション室への移動途中に、バルコニーでゆったりと家族と過ごす男性と会いました。風景に溶け込むようにとても穏やかな様子だったので、私が「写真を撮ってもいいですか」と聞くと OK ということで撮りました（写真 4-4）。

リハビリテーション

　セラピストは 4 人で、機能回復の専門医が 1 人います。壁と床の色は、動機付けにいいというオレンジ色やクリーム色を専門家が選んで使っています。その奥には色々な機械があります。

　高齢者が磁場を使った膝の治療をしていました。電磁波で細胞を刺激するそうで、筒状のベッドの中に転がると全身もできるそうです。高齢者が骨折したときに電磁波を当てると細胞回復が早くなるので使っていると言います（写真 4-5）。電磁波を使うリハビリは日本にはないと思います。

　レーザー治療もしており、関節炎などの炎症を抑えるそうです。薬と併用すると効果的で、最新の治療でむち打ちにも効くそうです。ここの施設が、今までイタリアに来て視察した中では一番広いリハビリ施設でした。

ミッション

　ヴィラ・ラヌッチの運営主体は有限会社です。もともとこちらを作り上げた人の中にアヴェラルド・オルタ副社長のおじいさんがいたそうです。それが1920年代です。初めのミッションはホームレスの支援をするということでした。100年くらい前のことです。その間にミッションは変わってきました。それは市場の需要がどんどん変わってきたからです。

写真 4-5　電磁波を使ったリハビリ

　現在は、認知症のセクションを拡大しようとしており、1戸建ての建物もあり現在改造中だそうです。アットホームな居住施設で、庭があって外にも出られるようにしています。できるだけ薬物投与を抑えるように力を入れているといいます。

　イタリアは経済危機の状況で、公立病院はできるだけ入院患者を減らさなければならなため、ここでは特に長期の老人患者を受け入れています。100年前には公的機関がホームレスの支援を必要とし、今は病院が経営危機にある中で、医療サービスを提供する居住施設を公的機関が必要としています。昔から公的機関のニーズに合わせてきたわけです。

　ラムチーナという認知症の方々の居住施設は森の反対側にあります。ラムチーナは小さなラヌッチという意味で、中が3棟に分かれています。ラヌッチという名前は、この敷地をもっていた村の人のファミリーネームを取っています。

公的機関と民間

　オレンジのセクションにいるプライベートの入居者は、1カ月80〜110ユーロの支払いが必要になるそうです。もともとは公的機関から回ってくる人だけを受け入れるようにしていたそうですが、病院が入院患者数を減らさなければならなくなってしまったので、今は90人くらいを民間からの契約で受け入れています。でもそれを

第Ⅰ部　イタリアの国民保健サービス

これから少なくしていき、公的機関から受け入れる人数を増やしていきたいそうです。

　認知症の治療については、公立病院（オスペダーレ＝ AUSL の病院）に預けられている人もいますが、地域の民間の施設で受け入れたほうがコストが低く、質が高い、もしくは同質のサービスを提供することができるということでした。民間企業のほうがオーガナイズがうまく行われており、余剰な人員もいないので人件費が少なくて済むのでコストが下がるわけです。公立病院はもちろん税金を払いませんが、こちらの施設では税金を払っています。

地域のソーシャルワーカーとの連携

　地域のソーシャルワーカーとの連携について尋ねると、次のように答えてくれました。「こちらの居住施設はずっといる人だけでなくて、一時的にいる人もいます。その場合に別の施設に移ることがあります。移転する場合には、医療情報だけではなく社会的なことを含め老人のニーズを伝える必要があります。老人へのサポートの継続性がとても大切なので、コンサルタントが地域の社会福祉課の人や次の施設のコンサルタントと話をして、必要なサポートを続けていくための情報伝達を行っています」。

　もう一つは、施設に居住している高齢者一人ひとりに対して、個人の支援計画がつくられています。6カ月ごとに見直しを行い、家族にもみていただいて、それでいいかどうか同意を得て、できるだけ家族にも参加をしてもらうようにすることも、コンサルタントがやっている仕事の一つだそうです。

　社会福祉のコンサルタントの資格としては、社会福祉サービスの大学卒業資格をもっているとの回答でした。

公立病院をどう評価するか

　40 年間公立病院で働いていたという医師は、「イタリアの病院はどこも同じではありません。エミリア・ロマーニャ州の病院は厳しい予算の中でもよくやっているほうだと思う」と述べました。

　また、「治療を必要としている人は病院にいるべきだが、ある程度高齢で長期に介護が必要な人が病院にいる必要はない。こういう

医療サービスを提供している民間施設で受け入れができるんだったらどんどん転院させて、病院本来の機能をすべきだ。イタリアの南部の病院と比べたらエミリア・ロマーニャ州はかなりよくやっている」と述べました。

イタリアでは州ごとに医療費にあてられる資金が配分されます。南部の場合には資金の配分がうまくいかないので、それで病院自体もうまく機能しません。南部だと十分満足できる治療が受けられないということで、北部の病院にかかるということです。住民自身があきらめてしまっていて、これは北部に行くしかないということです。そのような背景から南部のレベルが上がらない、いつまでも改善されないという悪循環があるそうです。

イタリアの現況は医師が過剰に存在しているというわけではないそうです。そういう状況が一時あったことは事実で、そのため大学の医学部が定員制を入れたことで逆に少なくなっているそうです。現在の予想では、退職する医師と新しく医師になる数をみると、2018年には医師が足りなくなるといわれています。

「この施設は患者さんを受け入れて在宅に復帰させることを目標にしているのか、それとも終の棲家になるということでしょうか」と質問しました。

この施設では、在宅できる可能性があればできるだけそうしますが、そうでなければここにいます。同じグループにヴィラ・セレーナという居住施設があり、在宅に移すためだけの施設だそうです。また、同じグループには在宅復帰の専門の施設があって、約15〜16日間そこに滞在してから在宅に移ります。

施設の良し悪しを決めるのはスタッフのチームワーク

「この施設の設立形態は違いますが、皆さんからみてイタリアで協同組合が運営している施設はどう評価されていますか」と尋ねました。

答えは、「どこが運営しているかはあまり問題ではない。協同組合でも公的機関、そして宗教団体が運営しているところでも、非常に質の高いサービスを提供しているところもあるし、スキャンダルを起こした施設もあります。どこがいいとか悪いとか一概にはいえ

第Ⅰ部　イタリアの国民保健サービス

ない」との答えでした。「批判することは簡単だけれども、施設の良し悪しを決めるのはそこで働いているスタッフのチームワークが非常に大事だと思う」と強調しました。

チームワークを維持・発展させるため、この施設ではISO2000をとっていて、とくに分かち合うということが非常に重要だと考えています。例えば情報を分かち合うとか週1回チームが集まって意見交換したり、それ以外にも定期的に心理学者を交えて色々な人間関係について話あったり、チームワークをつくっていくために色々な職種の人がいます。うまくやっていくためにどうしたらいいかという意見交換を行っているということと、お互いを尊重することが大切で、ポジティブに接していくこと、誰にも明らかな指標を掲げてかつ倫理的に行動することが大切だといいます。それ以外に人材育成研修をやっているとのことでした。

グループの概要、年間事業高

「色々な施設があると聴きましたが、このグループの概要、年間事業高とかどんな施設があるとか概要を教えてください」と質問しました。

ヴィラ・ラヌッチを運営するグループは、施設を5つ持っているそうです。5つの施設のうち3つが病院ですが、外科は含まれていないそうです。それ以外の2つのうち1つはここで、もう1つはヴィラ・セレーナだそうです。

スタッフ（職員）は600人です。年間売り上げは3,000万ユーロです。3つの病院の規模は、180人くらいが入院できる施設で、それぞれの病院が専門をもっています。1つが精神科、1つがリハビリ専門で、3つ目が長期入院です。医師は全部で100人くらいです。コンサルタントの人も含まれているので全員がフルタイムというわけでないそうです。精神科の病床数は50床です。

「ホームレスの施設はもうないのですか」と聞くと、「ありません。4世代にわたってこの仕事をしていますが、その間に29の施設を運営したのです。その中には戦争中に爆撃されたものもあり、今残っているのは5つです。ホームレスの話は100年前の話です」との答えでした。また、「5つの施設で一番赤字になる施設はどこです

86

第4章 地区高齢者介護施設と薬局

か」と聞くと、「全部です」との答えでした。そのためにコンソーシアムをつくったそうです。何かを買うときに、みんなで一緒になって大量に買うことでコストを下げることを行うためにコンソーシアムを作ったとの答えでした。5つの施設はすべてボローニャにあります。

写真4-6 「イタリアの認知症対策のネットワークサービスのあり方」を執筆した医師

「イタリアは精神病院を廃止したんですよね。どういう関係ですか」と聞くと、「閉鎖病棟はなくなりました、それ以外の精神科というのはある」との答えでした。

イタリアの認知症対策ネットワーク

配布された資料に、「イタリアの認知症対策のネットワークサービスのあり方」という項目がありました。そこで、「イタリアの認知症対策のネットワークの優れた点はどのような点でしょうか」と聞きました。写真4-6の医師がそれを書いた責任者です。

医療サービスはイタリアでは州が運営しています。国から州にお金が下りてきて州が自由にそれを配分して運営してゆくことができます。ここにエミリア・ロマーニャ州のことが書かれています。14年前の1999年に「ナショナルプロジェクト」という名前でしたけれども、実際にはエミリア・ロマーニャ州で行われたプロジェクトでした。

1999年のプロジェクトを通じて、地域の主体である総合内科の先生、認知症の専門センター、認知症の居住施設、病院の主体を合理的にネットワーク化することによって効果的なサービスを提供することができるというものでした。

合理化を行うということは無駄をなくして新しく付加価値を加えてゆくということです。当時認知症の患者さんをどこに収容したらよいかわからなかったので、病院に入れられていたことがありましたが、実際には病院に入れても無駄なわけです。それとは別にその頃バランテと呼ばれる介護人の人が資格をもたなくて、東ヨーロッ

87

第Ⅰ部　イタリアの国民保健サービス

パから移民してきた女性の人と契約もなしに家族で雇って面倒を見てもらうという介護人が増加した時期がありました。そういう無駄をなくして、この施設のように医療サービスが整った専門の施設に付加価値を与えることによって解決していこうと考えました。

　認知症の患者さんというのは病院の問題ではなくてテリトリーの問題として格付けされているので、総合内科の医師のところに行く必要があるということでした。その総合内科の医師のところに行って早期発見をする、診断を早くしてもらうことと治療薬を処方してもらう。

　認知症のセンターには神経科の医師や老人病専門の医師や精神科の医師、例えばアメリカでは精神科の医師が認知症の患者さんにつけられますが、エミリア・ロマーニャ州では神経科や精神科よりも老人病専門の医師が診るべきだろうと重きをおいています。もちろん総合内科の医師とセンターの医師と連絡を取って、病院で総合内科で診断された後に色々な検査をします。それでラヌッチのような老人施設に認知症の患者さんを収容する居住施設と連絡をとります。

　プロジェクトの中では色々な主体である総合内科の医師や認知症センターの老人病の医師とか病院の検査技師とか老人施設の人とか、そういう認知症に係わる主体の人たちがネットワークをつくって、無駄を省いてうまく効率的なサービスを提供していこうというプロジェクトでした。今でもニーズよりも州からのオファーが少ないので、まだまだ民間企業が入ってゆく受け皿があります。

　私たちは、「西洋ではアルツハイマー型が多いのですが、日本ではアルツハイマー型ではない認知症が多いのですか」と質問されました。

　私たちの中の医師は、「動脈硬化による認知症が多いといわれていたのですが、今はアルツハイマー型の認知症も多くなっていると認識されています。以前とはちょっと変わってきています」と答えました。「それはなぜか」と聞かれたので、「それは診断の違いです。以前はCTやMRIという器械もなくて、その頃には日本では動脈硬化による認知症が多いといわれていましたが、ここ20年くらいでその認識は変わっています」と答えました。

88

経営者ネットワーク

エレーナ・ブルーナさんが、「ボローニャの民間が運営している老人施設などすべてを取りまとめている連合の協会の責任者だそうです」と紹介されました（写真4-7）。彼女は、この施設では、もう一つある老人施設のコーディネーターと所長をしています。

写真4-7　エレーナ・ブルーナ施設長（中央）

チームワークというのは、人材育成とお互いに意見交換することからつくられます。それを私たちはボローニャ市に拡大しようと考えています。老人施設の運営に係わっている色々な主体、協同組合であったり民間企業であったり、公的機関であったり宗教団体であったり、そういうところがみんなひとつの場所に集まって意見交換をしましょう、ということです。

専門的議論も行われるわけですけれども、それ以外にも市に「もうちょっとこういうふうに変えて欲しい」とか、「周囲に対してこういう意見を言いたい」とか、バラバラに言うのではなくて、みんなの意見を取りまとめて代表して言いましょう、ということです。

その施設が小さいとか大きいとか有名だとかはいっさい関係なく、みんなが参加していることで、同等に意見を言うことができます。ただし大切なのは、信憑性のある意見をいうことです、信憑性のある意見でなければ地方公共団体は聞き入れてくれません。彼女はこのように述べました。正式な組織ではなくて経営者ネットワークという形でつくっているそうです。

第2節　サンタ・マリア・ノヴェッラ薬局（フィレンツェ）
―― Officina Profumo-Farmaceutica di Santa Maria Novella ――

サンタ・マリア・ノヴェッラ薬局

私は、2013年11月、イタリアのフィレンツェにある世界最古の薬局といわれる、サンタ・マリア・ノヴェッラ薬局を訪問する機会

第Ⅰ部　イタリアの国民保健サービス

写真 4-8　薬局入口

写真 4-9　若い女性が商品について説明してくれる

を得ました。

　薬局の入り口は小さく、うっかりすると通り過ぎてしまうかもしれません（**写真 4-8**）。しかし中に入ると、様々な香りが私たちを迎えてくれます。店の中央部には、商品の説明をしてくれる担当者もいます（**写真 4-9**）。店の中は客でいっぱいでした。私は牛乳石鹸を買いました。

薬局の歴史

　サンタ・マリア・ノヴェッラ広場に隣接する、世界最古の薬局の1つであるオフィチーナ・プロフーモ・ファルマチューティカ・ディ・サンタマリア・ノヴェッラ（Officina Profumo-Farmaceutica di Santa Maria Novella：サンタ・マリア・ノヴェッラ薬局）は、1221年にフィレンツェに居を構えたドメニコ派修道士が医薬的介護を始めたことによって生まれました。彼らは会の教義「癒し」の実践のために、自分たちの耕す畑で薬草を栽培し、修道院内の小さな医務室で使うための薬、香油、軟膏などの調合を始めました。ドミニコ会は、1206年に聖ドミニコ（ドミニクス・デ・グスマン）により作られ、1216年にローマ教皇ホノリウス3世によって認可されたカトリックの修道会（正式名称は「説教者修道会」（Ordo fratrum Praedicatorum）：略号は「OP」）です。サンタ・マリア・ノヴェッラ薬局で、今日まで伝わる最古の処方は1381年のものです。アック・ディ・ローゼ（薔薇水）も当時の製法をもとに作られています。薔薇水はフィレンツェ周辺に咲く花弁を精製した天然水

で、蒸留し抽出されるオイル成分を除いたハーブウォーターです。現代ではバラの花には鎮静効果があることが知られていますが、当時の記録によると消毒効果があると信じられており、ヨーロッパ全土をペストの恐怖が襲った際には家の殺菌にも使われたそうです。また、ワインを薄めたり、薬を飲む際の水代わりに、さらには点眼薬としても使われたそうです。

　修道士たちが手がける薬剤の評判は時とともに広まっていき、その名声は外国にまで届くようになります。1612年には一般向けの薬草店として広く門戸を広げて営業を開始しました。当時の薬局長アンジョロ・マルキッシ（Abgiolo Marchissi）修道士は植物学や科学的な知識を駆使し、その名声を高めました。時のトスカーナ大公からは王家御用達製錬所という名誉ある称号を賜りました。18世紀には、修道士たちが編み出した独創的で画期的な薬剤処方のすばらしさはいくつもの国境を越え、ロシア、インド、さらには遙か遠く中国にまで及びます。

　1866年、イタリア政府による教会財産没収政策のため薬局の所有権は一時期は政府の手に渡りますが、当時の薬局長が薬局の運営を僧侶たちから信徒たちに託すこととし、甥であるチェーザレ・アウグスト・ステファニー（Cesare Augusto Stefani）への譲渡が認められ、ステファニー家が薬局の名称、営業権、動産などを購入しました。これは修道会、僧侶からは反感を買うこととなりましたが、折しも起こった宗教弾圧から薬局を救うことになりました。宗教と政治の世界から薬局を独立させたことで、その伝統と歴史が今日まで引き継がれることになったのです。

オリジナルな製造法

　現在ではエウジェニオ・アルファンデリー（Eugenio Alphandery）の経営の下、その伝統に新しさを盛り込みながら、高品質の天然原料にこだわり、修道士たちが築き上げた伝統的な手作りの技と製法を、現在に継承し続けています。創業当初より大変好評を得ている薬草調合に関する分野では、特にこだわりを持った製品管理が行われています。すべての製品はハーブ、天然由来のエキスをベースにしており、動物実験は行いません。サンタ・マリ

第Ⅰ部　イタリアの国民保健サービス

ア・ノヴェッラは多くの商品に必要な薬草をフィレンツェ近郊の丘で栽培しています。

　一方、今の時代に即した新しい面としては、フィレンツェ中心街にある本店から 3km ほど北のレジナルド・ジュリアーニ通り沿いに構えたリバティ様式の生産工場が挙げられます。ここでは、オリジナルな製造法にあわせて特別に研究・開発された設備を使って製造が行われています。

アックア・デッラ・レジーナ（王妃の水）

　薬局のいずれの商品にも様々な物語があります。例えば「アックア・デッラ・レジーナ」（王妃の水）はカテリーナ・ディ・メディチがフランス女王として嫁ぐ際、その嫁入り道具の一つとして特別に研究・製造されたもので、彼女によってこの貴重な香りはフランスで大々的に広められ、高い評価を得ることになりました。

　そもそもメディチ家自体が薬や香料、香辛料などの商売で財を成した一族です。サンタ・マリア・ノヴェッラ薬局が作り出した 4 種類の薬用リキュールのひとつ、リクォーレ・メディーチェオ（Liquore Mediceo）にもその名前を残すことになりました。これは消化促進効果があるとされるカモミール、フェンネルといったハーブ 10 種類あまりを配合したものだそうです。“Medici” は、後に“薬・医療 Medicine” の語源ともなっています。

　他にも興味深い商品の中には、アルケルメス、キーナといったリキュール、気付け薬としての芳香酢「七人の盗賊」、その昔アンチヒステリック水として知られていた鎮静作用で名高いサンタマリア草をベースにしたサンタ・マリア・ノヴェッラ水など、数え切れないほどあります。

ポプリ

　ポプリは、サンタ・マリア・ノヴェッラ薬局の象徴的商品です。このポプリはトスカーナの丘でとれるハーブや花々をミックスし、フィレンツェ近郊のインプルネータの町で造られたテッラコッタの素焼きの壺の中でじっくりと浸されることで、その独特の香りと品質が完成します。創業当時から変わらず、今なおスカラ通りの本店

92

で販売が続けられ、数年前までは製造も行われていました。

　歴史を刻んだその場所は、まさにミュージアムといっても過言ではありません。旧薬草店だった場所は現在、ハーブハウスとしての販売のほか、1612年から1848年までの商品の展示が行われていました。歴史を刻むメイン販売ホールは、日増しにましていく薬局の名声にふさわしいサロンが必要になったため、1848年に大改修が行われました。旧薬草店とメイン販売ホールの間にあるサロン「緑の間」は、1700年代以降、応接室として使われていた部屋で、そこではアルケルメスやキーナなどリキュールや、当時大流行していたホットチョコレートといった薬局オリジナル商品の数々がふるまわれていました。

サンタマリアノヴェッラミュージアム

　館内を進んでいくと、かつての薬局の製造所・倉庫だった場所にたどり着きます（**写真4-10**）。そこは時代の変遷に立ち会い続けたかつての製造機械など歴史的な道具・機械たちを再び表舞台に立たせるサンタマリアノヴェッラミュージアムになっており、貴重なガラス製器具、アンティーク陶器、銅製・ブロンズ製道具類など大切に保管されていた歴史を物語る品々に出会うことができます。伝統には歴史があり、歴史は言葉によって受け継がれます。ミュージアム内には、その自然な帰結としてライブラリーも誕生しました。その結果、旧聖具室は、薬局に関する古い文書から専門分野に関する新しい本を集めた宝石箱のようになっています。突き当たりにある「芳香ハーブ庭園」はそこに佇むとまるで何世紀も前にさかのぼったかのような感覚になります。

　映画化された米国の作家トマス・ハリスの小説『羊たちの沈黙』の続編『ハンニバル』にも、サンタ・マリア・ノヴェッラ薬局の製品が出てきます。主役の精神科医レクター博士は鋭敏な嗅覚の持ち主とされ、サンタ・マリア・ノヴェッラ薬局の常連でもあるという設定で、もう一人の主役FBIのクラリスに送るアーモンド石鹸をここで購入する場面や、手紙にオリジナルコロンの残り香が香る場面などが登場します。

第Ⅰ部　イタリアの国民健康サービス

写真 4-10　薬局の入り口から奥を写す

写真 4-11　サンタ・マリア・ノヴェッラの商品

おわりに

　サンタ・マリア・ノヴェッラ薬局を訪れると、そこは商品を購入する店としてだけではなく、店内のいたる所に飾られているドミニコ修道会の紋章で、今も「癒し」の思想を受け継いでいる場所であることがわかります。薬の「伝統の博物館」を覗いてみたいという好奇心をも満たし、心身ともに癒されていきます。

　現在、オフィチーナ・プロフーモ・ファルマチュウティカ・ディ・サンタマリアノヴェッラは、フィレンツェのみならずイタリア主要都市でも販売を行っています。また専門店はフランス、スペイン、ベルギー、イギリス、そして海を越えてアメリカ合衆国、極東地域・日本、台湾、韓国、タイ、フィリピンにもあり、世界各地でサンタ・マリア・ノヴェッラ薬局の商品を楽しむことができます（**写真 4-11**）。

文献

サンタ・マリア・ノヴェッラ薬局パンフレット。

第Ⅱ部　フランスの医療と介護

第1章 フランスの医療保険制度

　本章は、2016年10月に実施されたフランス高齢者ケア視察調査を踏まえて、フランスの医療保険制度について、視察結果から述べます。

第1節　フランスの医療

データで見るフランス

　まず、フランスという国はどういう国か、イメージをつかむために、デモグラフィック・データをみます（**表1-1**）。

　フランスの人口は6,630万人で、日本の人口が1億2,693万人（2017年5月概算値）とすると、約半分（52%）になります。内、65歳以上人口は、1,218万人ですので、18%の高齢化率です。国民平均寿命は、男性が79.4歳、女性が85.4歳。女性は日本人（86.8歳）より1.4歳短い世界第5位の長寿国です。日本人とフランス人の女性は世界で1位と5位です（WHO 2016）。

　医師数は21万9,834人で、対人口1万人当たり33人です。医師数の内訳は、21万人の半分が専門医、半分が一般医となっています。一般医というのはイギリスのGP（General Practitioner）と同じです。GPがゲートキーパーとして医療全般をみており、専門医に紹介をしていきます。心臓なら心臓、循環器に紹介します。紹介が必要ないときにはGPで終わるということです。2段階ではなくフリーアクセスなので直接専門医に行ってもいいのですが、保険制度でちょっとペナルティがあります。

　薬剤師数が7万3,598人で、対人口1万人当たり11人です。看護師数は61万6,796人で、対人口1万人当たり94人です。看護師数が多いことは、フランスも日本も同様です。

96

第 1 章　フランスの医療保険制度

表1-1　デモクラフィック・データ（2015 年 1 月 1 日現在）

国民人口 内、65歳以上人口（％）	6,630万人 1,218万人（18.4％）
国民平均寿命	男性　79.4歳 女性　85.4歳
医師数（対人口 1 万人）	21万9,834人（33）
薬剤師数（対人口 1 万人）	7 万3,598人（11）
看護師数（対人口 1 万人）	61万6,796人（94）
最近の大きな医療政策改定	2004年かかりつけ医登録義務 2008年新規開業看護師への地域制限

（出所）INSEE. WHO 2016.

表1-2　医療データ（2014 年 12 月 31 日）

総医療費（対 GDP 比） 内、公的保険負担 　　補足保険負担 　　自己負担	1,860億ユーロ（22兆3,200億円）（11.9％） 77％ 13.8％ 8.8％
総介護費 内、在宅 　　施設	112億ユーロ（ 1 兆3,440億円） 18億ユーロ（2,160億円） 94億ユーロ（ 1 兆1,280億円）
総薬剤費 内、保険薬	267億ユーロ（ 3 兆2,040億円） 186億ユーロ（ 2 兆2,320億円）
医療機関数 内、国公立 　　私立	2,784 983（35.3％） 1,801（64.7％）
要介護高齢者施設数	6,865

注 1 ）1 ユーロ＝ 120 円で計算。
（出所）DRESS 2016.

医療データ

　総医療費は 1,860 億ユーロ（120 円として 22 兆 3,200 億円）。対GDP 比 11.9％です。そのうち公的保険が 77％、補足保険が 13.8％、そして自己負担が 8.8％です（**表 1-2**）。公的保険の 77％の内、多くの部分に国庫（税）からの投入があります。

　次に介護費を見ると、介護費は少なくて 112 億ユーロ（1 兆 3,440億円）です。うち在宅には 18 億ユーロ（2,160 億円）が使われていて、施設には 94 億ユーロ（1 兆 1,280 億円）が使われています。

　総薬剤費は 267 億ユーロ（3 兆 2,040 億円）、私たちが訪問した

97

第Ⅱ部　フランスの医療と介護

2016年10月時点では300億ユーロ（3兆6,000億円）になっていました。内、保険薬が186億ユーロ（2兆2,320億円）ですが、2016年10月時点で200億ユーロ（2兆4,000億円）になっていました。フランスも日本と同じように、抗がん剤と新たに出たC型肝炎の画期的新薬（ソバルディとハーボニー）の医療費が問題になっています。

　医療機関数は2,784施設、内、国公立の病院数は983施設ですが、病床数が圧倒的にサイズが大きいことが特徴です。そして、小さな30床から数えて、私立（民間）が1,801施設あります。要介護高齢者施設数は6,865施設あります。

「新規開業看護師への地域制限」の法制化

　最近の大きな医療政策改定については、2004年にかかりつけ医登録義務が制度化されました。法制化されたのが2004年、施行されたのは2005年1月1日からです。そして2008年には、「新規開業看護師への地域制限」が法制化されました。どういうことかというと、医師の地域への偏在があって、本当に医療過疎地となったところには、地域行政が助成金や補助金をだします。しかし、税金控除がある2、3年は居着いてくれますが、恩恵期間が過ぎると都市部に行ってしまいます。本当に色々な手を尽くしたけれども、医師が居着かないということで、政府が考え方を変えて、看護師が新規にステーションを開業するときにはこれまでは場所を自由に選べましたが、それに制限を加えました。過剰地域には新規に開業はできないので、過疎地にしか開業できなくなりました。

　ただし、パリでも開業はできます。パリで開業する場合は、団塊の世代のリタイアがあるので、リタイアする事業所の暖簾を譲り受けます。それによって開業することができますが、すでにあるところにさらにもう1つ開業することは過剰地域ではできなくなりました。その誘導によって、看護師が徐々に医療過疎地に動いてくれるのではないかというのが政府の狙いです。

　看護師が行くと、医師が指示書を書くことを前提として、全部ではありませんが医療ニーズのかなりの部分がカバーされることが立証されています。そこに看護師がステーションを開業すると、例え

98

第1章　フランスの医療保険制度

ばリハビリとか、うまい具合に他のコ・メディカル（co-medical）もそこで開業することになります。そうすると今までそういったコ・メディカルがいなかったところに、事業所ができると、全然カバーされていなかった時に比べ、医療度が上がると報告されています。

　一般医も専門医も開業は全部自由です。自由ですが、過疎地には行きたがりません。パリや都市部での開業が多いです。医師の開業場所の制限は今のところはありません。それをしようとすると、医師あるいはインターン、医学部生からの反対に合います。もちろん医師会も反対しています。若い医師たちがデモをすると、それを見た政府が引いてしまいます。どうしてかというと、「職業と選択の自由」がうたわれているからです。日本と同じです。

　看護師の地域制限をしたときに、看護師はこの法制化を受けいれました。その政策が通ったときにデモをしたのは看護学生ではなく、医学生でした。それをやられた後に自分たちは困るというのが医学生の言い分でした。

第2節　フランスの医療制度

医療環境

　フランスの医療の仕組みを説明します（**図 1-1**）。患者が医療機関にかかろうと決めた時、初めに行くのは自分のかかりつけ医です（2005年1月1日より施行）。かかりつけ医は、大体のフランス人は一般医（GP）を選びます。イギリスとの違いは、専門医を選んでもフランスでは構わないことです。ここが大きく違う点です。専門医のロビーをこれで何とか理解させました。そしてそこで、医師の診察を受けて、こういう治療が必要だ、こういう検査が必要だと、処方箋（指示書）を書いてもらいます。その書いてもらった処方箋をもって、まず薬局に行きます。薬局に行って薬を買うなり、注射を買うなりします。そして専門医のところに行きたければ専門医のところに行って、「ここから紹介を受けました」ということで処方箋がその役目をもちますので、それをもっていきます。採血するときは検査施設に行きます。さらにマッサージが必要だとか看護師に

99

第Ⅱ部　フランスの医療と介護

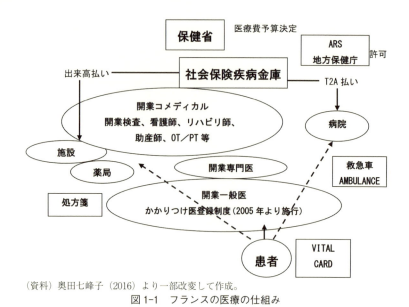

(資料) 奥田七峰子 (2016) より一部改変して作成。
図1-1　フランスの医療の仕組み

注射を打ってもらう、助産師のところに行ってマタニティのことを準備しなければならない、あるいはリハビリ、そういったコ・メディカルがあります。

ビタルカード

すべてそこに行くときには必ずかかりつけ医なり、医師が書いた処方箋があってはじめて保険行為と見なされます。保険行為と見なされるために患者は、ビタルカード（VITAL CARD）をもっています。ビタルカードにはICチップが入っていて、これが国民総背番号制、自分だけのマイナンバーです。ビタルカードには顔写真が入っています。医療機関や他の開業者のところに行く時には必ずこれをもっていきます。ビタルカードに実際に入っているのは日本の保険証とたいして変わらない情報です。電子カルテの電子情報が入っているわけではありません。そして、これを読み取り機の端末機に入れます。医師も自分のプロフェッショナルカードをもっていますので、その医師のカードも端末機に入れます。この2枚が同時に入って、初めて自分の情報にアクセスできます。

第1章　フランスの医療保険制度

　これは何を意味するかというと、不正に情報を得ようとすると、たとえばどこかの保険会社や製薬会社など、どこかから情報を不正に入手した人が、誰がこの情報にアクセスしたかが必ずトレースできるように、医師のプロフェッショナルカードと患者のビタルカードを同時に端末機に入れなければいけないことになっています。処方箋をもって薬局にいっても、検査室にいっても、開業医にいっても、専門医にいっても、どこに行っても機械がありますので、その機械に入れるとすべて保険請求がされます。そこで行った医療行為はすべて社会保険金庫のほうに電子レセプトで行きます。紙のレセプトはほとんどありません。たまに趣味で紙で書かれると写真を撮りたくなるくらい、それくらい珍しいことになっていて、現在はすべて電子レセプトになっています。

　ビタルカードは社会保険に入っている人は情報を全部預けているという感じではありません。医療情報ではなくて、使った保険に関しての情報です。保険情報だけです。医療電子カルテ情報はまだです。しかし、国民総背番号制なので、その準備はできています。

支払い方式

　手術か入院となると、病院に行かなければなりません。病院も当然紹介となります。かかりつけ医か専門医からの紹介状を持って病院に行く、やはり日本と同じです。このビタルカードを出して保険診療になりますが、これに関しては、出来高ではなくて、DRG になっています。フランスでは DRG のことを T2A といいます。支払は公立病院も私立病院もどの病院でもすべて DRG 払いとなっています。ですから病院の支払に関しては、どこに行っても差がありません。

　DPC だと 1 日当たりですが、DRG は 1 入院当たりです。ですから、病院としては当然早く患者を退院させたいです。ただミニマムとマックスが決まっていて、たとえば、盲腸だったらミニマムが 2 日で、マックスが 1 週間となっていたら、当然病院側は 2 日で退院させたいわけです。2 日で退院させても同じ金額をもらえるのですから。医療資源をなるべく使わないようにします。

101

第Ⅱ部　フランスの医療と介護

無料と有料の救急車

　救急車に関しても、救急車が2種類あります。まず無料で、本当に救命救急が必要な場合はサミュー（Service d'Aide Médicale Urgente, SAMU）というところがあり、そこはトリアージの機能をもっており、データを受け取った時点で、本当に救急救命が必要なら、それは医師に送られます。その場合は保険で100％カバーされます。一方、電話を受け付け話を聞いたときに、オペレーターがでただけで済まされる話ではない場合は、オペレーターの対面に座っている医師に渡します。そうして医師がでて、これは本当の救命救急ではなくて、たとえば「地域で彼女の／彼のかかりつけ医に連絡してあげればすむ問題だな、これはこうしたらいいな」と、要するに電話で終わってしまうケースが実はほとんどだそうです。

　本当に救急車を飛ばさなければいけないのは全体の電話の中の30％にも満たないそうです。ですから無駄が、コストも人的にもカットできる制度となっていて、さらに、こういう無料の救命救急でない救急車は別にあって、日本の有料の医療タクシーのような感じです。たとえば透析の帰りとか、あるいは病院から病院への転院の場合にも救急車を呼ぶ必要はないわけです。医療機関から医療機関へ送るときに、救急救命ではないわけですから。このように救急車は2つにわかれています。

日本のように1カ所で全部できない

　患者はビタルカードをもってあちこち行きます。検査をしてもらって、注射を買って、看護師のところに行って、そしてもう一度血中濃度の検査に行って、それを医師が読んでといった、本当にすごいことをやらなければならないので、病気になるにも元気でなければいけないのがフランスの医療制度です。

　それが1カ所で全部できてしまう日本の医療制度というのはとてもすごいです。3時間待つかもしれません。3分診療と悪口を言われるかもしれません。しかしフランスの医療制度に比べたら、大変便利です。その有難さを日本人は理解すべきです。

102

かかりつけ医制度

　かかりつけ医制度は2005年1月から施行になりました。16歳以上のすべての国民は、自由意志に基づきかかりつけ医を選択しました。ここがイギリスと大きく違う点です。イギリスは自由意志ではありません。自分が住んでいる地域のGPリストの中からGPを選択しなければなりません。1回選んだら、しばらくの間変えられません。そういったところでは自由意志とはとても呼べません。

　一方、フランスは本当に自由意志です。専門医を選択してもいいです。かかりつけ医の登録義務があります。GPである必要はないですが、蓋をあけてみたら実に国民の8割がGPを選択していました。例外もあります。16歳以上といっていますから、小児科、産婦人科、精神科、眼科、これらの科は直接かかってもよいことになっていて、かかり付け医を通さなくてもよいことになっています。

　小児科、精神科は直接行けるけれども、かかりつけ医制度ができてしまったために、大変になってしまったのが皮膚科と耳鼻科です。本当に損失補填までしてもらったのは、皮膚科です。患者がかかりつけ医の一般医に行ってステロイドを塗って、抗ヒスタミン剤を飲んでと処方されてしまったら、皮膚科まで行く病気はなくなってしまいます。だから美容に専門特性を出したり、そういう生き延びる道を見つけないと大変な打撃を受けてしまいました。皮膚科にかかわらず、結局、内分泌科とか色々な科において患者数が減りましたので、最初の1年は本当に専門医から大変たたかれた制度でした。政府としてもドクターショッピングをするのをやめさせるのが目的でしたので、多少の痛みをいろいろな医師に与えても進めてしまった制度です。

患者の自己負担

　C＝23ユーロ、CS＝28ユーロ。CはGPの医師が診察をしたときの診察料です。保険の場合の診察料です。CSとは、コンサルテーション・スペシャリストといって、専門医の医師の診察料です。これもやはり保険で行った場合の公定診療報酬です。初診も再診も同じ値段となっています。

　患者自己負担をみていきます。かかりつけ医を通したら、保険か

103

第Ⅱ部　フランスの医療と介護

ら7割返ってきて、3割負担です。一方、かかりつけ医を通さない
こともできます。国民の90%がなぜかかりつけ医を通しているか、
なぜやっていない人の方が圧倒的に少ないかというと、次の理由か
らです。かかりつけ医を通さずに勝手にフリーアクセスしてしまう
と保険から返ってくる割合が3割で自己負担が7割になるのです。

　どちらにもプラス1ユーロというのがあります。プラス1ユーロ
というのは、自分の財布から出すことによって医療はただではない
ということを国民に教育することです。余りにも保険から返ってき
てしまうと、感覚が麻痺してしまいます。自分の懐が痛むことなん
だということを、国民教育の意味でプラス1ユーロは患者に払わせ
ています。

第3節　2階建ての医療保険

保険診療と補足保険

　2階建ての医療保険を見ます。保険診療と補足保険があります。
これは何かというと、このビタルカードを持って保険診療を受けま
す。保険診療の事業所に行くと、7割が保険から返ってきます。そ
の7割が返ってくるのは2階建ての1階の部分です。社会保障です。
Social Security（Securite Spsiale）の部分です。すると、窓口3割
負担の部分が残ります。この3割窓口負担を「いいやそれくらい自
分で払うわ」といって自己負担する。それでもいいですが、家族が
何人かいて、ちょっと病気がちだとか不安がある方は、2階建ての
補足保険にも入ります。この補足保険の2階部分に入ることによっ
て、いざ自分が病気になった時には、7割の部分は公的保険から、
そして残りの3割の部分はこの補足保険から返ってくるので、確か
に保険料は両方払わなければいけないのですが、いざ高額な医療が
必要になったときや入院が必要になったときには、全く自分の財布
が痛まないというのがフランス人の考える医療費です。

　ほとんどの国民がこの1階も2階も入っています。そして日本の
保険会社がこの2階建ての保険制度に大変関心を示していて、これ
を日本にも導入してはどうかという目で見ています。日本の場合は
がん保険とか入院保険とか、特定されます。フランスの場合にはこ

104

れに入ると、どの自己負担分もすべてこれで補われます。公的保険
であったもの、すなわち保険診療であったものであれば、その2階
建ての2階が残りの3割を補足するというのがこの制度です。

　一方、まったくの自由診療でこのカードが使えない非保険医療行
為、あまりないですけれども、ゼロではないです。そういった医療
行為を受けた場合には、2階建ての2階部分から100％戻ってくる
という話ではありません。1階の部分で利かない部分は、2階の部
分も利かなくなります。そこが2階建ての保険なんですけれども、
まったく自由商品ではないところです。

1ユーロはカバーされない

　2階建ての医療保険でも1ユーロはカバーされません。患者教育
が目的ですので、「1ユーロは自分の財布から出しなさい」という
ことです。「どんな貧しい方でもどんな定職の方も1ユーロは自分
でだしなさい」というのがまずあります。100円ですからね。出し
ていただきます。それから、さきほどの7割3割がありました。か
かりつけ医を通した場合には、保険から7割通して自己負担分は3
割、かかりつけ医を通さずに自分で勝手に行った場合には保険から
は3割で自己負担が7割になるということですけれども、これにす
ると自分で勝手に医師のところに行ってしまって、そして保険から
7割返ってくるから結局自己負担は3割かというと、そういう話で
もありません。これはリスペクトしなければいけません。やはり補
足保険は政府が決めた政策に合致したものでなければならないです。
厳密に言いますと、そういう保険商品を作っても構いません。ただ
し、税控除とか税率とかがぜいたく品扱いになります。そうすると
やっぱり売れません。

2階保険には国民の85％が入っている

　7割自己負担になった場合はどれくらい保険でカバーされるか。
7割自己負担になった場合は、2階建ての部分で保障されるのは何
割くらいか。7割だから3割が返ってくるわけです。3割が公的保
険から返ってきた金額の30％です。補足保険から返ってきます。

　仮に20ユーロとします。20としたら、自己負担でこの人は14

第Ⅱ部　フランスの医療と介護

ユーロを払わなければなりません。残りの6ユーロが公的保険から入ってきます。

　そして、この2階建ての2階保険、どうして国民の85％が入っているのか、1階建てが100％なのはわかるけれども、どうして補足保険まで、任意なのに、何もそんな高い保険料率で入っているのかということです。これは企業の福利厚生になっていて、団体職員とか会社とかそういったところが入る団体保険です。両方はいっているわけです。公的保険と補足保険と、そういう職場関係から、団体で入るからちょっと安くなる。そういった特典もあってかなりの普及率です。

第4節　社会保障の3つのポケット

疾病・労災・CMU

　社会保障には3つのポケットがあります。社会保障は全部義務です。全員が入っていますが、「疾病・労災・CMU」です。CMUという低所得者やホームレスなど、エイド的な医療がCMUになります。

　それから一人親手当てとか子供手当てとか、そういった手当てを家族手当といいます。そして年金です。こういった3つのポケットを持っているのが、ソーシャル・セキュリティで、全員が義務で入っています。この3つをあわせたのが、労使合わせて雇用主と被用者合わせて20.4％です。補足保険は率ではなくて、色々な保険商品がありますので、月あたり60ユーロのものもあれば100ユーロの場合もあります。松竹梅で、その保険商品の中から自分で選ぶ、あるいは、団体（そういった場合、だいたい会社の労組）が選び交渉にあたります。「うちはこういった商品のパッケージでやってください」といって、交渉しますので、平均しますと、1万円以内で家族全員が入っていると思います。

職域ごとの金庫分立

　医療機関から開業医、開業コ・メディカル全部が1階の部分からも2階の部分からも支払われています。毎月の保険料は2つになっ

106

第1章　フランスの医療保険制度

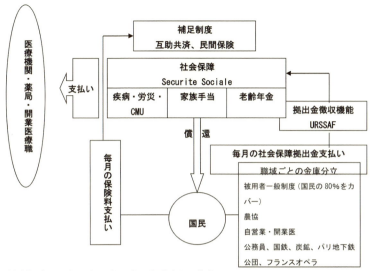

(資料) 奥田七峰子 (2016) より一部改変して作成。
図2-2　フランスの2階建て医療保険

ています。公的保険はこのようにわかれていて、金庫をみると、国民の80％をカバーしているのは被用者一般制度で、サラリーマンは全部こちらに入っています（図2-2）。その下が農協で、農業労働者と農業労働者の家族が加入しています。そして、自営業や開業医の団体があります。最後は、公務員団体職員のところです。公務員、国鉄、炭鉱、パリ地下鉄公団、フランスオペラとか、国がやっているところがあります。国立劇場の劇団員とかもそうです、公務員ですから。

　このように、職域ごとに金庫はわかれています。わかれてはいるけれども、日本のように細かくはわかれていません。フランスの場合はだいたい自分が所属する職種とか、そういった団体に入っていて、とくに企業となると、A企業でもB企業でも、どちらも被用者になるので、この被用者金庫に入ります。

　ここまでが、フランスの医療保険と医療制度がどうなっているか、フランスにおける地域包括ケアを考える上で、背景のひとつになります。

第Ⅱ部　フランスの医療と介護

文献

INSEE（L'Institut National de la Statistique et des Études Économiques）.
DREES, *les Retraités et les retraites editi*on, 2015.
WHO, *World Health Statistics*, 2016.
奥田七峰子「フランスにおける地域包括ケア　医療と介護の連携」2016 年 10 月、
　　パリ。

第2章 フランスの介護保険と在宅入院制度

　本章は、2016 年 10 月に実施されたフランス高齢者ケア視察調査を踏まえて、フランスの介護保険と在宅入院制度について、視察結果から述べます。

第1節　フランスの介護保険

APA（高齢者自助手当）

　フランスの介護保険のことを、APA（Allocation Personnalisée d'Autonomie：高齢者自助手当）といいます。2016 年の最も新しい数値を見てみましょう。要介護度認定が 5 段階になっています。フランスでは GIR（ジール）と言います。1・2・3・4・5 段階の評価が重い方から軽い方まで、ちょうど日本と逆になっています。患者本人および扶養義務者は民法で決まっていて、子供と孫までです。扶養義務者とみなされる人たちの所得を全部合計して、それでも満たない場合に、「最高でここまで給付しますよ」というケースですので、みんなにでるわけではありません。ちなみに GIR6 は自立している高齢者で、当然給付はありません。在宅で最高給付月額をみていきましょう（表 2-1）。

　GIR1 の人で 1,713 ユーロ（205,560 円。1 ユーロ＝ 120 円で計算。以下、同じ）が限度額としてでます。GIR2 が 1,375 ユーロ（165,000 円）、GIR3 が 993 ユーロ（119,160 円）、GIR4 が 662 ユーロ（79,440 円）となっていて、これらは最高額です。最低額も決まっていて、どんなに所得が高い人も 29 ユーロ（3,480 円）は給付されることになっています。この金額は介護度に関わらずです。ただし、当然ですが、介護度がなければだめです。

　GIR5（要介護度 5）に認定されたならば、29 ユーロの保険の介

109

第Ⅱ部　フランスの医療と介護

表 2-1　6 段階の AGGIR の要介護度評価

（支給最高限度額：在宅）

要介護状態区分	状態像	在宅（円換算）[1]	日本（在宅）参考[2]
GIR1	【最高度の要介護者】就床、あるいは1 日座姿勢のみ、知的能力低下大、外部からの永続的介護を必要とする寝たきり状態	1,713ユーロ（205,560円）	360,650円（要介護 5）
GIR2	【高度の要介護者】自分ひとりで移動不可能、または移動は可能であるが知的能力が低下した者	1,375ユーロ（165,000円）	308,060円（要介護 4）
GIR3	【中等度の要介護者】知的能力正常、最低運動能力も保存されているが、日常生活の援助が 1 日数回必要	993ユーロ（119,160円）	269,310円（要介護 3）
GIR4	【軽度の要介護者】自分ひとりで移動可能ながら、日常生活の援助が必要な者	662ユーロ（79,440円）	196,160円（要介護 2）
GIR5	【虚弱高齢者】自宅での移動、生活にほぼ問題はないが、食事の準備や生活品の買い物等に家事援助が必要な者	給付なし	166,920円（要介護 1）
GIR6	【自立者】自立している高齢者	給付なし	—

注 1）1 ユーロ＝ 120 円で計算（2016 年当時）。
注 2）AGGIR と日本の介護要介護度は対応するものではないため、参考資料とする。

護の行為を受けたら、29 ユーロまでは給付されます。GIR5 も満たされない人は給付されません。GIR5 は普通はでないです。1・2・3・4 は介護が必要だったら現金が給付されます。でも GIR5 の人はどちらかというと、たとえば市町村がやっているケータリングサービスを受けられるとか、現物給付（市町村がやっている掃除、洗濯、食事）を受けられます。

　このように GIR5 になると、市町村がやっているサービスは受けられる資格はあります。ただ自己負担がどうしても出てきます。実際は多くの人が自己負担しています。

　今度新しく、終末期にある家族がいる人が、1 日その人に付き添ったときに、家族にも出る手当てが、1 日当たり 55.15 ユーロ（6,618円）と決まりました。家族手当として給付されるのは、ターミナルのときのみで、介護人にたいしては給付されません。子の妻と子は給付されるけれども、配偶者には給付されません。どうして配偶者

110

は給付されないか、どうして子供はいいかというと、哲学があるからです。

GIR は誰がやるか。介護の項目は何か。本当に日本の制度とよく似ています。ADL（activities of daily living：日常生活動作）の部分と医学的な部分と認知度の部分、この3側面からなっていて、排泄ができる、食事ができる、歩行ができる、歩行介助がいる、これが介護項目です。それを誰がやるか。県が介護アセスメントのためのチームを送ってきます。県が送ってくるチームの中には、ソーシャルワーカーと介護士と医師がいます。そして、モバイル・チームがそれをやります。ケアマネジャーの資格を持つ人は、まだ誕生したばかりなので、今まではソーシャルワーカーだったリハビリテーションをしていたとか、そういう人が多いです。フランスにはケアマネジャー職という資格はありません。

マイア

次に、地域包括ケアについて述べます。

いわゆる日本でいう地域包括ケアセンターのことを、MAIA（マイア）と呼びます。MAIA の略語の説明は、Methode d'Action pour L'Integration des services d'aide et de soins dans le chanmps de L'Autonomie です。要するに、自立分野における医療と介護の統合活動メソッドです。

それから、全国自立連帯金庫（Caisse National de Dolidalite pour L'Autonomie, CNSA）があります。ここが介護手当ての費用を全部扱っています。

そして、地方健康庁（Agences Régionales de Santé,ARS）というところがあります。地域の医療を統括しているところです。

そしてクリック（Centre Local d'Information et de Coordination, CLIC）があります。コーディネーションと情報の地域センター、これがキーワードです。

連帯費用

ARS と CNSA について少し補足すると、CNSA はお金を集めています。ただし、日本と比べて十分な財源が入るわけではありませ

111

ん。実は昔、フランス宗教のカトリックの祝日で聖霊降誕祭（聖霊が降りてきた日）がありました。その日は祝日でしたが、祝日でなく労働日にしました。普通にその日は労働日になりましたけれども、その日の名前を変えて、宗教の日ではなく「連帯の日」と名前を変えました。そこで、365日のうち1日労働したことによるGNP（Gross National Product：国民総生産）をその連帯費用に充てようということで、企業は連帯金庫に収めることになりました。

　ですから、医療保険はすでに労使合わせて20％を収めています。それと、プラス2階建ての保険は別に収めています。それらに加えて連帯費用も、というのはさすがに国民に負担をお願いすることは政府としてはできなかったのです。そこで、苦肉の策でどうしたら介護費用を捻出できるかといったときに、タバコ税も酒税も全部使っていますから、「祝日を返上してみなさんに働いてもらいましょう。その日にあがったGNPはすべて企業からこのCNSAに介護費用として納めてもらいましょう」となりました。それが財源となっています。

地方健康庁

　もちろん全然たりませんので、税からの投与をたくさん出しています。そして金庫のお金を色々なところに配るわけです。それを決めるのが地方健康庁です。ここが色々な地域にあって、この地域にはこういう病院がある、これだけの開業医がいる、でもこの科が足りない、そういったことをみると、その足りない科を開けるように公募して、そのプロジェクトに参加しているところを、あるいはコンペティションしているとか、そういうことをARSがやります。

　日本人がどうしても理解できないのは、役所であるにもかかわらず、民間病院を閉めることができることです。過剰地域で透析病床がたくさんあるとします。たくさんある地域にはこの透析病棟はいらないといって、民間の病院も閉めてしまいます。要するに病床を変えさせるということです。透析はいらないからここは外科にしなさいとか、そのように専門やベッドを変えさせるという形で、国の政策に無理やりのせます。それをする相手が公立病院なら理解できますが、民間の病院にもそれをさせるところがすごいというかとん

第 2 章　フランスの介護保険と在宅入院制度

表 2-2　マイア根拠法

・社会保障家族法典　L1　13条 - 3 により定義
・社会保障家族法典　L1　4 条 -10- 5 （セクション 1 予算）によりファイナンス
・公衆衛生法典　L1　431条 - 2 により ARS の役割とミッションの定義、および MAIA への予算と活動内容の指示
・2011年 9 月29日制定デクレ（政令）　MAIA 活動内容の指示
・毎年、通達にて MAIA 新たな活動の指示
・2012年11月16日制定アレテ（省令）　ケアマネジャーに関する職能裁量域の定義

（資料）奥田七峰子（2016）より一部改変して作成。

でもない力をフランス政府がもっているところでもあります。これが個人主義といいながら、実は国がオーソリティをもっているところです。非常にユニークなところともいえるかもしれません。「連帯」という言葉がフランス人はすごく好きです。

MAIA の根拠法と沿革

　表 2-2 に示した根拠法からマイアは準備されました。

　MAIA の沿革をみていきます。MAIA は 2009 年の第三次アルツハイマー・プランによりトライアルが開始されました。2011 年に、トライアルを受けた後に、全国展開をしました。全国で展開をしたら、「いける」ということで、2013 年 12 月時点で、全国で 202 箇所のマイアができました。2014 年になると、新たに 50 カ所が設置されて、2015 年末の段階で全国に 250 カ所のマイアがあります。うちパリ市内 5 カ所があり、そのうちの 1 カ所、最も大きいところに、私たちは訪問しました。そこで、医師が何をやっているのか、パイロットという事務局長がどういうことをやっているのかを聞きました（第 5 章）。

　一般的にケアマネジャーという職業がないフランスの国で、介護を色々やっても制度と制度の間にうもれてしまう、うまく制度にのれない人がどうしてもでてきてしまいます。制度難民のような人が出てきます。そういう人をうまく救ってあげるのがマイアです。

113

第Ⅱ部　フランスの医療と介護

従来の制度カオス

フランスでも「医療と介護の連携」はできていません。住民は本当に困っていました。患者がいます。医療を受けた後、お金はどこからもらえるのかといったら、「支払者」であるARSからでますし、医療保険からでます。そして、県からもでます。介護手当ては県のCRSが総括予算でもらっていて、それを配っているというイメージです。医療と介護とARSからも支払者があります。介護を実際に誰がするかというと、CCAS、CLIC、SSIAD、SAAD、APA、レスパイト、高齢者施設、こういったところが介護を行っています。

モバイル・チームは自宅にやってきます。さらに色々な地域にネットワークがあって、そこに入って行けば、サービスが受けられるという感じです。これが介護と在宅のモバイル・チームです。さらに医療の方は、病院があり、在宅入院があり、開業医があり、独立のコメディカルの開業看護師やリハビリ士がおり、これで医療をやっています。次に、行政をみると、全国自立連帯金庫（CNSA）が行政、地方健康庁（ARS）も保健行政です。県があって、そして厚労省（保健省）があり、これが行政になっています（図2-1）。

このような中で、患者がどこに行ったらよいのか、というのは誰にもわかりません。本当に利用者が困ってしまって、取りあえず市役所とか役所の福祉課みたいなところに行きます。そうすると、あちこちの建物を本当にまわされます。そして、まわりまわって、これは医療だからやっぱり医療保険の方に行ってくれとか、混沌として本当にカオス状態でした。

患者が本当に困っていたので、これではいけないということで、これを一括するのがマイアです。マイアがやってくれることになったわけですけれども、全国250カ所しかないので、マイアが今度パンクしてしまいます。だからできる人は自分で何とかするわけです。自分でできる人がうまくいったケースはいいのです。たいていの場合にはうまくいかなかったりする場合があります。そういったときにマイアが介入します。

介護はCCASです。こちらはやっているところが市町村です。さらにCLICは、情報を提供すると県が支払者のアセスメントにきます。つまりCLICは「そこに行ってください」と、情報を提供す

114

第2章　フランスの介護保険と在宅入院制度

患者				
支払者	**介護**		**医療**	**行政**
ARS 保険者、 県	CCAS、 CLIC、 SSIAD、 SAAD、APA、 レスパイト、 高齢者施設	モバイル・ チーム ネットワーク	病院 在宅入院 開業医 独立開業看護 師	CNSA ARS 県 保健省

（資料）奥田七峰子（2016）より一部改変して作成。

図 2-1　従来の制度カオス

るところです。そうすると「アセスメントで何って」、それで県の
ところに行くと、要介護認定をしなければいけないので、自宅で寝
ている高齢者のところに、モバイル・チームがやってきて、要介護
度1です、2です、3ですと、認定してくれます。

　それをもって、今度は保険申請書を書いて、医師のメディカル側
面を書いて、家族の保険や社会的な側面を書いて出して、それを受
理してもらって、それを支払者と県がみて、介護額が払われるよう
になります。あるいは「現物給付を、ここを使ってもいいですよ」
ということになります。とにかく今まで大変でした。

　ケアマネジャーという素晴らしい職業がなかったので、本当に患
者が医師に相談したり、あるいは看護師に相談したり、あるいは薬
局の薬剤師に相談したりしました。

ジェッション・ド・カ（Gesrtion de Cas）

　自宅で高齢者が寝たきりになってしまったがどうしようと、そう
いった相談を受けた人たちは、何とかつぎはぎだらけのパッチワー
クで、自分の本業とはまた別にやっている感じなので、やっぱりイ
ンセンティブが働かないです。やはりケアマネジャーのような人が
効率よくやってくれることがどうしても必要だとわかって、ケアマ
ネジャーもつくられました。実はフランスは、介護に対する必要性
をあまり認めていませんでした。

　国の財源は、ロケットを飛ばすのにお金を使うのか、高齢者に医
療や介護を提供することにお金を使うのか、本当に一部の人が使う

115

第Ⅱ部　フランスの医療と介護

抗がん剤薬やＣ型肝炎剤薬に使うのか、あるいは一般的に公衆衛生に使うのか、色々な選択肢があります。これまでは、高齢者の介護というのは優先順位が低かったわけです。

　だから不便にしておいて、介護費用も低いです。全体的にみると、そうなっているのがフランスです。そして利用者にわかりづらかった。かつ混沌としていた医療と介護の環境をシンプル化して、「ここにいけば何とかしてくれる」というお助け所みたいな感じで、全国 250 カ所のマイアがつくられました。250 カ所つくられたわけですが、やっぱり全国に 250 カ所ですから全然足りません。もうひとつ注目すべき点は、フランスに今までなかったケアマネジャー職、フランス語ではジェッション・ド・カ（Gesrtion de Cas）といいます。これを誕生させて、1 マイアにつきこの職業の人を 2、3 名配置しました。既存の医療と介護（施設、病院、診療所、在宅サービス各種業者）の連携と支払者（医療保険、介護手当）への窓口一本化によって、利用者の混乱を整理しました。対象者は 60 歳以上で、もちろん要介護者でなければいけません。

　今までケアマネジャーがいない中でどのようにやっていたかというと、実際にそれをやっていたのが誰かというと、開業看護師あるいは在宅入院 HAD にいる看護師、あるいは SSIAD で介護だけやっている介護士、そういう人の中にコーディネート・ドクターとコーディネート看護師がいます。そのコーディネート看護師が似たようなことをやっていました。そういう人たちがいました。しかし、丁寧にひとつひとつやるのは、ケアマネジャーができてはじめてのことでした。そしてそういうことをやってしまうと、どうしてもどんどん利用が増えてしまうので、それは国としては有難くないことですので、そんな便利な制度は今まではつくりたくなかったわけです。

　ケアマネジャーの資格は今のところありません。しかし、きっと出来てくると思われています。今のところはソーシャルワーカーをやっていたとか、リハビリをやっていたとか、そういう人たちがやっています。

　いずれにしても、250 拠点で各 2、3 人ということは、500〜750人くらいしかいないということです。全国で見てもそれくらいしか

116

いないということです。だからほとんどケアマネジャーに関わらない人の方が大多数という認識です。ケアマネジャーは、1人当たりのキープするケースが決まっています。

MAIA の流れ

CNSA の指針に従って全国の連帯金庫、祝日から労働日に当てられた日の GNP をもって財源としていますが、これを地域ごとに分けているわけです。この地域には、厳密にいうと医療計画地図というものがありますので、医療計画地図に沿って渡して行きます。それを受け取った各地域の ARS が、地域包括ケアのプロジェクトキャリアを公募します。こういうプロジェクトキャリアを公募することによって、キャリアがパイロットとなり、実施者がキーパーソンとなります。フルタイムで採用して、その地域に MAIA を展開していきます。

パイロットといわれる人は、事務局長みたいな人です。「何々病院があり、ああこういう科がある、それをみて、そして組織診断を立てます。初期の段階はここにいったらいいな、中期になってきたらここ、慢性期になったらこういうところがいるな」というのを、当該地域の既存のケアリソースを量ります。パリなどたくさんあるところはいいのですが、ないところが問題です。そういったところのすべての各医療機関と各支払機関の関係窓口となって、困難事例を精査して丁寧な解決へ向けて動いていきます。

第2節　在宅入院制度

以上が一応介護についてです。最後に、「在宅入院とは何か」について述べます。在宅なのか入院なのか。どっちなのかという、そもそも日本語がおかしいと思いますので、説明します。

まず、在宅入院というフランス語の日本語がどこから訳されたかというと、L'hospitalisation à domicile, HAD です。在宅にいながら入院できるということが、日本語のいうところの在宅入院を訳した言語になります。HAD というところがあって、かかりつけ医制度がありますので、国民は全員、高齢者も、雇用者も、自宅の近く

117

第Ⅱ部　フランスの医療と介護

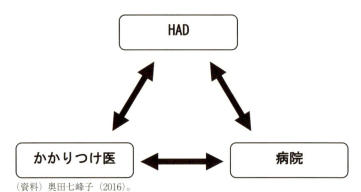

（資料）奥田七峰子（2016）。
図2-2　在宅入院制度：HAD（Hospitalisation a Domicile）

にいるわけです。多くの方がGPでした。それと病院があります。この3つ巴の中に患者がいます（図2-2）。

コーディネート・ドクター

　たとえば病院に入院していたとします。退院する時、フランスでは日本でいう退院支援室みたいなところがあります。その退院支援室みたいなところに、HADが自分のディスクをもっています。病棟から退院が決まりましたというと、連絡が退院支援室に入ります。すると、退院支援室の中にディスクをおいていたHADに連絡が入ります。「この人あなたのところで受け取ってもらえる」と言われると、自分のHADに連絡をします。連絡を受けたHADにはコーディネート・ドクターがいます。コーディネート・ドクターは何をやるかというと、診療はしていない、あくまでも書類審査をするドクターです。「うちで受付けられるケースなのか、うちの対象ではないケースなのか」ということをみます。そしてみたときに必ずかかりつけ医を呼びます。かかりつけ医にも連絡をします。病院の担当医は患者が退院する時に指示書を出します。「週1回これをして、週3回あれをして」という退院のときに指示書がでますので、それをHADでやると決めます。そうはいっても医療が必要なときはかかりつけ医に来てもらいます。かかりつけ医に連絡をしても、この先生が「私は往診はしません」といったら、そこでアウトになってしまいます。だからHADは、受けられるケースばかりではないの

118

です。

「病・診・HAD の三つ巴」で 24 時間管理

　もう 1 つは、退院前の病院の医師や患者のかかりつけ医、地域の開業看護師などの組織外のマンパワーと連携することにより、HAD 所属のプロパーのコーディネート・ドクターとプロパーの看護師らがチームを患者宅にいったん派遣して、病院退院後からの需要を「病・診・HAD の三つ巴」で 24 時間管理することになります。絶対に HAD だけでやりきろうとはしません。そして退院のメドが立ったところで、病院内の医師、ソーシャルワーカーから HAD に連絡が入ります。医師による医学面の記入と当該者による社会面の住居環境、家族環境、保険情報等が記入された申請書類を HAD が受理します。退院前に一度病院の病床にまでスタッフが赴き、院内のケアスタッフ、本人、家族らと面接します。書類は HAD のコーディネート・ドクターが審査をして、チーム・カンファレンスを行ったうえで、ケアプランを立てます。特に在宅化学療法、ケモテラピーの場合、初回は院内で病院側の看護師と一緒に HAD の看護師が共同で行いますが、申し送りなどの注意点などを確認することが多いです。そして、退院後、スムーズに在宅での入院に移り治療が継承されていきます。

　あくまでもこれは病院で入院しているベッドの場所が病院から自宅に移っただけですので、保険上は入院という扱いになります。入院ですので、医療費と自己負担については、対象疾病の重篤性から医療者の自己負担はほとんどゼロで、100％が保険からでることになります。どうしてか。在宅入院にクライテリアとして導入される患者のケアは、在宅ケモテラピーとか周産期ケアとかフランスの保険上すべて自己負担ゼロになる疾患群がほとんどだからです。だから場所が病院のベッドから自宅のベッドに移っただけで、けっして退院ではありません。保険上は入院が続いているわけです。患者の自己負担としては、そのまま入院の扱いになるわけです。

HAD の誕生と沿革

　HAD のもともとの誕生は古いです。結核病棟がなくなるのでど

第Ⅱ部　フランスの医療と介護

うしようかという、結核療養制度が折角うまくできていたのに、ペニシリンができたからどうしようというところに端を発しています。それにとってかわった在宅入院は、圧倒的に在宅ケアが活動の半分近くを占めています。悪性腫瘍に関するものが多いです。2008 年現在フランス全国に、177 の HAD が存在し、99 年では 68 の HAD で合計 3,908 床です。政策と国民のニーズがマッチして増強が図られています。本制度の対象疾患は精神科を除く周産期からターミナルケアまでの急性期疾患ですが、導入のクライテリアとしては複数の医療プロフェッショナルによる頻回介入のコーディネートを必要とし、在宅訪問を許す住宅環境が整っている人のみとなります。ですからやりたい人でもやれない人がいます。たとえば家族が誰もそばにいない、そういった人は物理的に難しくなります。HAD では断わらざるを得ないケースもでてきます。病棟病室での入院と同様の高度レベルの医療を家庭で「在宅入院」として行なうからです。

　2006 年のインフルエンザ・パンデミック・シミュレーションの時に、鳥インフルエンザ（日本だとサース）の時に、非常に病床数を簡単に増やせるということで、重宝がられて、これからは箱物の病院はクローズしていって、徐々に在宅にしようというのが政府の考え方です。病院のベッドというのは本当に、超急性期か療養型か、その両極端にしか必要ないものだという考え方になっています。さらに療養型になった場合には、本当にベッドの単価が安いです。診療報酬がぐっと低く抑えられて、医療付きと言われながらあまり医療が付いていないところに入るか、あるいは超急性期です。術後 1 週間も入れたら本当に良かったという感じなのが、フランスの医療になっています。

モバイル・チーム

　在宅入院からも退院した場合、何も必要なければいいです。医療が必要なくて元気になられたというケースもあることはありますが、高齢者の場合はやはりそううまくいきません。そこでどうなるかというと、在宅入院を使い、それで期間が終わり、もう在宅入院はこれで終わりです。在宅入院の平均在院日数がだいたい 30 日です。

　在宅入院から退院した後に、元気でないケースをみてみます。元

120

気でなかったケースはやはりモバイル・チームとかネットワークの
お世話になります。これらは在宅入院ではないですが、在宅医療を
やっています。モバイル・チームというのは、主に何を中心にやっ
ているかというと、疼痛緩和ケアです。これを主にやっているのが
モバイル・チームの話です。モバイル・チームの責任者は、必ず麻
酔医になっています。麻酔医が募ってチームをつくって、モバイ
ル・チームをつくり、そして開業看護師や開業医に、指示を与えま
す。「在宅に行くならこうやってください、ああやってください」
と、普通の GP ではわからないことがいっぱいありますから、指導
します。

ナーシング

　ネットワークも同じです。疾患別にアルツハイマーネットワーク、
喘息ネットワーク、糖尿病ネットワークなどがあります。色々な周
産期ネットワークもあります。そういった疾患別にネットワークと
いうのがあります。その地域で、そのネットワークのところに行け
ば、だいたい必要なサポートは得られるようになっていて、在宅の
医療を担ってもらいます。

　介護はまったく医療ではないです。財布も医療保険ではなくて、
介護保険になります。とくにその中で、SSIAD（シアッド）は介
護になります。ケアマネジャーとヘルパーと看護師がいます。そこ
がやっていることは本当にナーシングです。ナーシングにちょっと
でも医療が入ると、ナーシングでも本当に保険でないヘルパーとか
の家事援助になります。家事援助と介護事業所と本当の医療という
感じになります。そうやってなるべく在宅維持を長くして、入院か
ら早く退院させてしまうわけですが、重いケースではかなり在宅に
いることになります。

病院平均在院日数は 7 日間

　それだけ自宅に早く返すということはどういうことかというと、
入院病床が限られているということです。本当に在院日数は日本と
は比べ物にならないくらい、短いです。急性期だと 7 日間です。亜
急性期では 30 日間が平均になります。療養型病床では死亡するケ

121

第Ⅱ部　フランスの医療と介護

ースが多いので、平均をとっても意味がありません。急性期、亜急
性期は、日本の同等のベッドと比べると凄く短いです。急性期の平
均在院日数7日間ということは、3日間くらいで退院される人も多
いわけです。

　さらに具体例で言うと、中心静脈カテーテルを付けるのはフラン
スでは外来でします。これは日本では外来ではしません。外来とい
うより厳密に言うと1日入院と言って、24時間未満床という病床
があり、他の病床より全然診療報酬が安いところです。朝7時に入
院して必要な処置をして夕方5時には退院するという、そういう病
棟でやります。ケモテラピーも安定期になったらほとんど外来にな
ります。さらに、入院でやっている意味がない、要するに、慢性期
病床がないということです。本当に超急性期か療養型しかないとい
うことです。

　フランスと日本を比較して、フランスにないものといったら慢性
期病床です。そういうベッドはありません。日本で少し前まであっ
た社会的入院とか、そういうものは存在しません。そういう患者は
たいてい療養型病床に入院していたり、何か病名を付けられていた
りします。でもそういう人もだんだん早期に退院させられる傾向に
あって、急性期はすごく短くなっています。どうしてかというと、
支払方法が包括払い（T2A）になったからです。

在宅入院の治療

　在宅入院でやっているケースをみると、ガーゼ・包帯交換が31％、
やっている治療の中でこれが入ってきます。リスク妊婦サーベイ
11％、終末期緩和ケア9％、術後管理8％、産後症状5％、化学療
法5％、重度ナーシング5％、経腸栄養5％、腸ろう栄養5％、患
者・家族教育4％、化学療法後サーベイ3％、こういった活動をし
ています（**表2-3**）。疾患別にこれはやっている行為ですから、ど
んな治療にもガーゼや包帯交換が出てくることになります。外科治
療とは限らないです。やはり疾患で多いのは悪性腫瘍、がんが圧倒
的に多いです。こういった活動を在宅入院がやっているけれども、
規模が大きく展開されています。

　疾病によって偏っていて、みんなが在宅へと思われがちですが、

122

第 2 章　フランスの介護保険と在宅入院制度

表 2-3　在宅入院の治療

ケース	構成割合
ガーゼ・包帯交換	31%
リスク妊婦サーベイ	11%
終末期緩和ケア	9 %
術後管理	8 %
産後症状	5 %
化学療法	5 %
重度ナーシング	5 %
経腸栄養	5 %
腸ろう栄養	5 %
患者・家族教育	4 %
化学療法後サーベイ	3 %

そうではないです。ほんの一部です。

介護の自己負担は多い

　けっこう自己負担が多いです。自分の貯めてきた貯蓄をすべて介護に使って亡くなっていきます。そういう感覚です。介護費用として保険でまかなわれているのは 112 億ユーロ（1 兆 3,440 億円）と少ないです。すごく小さいので、それではとても賄いきれないので、自己負担が多いことになります。介護はほとんど有料だけれども、少しだけ保険で賄われるわけです。保険は必要最低限で、「自分に収入があるんだったらまずそっちを使ってください」ということです。

　資産を使い切るまでというけれども、そもそも資産を持ってない人はどうしているのか。そもそも資産のない人はもう全額出ます。県がだしてくれて、完全に福祉になります。日本の生活保護と同じです。フランスではそういった人が多くて問題になっています。

最期はどこで亡くなるか

　最期はどこで亡くなりたいか。国民の統計によると、「国民の 70 ％が自宅で亡くなりたい」です。「30％が病院でもいい」といいます。しかし、いざ統計でみるとその 7 対 3 が反対になります。国民

123

の 70％が医療機関か施設で亡くなり、30％が自宅で亡くなっています。病院か高齢者施設か療養型ベッドか、そういうのを全部入れると 70％です。日本とまったく同じ状況になっています。

　制度がまったく違う。病院からすぐ退院させられるというのに、日本と同じというのはおかしいことです。これは、臨終の瞬間に救急車などで運ばれて、病棟のベッドで亡くなっているので、けっこう急性期で亡くなっているということです。しかし、それを急性期というかは疑問です。厳密にいえばそれは急性期ではなくて、家族がどうしようといってばたばたして、今までのかかりつけ医や在宅入院や色々世話になったけれども、結局慌てて最後の最後に、救急車を呼んでしまうわけです。救急車で運ばれてきてもこれは対象じゃありませんと返すことはできません。最後の最後に、家族や訪問看護師や在宅入院看護師とか、そういう在宅入院で処置している人たちが救急のときに呼んでしまう、だからそこのぎりぎりのところまでが在宅ということになります。でも在宅 30％は多いと思います。日本は 12％です。

第 3 節　パリ公立病院協会所属在宅入院連盟

　私たちが 2005 年 11 月に訪問した HAD（写真 2-1）は、パリ市公立病院の在宅部門を担当していました。私たちは、広報担当ディレクターのダニエレ・レペーレさんから HAD の役割と事業について説明を受けました（写真 2-2）。

体制と許可病床

　この HAD は、1957 年設立で 50 年の歴史がありました。総人員数 630 名、そのうち、医師 10 名、看護師 250 名、理学療法士 15 名、栄養師 20 名、ヘルパー110 名、ソーシャルワーカー21 名、その他に事務職等がいます（視察当時）。医師と看護師の関係は、制度上はまったく対等です。医師の役割の一つは、新しい技術が入ったときに看護師への指導を行なうことだそうです。医師は全て常勤というわけではなく、パートタイム医師として契約している医師もいます。

124

第2章　フランスの介護保険と在宅入院制度

写真2-1　パリ公立病院協会所属在宅入院連盟

写真2-2　HAD広報担当ディレクターのダニエレ・レペーレさん（前列左から4人目）

　1人の看護師が訪問している患者数は6～8名で、24時間勤務形態をとっています。2シフトを組んでおり、朝7時～21時の勤務と、夜21時～翌朝7時までの勤務形態があります。全ての看護師に携帯電話が手渡され、パリ近郊を17のステーションに分けてチーム制をとっていました。これらを統括する24時間コールセンターもあります。夜間の看護師は12名いますが、治安上2人ペアで訪問します。夜間のケアは継続点滴などや死亡の場合の体の清拭処置などに限られているようです。

　このHADでは現在約750人の在宅入院患者を抱えていますが、最大820人（床）まで在宅入院をみられるようになっています。フランス地方病院庁（ARH）が在宅入院の病床数を増やす計画をします。このHADでは、2009年までに1,200人（床）に増やすようにという目標値が示されていました。つまり日本でいうと、現在820床の許可病床が地域にあり、それを医療計画上で1,200床まで拡充してくださいということと同じです。

対象疾患

　対象疾病としてはがん・悪性腫瘍へのケモテラピー（化学療法）や神経性疾患などの重篤な疾病で、高度の技術と複数医療者の介入コーディネートを必要とするものがこれにあたります。終末期ケアや看取りも在宅入院が重きを置く分野でした。

　高齢化がすすむ中で、2004年度実績は患者13,650人に延べ

第Ⅱ部　フランスの医療と介護

252,000 回の在宅看護を実施し、61 歳以上は 52%、18 歳以下は 18%だそうです。患者の疾病種類には術後ケアの患者、ALS などの難病重度者、がん患者、ターミナル患者まで 100 近い疾病がありますが、その内のがん患者の化学療法は 52%だそうです。フランスでは、部屋の中で犬や猫などペットを飼っている場合があります。治療中にペットが入ってくることが多々あり、こうした家庭での患者治療の注意点は感染対策だそうです。そのためこの HAD では、本人の同意とともに家族の協力が得られること、そして家庭での医療上の安全が確認されなければ受け入れないそうです。

　病院入院と在宅入院の期間には疾病によってバラツキがあります。例えば、神経系疾患の場合には長期入院のあと在宅入院に移りますが、ケモテラピーなどはすぐに在宅入院に切り替わります。そして、高齢者の大腿骨頚部骨折などは在宅入院の必要はありません。病院からすぐにリハビリ施設へと転院してしまいます。

　在宅入院の手続きは、パリ市内のいくつかの病院外来診察のときや退院時に連絡がきたり、開業医からの依頼も受けたりするそうです。こうして近隣の病院や開業医のどの医療機関とも連携しているわけですが、やはり連携しやすい病院もあれば在宅医療に熱心でない医療機関もあるそうです。

コーディネーター看護師

　2004 年 6 月 24 日法で、看護を中心とするコ・メディカルをコーディネーションする権利が看護師の役割として決められました。したがって、在宅入院では一番重要なコーディネーションの役割を看護師が担っていて、OT、PT などをコーディネーションするのも看護師です。この HAD では、看護師 250 名のうち 50 名がコーディネーター看護師です。コーディネーター看護師が患者宅まで行きケアプランをたてます。看護師は、医療機関での経験 3 年以上、救急外来、集中ユニットケアの経験者がリクルートされます。

　看護師の給与は、フルタイムの新人の場合月額 2,000 ユーロ（約 28 万円：2005 年当時）で、他の職業と比べても決して悪くありません。しかも夜間手当てや祝日手当てが加算され、病院勤務看護師とまったく同じ給与です。給与は、看護連盟が保健省と交渉し契約

126

を結びます。

看護師はなぜ在宅で働きたがるのか

　私たちがダニエレ・レペーレさんに看護師はなぜ在宅で働きたが
るのか尋ねると、病院から独立してやりたいからとの答えが返って
きました。看護師たちが訪問時に心がけていることは、患者と話す
時間を多くとるようにしていることだそうです。病院で機械的に看
護をすることが嫌いで、地域に働き甲斐を求めて訪問看護師になる
ケースが多いようです。

文献
奥田七峰子「フランスにおける地域包括ケア　医療と介護の連携」2016 年 10 月、
　　パリ。

第3章 フランス赤十字社アンリ・デュナン病院老年科センター
CROIX-ROUGE FRANÇAISE HÔPITAL HENRY DUNANT Centre de Gérontologie

　本章は、フランスの医療保険制度と病院について述べ、次にアンリ・デュナン病院老年科センターについて述べます。

第1節　医療保険制度と病院

医療保険制度等

　法定制度として職域ごとに強制加入の多数の制度があり、各職域保険の管理運営機構として金庫（Caisse）が設置されています。具体的には、被用者制度（一般制度、国家公務員制度、地方公務員制度、特別制度（国鉄（SNCF）、パリ市民交通公社、船員等））、非被用者制度（自営業者）等の様々な制度がありますが、このうち一般制度に国民の92％が加入しています。これら強制適用の各制度の対象とならないフランスに常住するフランス人及び外国人は、2000年1月から実施されている普遍的医療カバレッジ（給付）制度（CMU, Couverture Maladie Universelle）の対象となるため、現在、国民の99％が保険制度でカバーされているます（厚生労働省 2017：137-139）。

　このほか、共済組合や相互扶助組合等の補足制度があります。補足制度は任意制度でしたが、2016年1月より、使用者が一定の費用負担を行った上で、被用者を加入させることが義務となりました。一方、フランスには、日本の国民健康保険のような地域保険がないため、退職後も就労時に加入していた職域保険に加入し続けることになります（厚生労働省 2017：139）。

医療施設

　保健医療行政機関は、中央集権的な仕組みで、連帯・保健省が出

128

第3章　フランス赤十字社アンリ・デュナン病院老年科センター

表 3-1　医療施設数・病床数・構成割合

(件・床・%)

供給主体	2010年構成割合		2012年	2015年		2015-2010	
	施設数	病床数	施設数・割合	施設数	病床数	施設数	病床数
公立病院	(35.3)	(65.0)	928 (34.9)	1,389 (45.0)	253,364 (62.0)	(+9.7)	(−3.0)
民間非営利病院 (社団、財団、宗教法人)	(64.7)	(35.0)	688 (25.9)	1,700 (55.0)	154,881 (38.0)	(−9.7)	(+3.0)
民間営利病院 (個人、会社組織)			1,041 (39.2)				
民間計	−	−	1,729 (65.1)	−	−	−	−
合計	(100.0)	(100.0)	2,657 (100.0)	3,089 (100.0)	408,245 (100.0)	(0.0)	(0.0)

(資料) IEM's Economic Note 2010 ; Bacchus Barua and Nadeem Esmail2015 ; DRESS 2017. より作成。

先機関である地域圏保健庁 (ARS, Agence Régionale de Santé) を統括しています。地域圏保健庁は各地域圏ごとに設置されています。

　医療施設を見ると、公立病院、民間非営利病院 (社団、財団、宗教法人)、民間営利病院 (個人、会社組織)、診療所 (個人) があります。病院の施設数・病床数については、2015 年において、公立病院が 1,389 施設、25 万 3,364 床、民間病院が 1,700 施設、15 万 4,881 床となっています (DREES 2017)。

　病院数については、2012 年において、公立病院が 928 施設、民間非営利病院が 688 施設、民間営利病院が 1,041 施設です (Bacchus Barua and Nadeem Esmail 2015)。2010 年には公立病院は施設数で 35.3% ですが、病床数では 65% を占めており、公立病院が大きなウェートを占めています (IEM's Economic Note 2010)。民間非営利病院の 3 分の 2 は、公的病院活動として、救急医療や教育を提供しています (原田啓一郎 2016)[1]。(表 3-1)

129

第Ⅱ部　フランスの医療と介護

医療従事者

　医療従事者を見ると、医師については国家試験がなく、大学卒業資格である医学国家博士号の取得により医師の資格を得る。現役の医師の数（海外県を含む）は開業医13万449人、勤務医9万1,701人の合計22万2,150人（2015年1月）（INSEE 2015）ですが、将来的には医師不足が見込まれ、近年は医学生数の枠を増加させる措置を講じています。また、医師数には地域差や診療科ごとの差があるという問題もあります。医師の職業団体としては、全員強制加入の医師会と、職種又は政治的主張ごとに組織される医師組合があり、代表的な医師組合としてはフランス医師組合連合会（CSMF,Confédération des Syndicats Médicaux Français）とフランス一般医組合（MGFrance）があります（厚生労働省2017：140）。

公立病院

　公立病院には3種類のタイプがあります。①33の地域中央病院（centres hospitaliers régionaux）は高度な専門性とより複雑なケースに対応する能力を持ちます。地域病院の多くは大学と連携し教育病院としても運営されています。②802の総合病院（centres hospitaliers）は、急性期のケア（内科、外科、産科）、フォローアップ、リハビリ、長期ケアをカバーします。精神ケアを提供することもあります。③その他88の精神病院があります。これらの他に24の公的保健施設（主に画像診断や放射線治療センター）があります（ECONOMOU 2010）。

　公立病院の例をみると、パリ公立病院連合（Assistance Publique-Hôpitaux de Paris）は、パリおよび郊外の37の病院を運営、9万2,000人の職員を有します。2015年の予算は約73億ユーロ（8,395億円）です（公益法人information 2013）。

民間非営利病院

　民間非営利病院は宗教団体、相互保険組合、赤十字社（Criox-rouge）、社団法人、財団法人などによって運営されます。

130

第3章　フランス赤十字社アンリ・デュナン病院老年科センター

営利病院

　営利病院数は先進国のなかでも多く、収益性の高い分野（外来手術や透析、リスクの低い分娩など）に特化している傾向を持ちます。「多くがCliniqueと総称される短期入院施設で、待機手術を中心とした外科病院が多い。ただし、最近の動向として外科技術の向上により、高度な手術を行う外科センター的な民間営利病院が増加している」（フランス医療保障制度に関する研究会編2017：54）ようです。

　設置主体は個人、有限会社、株式会社（一施設に複数企業の関与がある場合もある）など様々です。有限会社、合資会社という形態をとり、外科や産婦人科の診療に特化した小規模病院が代表的です。株式会社設立の大規模病院もありますが、例外的に少数存在するのみです。営利法人設立にあたっては商法の適用を受けます。

　ほぼ全ての営利病院が、疾病金庫との契約（入院費の日額単価ベース）により、公的医療保険の適用を受けています。例外的に、疾病金庫との契約を結ばず、高額な自由診療サービスを提供する病院が少数存在します。

　民間営利病院の例を挙げるなら、Ramsay Générale de Santé があります。オーストラリア資本の国際的な民間病院グループです。Ramsay Health Care は、2005年にインドネシアの既存現地病院を買収することで初のアジア展開をしています。2013年にマレーシアの現地企業と JV（Joint Venture：ジョイントベンチャー。 合弁事業、建設業界等における共同企業体）を設立してマレーシアにも進出しています。オーストラリア、フランス、イギリス、インドネシア、マレーシアで合計220以上の病院を有しています（Ramsay Health Care, "Overview"）。

　フランスにおいては、2010年に病院を買収し、Crédit Agricole Assurances 社とともに、40病院のグループとなりました。その後、Générale de Santé 社の経営権を獲得し同社の75病院を統合しました。現在では、110病院を含む124施設を経営するフランス最大の病院グループとなっています。フランスにおける職員数は2万3,000人以上です。

131

第Ⅱ部　フランスの医療と介護

非営利法人の概要

　アソシアシオンとは、恒常的な形で2人以上の者が、利益の配分以外の目的のためにその有する知識と活動を共同のものとする合意です（「1901法（1901年7月1日法）」第1条））。また、許可のさいにかつ事前の届出をせずに、自由に設立できます（同法第2条）。

　非営利団体は主に社団（associations）、財団（foundations）、互助団体（mutual societies）、協同組合（coopérative）、労働組合（Syndicat）に分けられます。これらの中で日本の公益法人に当たるものとして、社団と財団が挙げられます。

　「1901法」によって設立される非営利社団には、非届出アソシアシオン（associations non-déclarées）、届出アソシアシオン（associations déclarées）、公益認定アソシアシオン（associations reconnues d'utilité publique）があります。届出や認可は必要とされず、非届出アソシアシオンには法人格がありません。団体の名によって契約の主体になることはできず、税制上の優遇措置はほとんどありません。

　届出アソシアシオン活動は広範囲に渡り、中でも文化やレクリエーション分野におけるアソシアシオンが多いと言われています。届出アソシアシオンが解散する場合、その残余財産を社員で分けることを社員総会にて決定することは認められませんが、出資した社員にその額を返還することは違法になりません。届出アソシアシオンに対しては、本来の事業収入が非課税になる税の優遇措置があります。また、寄附（endowment）についての優遇措置は、原則的には「公益認可アソシアシオンのみに認められているが、『1987年7月23日法（いわゆる「メセナ振興法」）』によって、福祉、科学、医学研究、文化等に対しては、届出アソシアシオンにも認められるようになった」（公益法人information 2013）といいます。

　届出アソシアシオンが一定の要件を満たし公益性の高いものとして認定されると、公益認定アソシアシオンになることができます。申請には、概要、定款、役員名簿、社員名簿、財務諸表、予算書等の必要書類を内務省に提出し、同省がアソシアシオンの公益性を判断します。「その審査を経て国務院（Conseil d'État）に答申され、デクレ（décret）によって認定される。審査には国務院のモデル定

132

款に従っていること、3年以上の活動実績があること、社員が200名以上いることなどが含まれる」（公益法人 information 2013）ことになります。

公益認定アソシアシオンが収益事業を行う場合には、会計報告書を課税庁に提出します。「同アソシアシオンが総会で解散を決議した場合には、内務省へ解散のための申請手続を行い、デクレの取消しの承認を国務院から受けることになる。残余財産については、定款に定められたとおりに処分することになるが、定款に定めがない場合、公共団体か類似の公益団体又は公益財団に譲渡する。なお、公益認定アソシアシオンに寄附した個人又は法人に対しては、寄附金控除や損金算入が認められている」（公益法人 infomation 2013）のです。

公益認証を受けるかどうかは原則任意ですが、非営利の一定の事業は、認定を受けて活動をしなければなりません。「さらに、例えば、幼稚園、保育所、高齢者向け住宅、障がい者向け教育等の事業については、事業内容の質を確保する観点から、許可を受けることを要する」（公益法人 information 2013）といます。

非営利団体への税制措置

フランス税法は、法人格を取得した非営利団体の本来事業の収入に対して課税しない措置を取ることで、団体の活動に対し支援を行っています。非関連の収益事業に対しては、標準の法人税が課せられます。「また、非営利団体のうち、公益認定アソシアシオン、公益財団、贈与・遺贈を受けることができる文化や慈善を目的とした届出非営利アソシアシオンなど公益性の高い団体に寄附をした場合には、一定の控除が認められる」（公益法人 information 2013）といいます。

第2節　HÔPITAL HENRY DUNANT Centre de Gérontologie CROIX-ROUGE FRANÇAISE

2016年10月11日午前中は、CROIX-ROUGE FRANÇAISE（フランス赤十社）の HÔPITAL HENRY DUNANT Centre de

第Ⅱ部　フランスの医療と介護

写真 3-1　病院の外観

写真 3-2　CROIX-ROUGE FRANÇAISE のロゴ

写真 3-3　病院全景（模型）

Gérontologie（アンリ・デュナン病院老年科センター）を訪問しました（写真 3-1、写真 3-2）。ここは 2004 年に着工して、2006 年に新しい病院に建て直されました（写真 3-3）。建て直したときに、それまでの一般病院から高齢者専門（ジェロントロジー：高齢者老年科）の病院になりました。

ラボと画像診断は外部委託

アンリ・デュナン病院老年科センターでは、ラボ（検査）と画像診断部門はすべて外部委託しています。委託会社が病院内のスペースで運営しているので、その家賃は病院の収入になります。そして、検査や画像診断の収入は委託された会社の収入になります。

単純撮影のレントゲン装置や CT スキャナー、骨密度装置、マンモグラフィー、MRI がそれぞれ 1 台ずつある画像診断センターです。特に骨密度装置は、高齢の女性に必要な検査なので、検査センターが入ってくれたことで、院内外で利用が多いといいます。心エコー室、療養病棟の受付、読影室（写真 3-4）があり、リウマチ科の診察室・処置室を見学しました（写真 3-5）。

第3章　フランス赤十字社アンリ・デュナン病院老年科センター

写真 3-4　読影室

写真 3-5　リウマチ科の診察室・処置室

リウマチ科の診察室・処置室

　リウマチ科では、関節痛のためにヒアルロン酸注射をしたり、硬膜外ブロックも行ったりします。外来は高齢者だけではなく、若い人でも「膝が痛い」といってきたらここで診ます。また、加齢により背骨が圧迫されて縮んでいきますが、その治療もこ

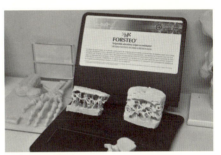

写真 3-6　模型

こで行います（写真 3-6）。その他に股関節骨折を防ぐためのプロテクターを着けたりビタミンDをここで投与したりしています。整形外科は隣にありました。

　診察室はシンプルです。副甲状腺ホルモンのパラトルモンが入っている注射を18ヵ月間打ちます。100％とはいえないけれども、かなり高率の治療効果があります。骨密度も高くなり、姿勢がよくなるということでした。

臨床心理士がメモリーテストをする

　臨床心理士（サイコロジスト）がメモリーテストをします（写真 3-7）。メモリーテストの診断は3つです。1つ目はスキャナーで脳の海馬をみます。2つ目は血液検査、3つ目は面談で色々な質問のやりとりを行います。

　この病院には、地域のかかりつけ医から紹介があった患者が訪れ

135

第Ⅱ部　フランスの医療と介護

写真 3-7　臨床心理士がメモリーテストをする

写真 3-8　入院受付室。左がメディカル・ディレクターのDr.Tir（チー）氏、右の男性が担当者

ます。他の病院からも紹介があります。「高齢者専門の病院に転換した理由は、政策が変わったから」との院長の答えでした。

入院受付

　ビタルカード（ICカード式保険証）と家族の情報を入院受付で入力し、入院の手続きをします。

　入院はかかりつけ医や一般病院からの紹介の他にも、他の病院の救急外来に行ったけれどもベッドの空きがないときもこちらへの紹介になります。紹介による入院以外はなく、入院日数の制限はありません。患者は地域のかかりつけ医にかかっているので、かかりつけ医からの紹介が約90％です。

　「何となく記憶がおかしい」とか、家族の方から「少しまだらボケが始まった」などというようなことがあると、この病院のメモリー外来にかかるようにかかりつけ医が紹介状を書きます。紹介状なしに直接来院した場合でも、外来で顔と名前が一致したら、直接入院することはあり得えます。入院受付担当の男性に「1日何人くらいみていますか」と聞くと、「1日5～6件くらい」との答えでした（写真 3-8）。

急性期一般病棟

　1階は内科の急性期一般病棟です。一般といっても高齢者が対象で24床あります（写真 3-9）。ここに入院するための条件は70歳

136

第3章　フランス赤十字社アンリ・デュナン病院老年科センター

写真3-9　1階の病室配置図

写真3-10　急性期病棟の看護部長

以上の患者で急性期症状があった場合です。平均在院日数は一般の急性期病床の平均在院日数より少し長い11日間です。最も医療度が高くて、医師が2人、看護師が1人、看護助手が1人です。看護部長の素敵な笑顔が私たちを出迎えてくれましたが（写真3-10）、「管理がものすごく厳しい」と病院長は笑いながら言いました。

亜急性期病棟

2階と3階（日本では3階と4階に相当）が56床の亜急性期病棟です。出迎えてくれた女性は管理栄養士でした。彼女がすべての病院食をプログラムしています。うまく咀嚼できない人や誤嚥する人のための食事、糖尿病の食事、それから骨折をしたあとの人の、あるいは骨密度が下がってきている人などのカルシウムやビタミンDなど多く含んだメニューを彼女が決めています。

栄養が自分で取れなくなった場合には、はじめは経管栄養を行ないます。胃ろうの患者もいます。経鼻から経管栄養を行うと、どうしても高齢者は自分の手で外そうとするので、長期間になってくると十二指腸からの経腸ろうになるそうです。しかし、1年に2〜3件くらいなので少ないということです。

人員体制

2階に看護師が1人、看護助手が3人配置されています。4〜6階まで3フロアは長期療養病床で78床あり看護師2人でみます。各フロアごとに、日中は3人の看護助手がいます。ですから合計3人

137

第Ⅱ部　フランスの医療と介護

×3フロアで9人の看護助手がいます。夜勤体制は、急性期病棟は24床に看護師が1人、看護助手が1人です。2〜3階の亜急性期病棟は看護師が1人、看護助手が1人です。そして4〜6階の療養病床では3フロア全部に、看護師が1人、看護助手が1人の体制です。医師は夜勤の医師1人がこの施設にいるだけとなります。

医師の配置は、1階には2人いますが、フルタイム換算で1.5人になり、2〜3階に医師が1人、4〜6階の療養病床には1.5人の医師がいます。合計で、日中は4人（1.5+1.0+1.5）の医師がいます。忙しい時間帯だったので、私たちは急性期病棟にはいけませんでした。外来診察の医師は3人で、2人は循環器系、1人がリウマチ科です。

配薬・食事

病棟の処置室（写真3-11）は電子化されており、コンピュータが中央にあり、薬在庫があります。処方箋がコンピュータの画面に表示されるので、それを確認しながらカートで配薬していきます（写真3-12）。看護師が服薬を確認したことを入力します。私たちの訪問時に、ちょうど看護師と医学生が実習中でした。

食事はケータリングで、全食に名前がついており、エレベーターで上がってきたものを、病棟で暖めて部屋に配ります。そんなに元気のある人たちではありませんから、食事は部屋で取ります。

さきに急性期病棟の看護部長に会いましたが、今度は長期療養病棟の看護部長に会いました（写真3-13）。彼女は私たちに「よい視察を」と言ってくれました。

亜急性期病棟は回復期・リハビリ期ですので、患者は動けます。ですから食事ルームまで来て食事をします（写真3-14）。感染症病棟もありましたが、そんなに重度の感染症ではありません。

医師オフィス・ナースステーション

医師のオフィスもありました（写真3-15）。コンピュータ化されており、すべての記録は電子化されています。そして、部屋番号が書かれた棚にはエコーや検査の結果がファイルされていました（写真3-16）。紙カルテはバグが発生したときのために残しているとの

138

第3章 フランス赤十字社アンリ・デュナン病院老年科センター

写真 3-11 病棟の処置室

写真 3-12 配薬カートで配薬中

写真 3-13 長期療養病棟の看護部長

写真 3-14 亜急性期病棟の食事ルーム

写真 3-15 医師のオフィス

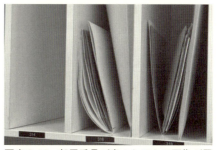
写真 3-16 部屋番号が書かれており画像が置いてある

ことでした。赤十字の病院は全病院が電子化されているそうです。
　ナースコールをしてもなかなかいけないときには、家族がナースステーションに直接来てドアを叩くそうです。「別にテレビを観ているわけではないんですよ」と書かれた張り紙はとてもユニークです（写真 3-17）。階を上がったところにも、やはり食事ルームがあ

139

写真3-17　ナースステーションの張り紙

写真3-18　別の階の食事ルーム

写真3-19　設置されたクーラー

写真3-20　亜急性期担当のドクター

りました（写真3-18）。
　各部屋にクーラーはありません。暑い日は、食事ルームに来て涼みます（写真3-19）。以前、酷暑がヨーロッパを襲い、そのときの反省からクーラーをつけました。フランスは北海道と同じ緯度だと考えると、クーラーが病室についていないのも納得できます。

退院支援

　亜急性期の26人の患者を担当している医師と会いました（写真3-20）。2階は夫婦のための二人部屋が2つあるので30床ですが、3階は26床です。亜急性期の平均在院日数は45日です。この病棟は整形外科の患者が多く、骨折患者が急性期の処置が終わった後に、リハビリのために回復期にきます。その他に、急性期の内科系、たとえば心臓の手術など外科系の手技（治療）が終わったので、亜急性期に来たというものです。
　体重計が置かれていました。1週間に2回患者の体重を量る日が

あります。病棟廊下では、リハスタッフと患者が歩行練習をしていました。

亜急性期病棟を出た後はどうなるのでしょうか。患者が退院に向けての歩行訓練をしている間に、退院支援室のソーシャルワーカーは家庭状況、住居環境がどうなっているかを確認します。退院後独居になる場合はそのまま自宅に返すことはできません。その場合には、退院支援室がみて、開業看護師やSSIAD（シアッド：在宅看護介護支援事業所）やHAD（在宅入院）をつけるなどして、家に返します。

ターミナルケア

この病院の入院患者の平均年齢は88歳でほとんどが女性です。急性期、亜急性期、慢性期、全部入れて、多い疾患は心疾患、肺炎です。それから転倒です。そのほかは股関節骨折と関節炎や神経痛などの痛みで、日本と同じです。患者の90％は何らかの認知症を合併しています。

この病院ではターミナルケアも行なっています。入院している間に悪性のものが見つかることは決して稀なことではありませんが、だからといって転院するわけではありません。みなさんここで終われますので、ターミナルケアも事実上行っています。

長期療養病棟

急性期と亜急性期は医療保険で賄われますが、長期療養型病棟の自己負担額は毎月3,900ユーロ（448,500円。1ユーロ115円で計算）です。これはどの保険からも償還されません。つまり、患者が自分のポケットから出すお金が3,900ユーロということです。ちなみにパリ市内の高齢者住宅ABCDは2,000ユーロ（23万円）でした（小磯 2019）。アンリ・デュナン病院はパリ中心部の住宅街にありますので、ほとんど2倍です。

療養病床は78床です。そのうちの5床は福祉のためのベッドだそうです。その人たちは県の福祉で支払われる患者さんです。長い方だと、2006年からここに入院している人もいます。動きようがないからです。自分の年金収入はすべて治療に当てて、プラス貯金

141

第Ⅱ部　フランスの医療と介護

も切り崩していくということです。子供がいて、家を売ってくる患者がほとんどです。

平均在院日数は無意味です。平均はありません。亡くなるまでです。

入院するための審査

病院長は、「入院の審査をするときに、私はあくまでも医師としてメディカルな側面をみます」と言いました。ディレクターが来て私たちに挨拶しましたが、彼が審査をするのは患者の金銭面です。何年耐えられるかをみます。家を売るのか、家族がいるのか、家族の収入は何なのかを全部出してもらい、提出された書類から支払能力を審査して、それでOKとなったらメディカルな側面も同時に加味して、病院に入院させます。

そうでなければ福祉になります。中途半端だとこの病院には入院はできません。ここは赤十字の病院です。決して公立ではありません。だから5床をとる以外はそういう人を受け入れる義務はありません。民間なので、他の施設を紹介することになります。

ウエイティングリストはあるのでしょうか。亜急性期にいた患者のほとんどが退院となったときに、自宅に戻ることを希望しません。希望しない場合には長期療養病棟にくるので、ウエイティングリストはないそうです。亜急性期でウエイティングしているということです。

完全に外からこの長期療養病棟に入ってくる患者は、全体の8%です。ですから92%は、2階と3階の亜急性期からきます。急性期に関しては70%が病院からの紹介です。30%が家から来る人です。ほぼ毎週、急性期は100%です。98%が急性期の満床率、95%が亜急性期の満床率、そして今月は死亡が多かったので、療養病床も95%でした。それ以外は普通は100%だそうです。パリではそれだけお金が払える人がいるということです。

強みはケアミックス

「私だからですよ、頑張ってますよ」と病院長は言いました。100%にするためには、病床回転率を良くします。急性期は単価も高い

142

ので病床稼働率を良くすると一番儲かります。朝に患者を出して夕方にはそのベッドを埋めるようにしているそうです。1床でも空いた日が1日あると、病院全体の収入の4%が減るといいます。

強みはケアミックスです。急性期があって、亜急性期があり、さらには療養病床と全部そろっています。しかも外来もあるのが強みです。たとえばこの療養病床のところにいる患者が、急変した場合には急性期に転棟します。亜急性期も同じことがいえるわけです。

パリでケアミックスの病院はここだけのようです。どうして赤十字がケアミックスをやろうと考えたのでしょうか。それは、「やはり人口が高齢化し国民の需要が動いたので政策も当然そちらに動きますし、病院の経営としてもそちらにいったほうが患者がとれる」ということでした。

マンパワー

今のスタッフでそういう対応が十分できるかを聞いてみました。前のディレクターから新しいディレクターになって、リクルートが強化されて、5人の新しい看護師、5人の新しい看護助手をいれたそうです。

リクルートするにはお金がかかります。外に行って新たにリクルートすると高くついてしまうので、院内で休日返上で働いてもらったそうです。そういうやり方でスタッフ数を増やしています。

普通の一般病院の急性期は1日8時間労働で三交替です。しかし、ここの病院は他と違い、老年科のスタッフの勤務表は1日12時間労働でいいそうです。12時間労働をして6週間仕事をしたら、1週間必ず義務として休ませなければいけません。6週間働き、1週間休みます。だから1週間の短い連休がある感じです。それでは労働基準法違反になってしまうので、きっと労使協定くらいなのでしょう。労働組合と話し合いなおして、「その1週間を少し多めに払うからきてくれないか」ということで、5人の看護師と看護助手を働かせているようです[2]。

バカンスのときはどうするのか

バカンス中はマンパワーの派遣会社を使います。夏休み中にみん

143

第Ⅱ部　フランスの医療と介護

写真 3-21　長期療養病棟で働く看護師

なが休み出しても患者を減らすわけにはいきません。休日労働は100パーセントアップして2倍になりました。サルコジ政権の時にはこれをやっても税金がかかりませんでした。しかし社会党オランド政権になったら、「そんなことはけしからん経営者だ」ということで税金がかかることになり、安く雇えなくなったそうです。「当分の経営は大丈夫ですか」と聞くと、「反対です」との答えでした。この職業についている人の給料が本当に低いから「働きますか」と聞いたところ、「喜んで」となったそうです。経営者が無理やり働かせているというより、スタッフが「働かせて」「生計を立てるために収入をあげたい」と言っているそうです。「だから病院の経営は大丈夫か」と再度聞くと、「黒字にしますよ。800万ユーロ（9億2,000万円）稼ぎます」と Dr. Tir（チー）は言いました。

おわりに

　移動の途中に、長期療養病棟で働く看護師に会いました（**写真3-21**）。5階と6階が長期療養病床です。こちらはアルツハイマー病棟になっていて、患者が夜間動き回ることもありますが、自由に動き回らせています。ただしエレベーターはコードがあるので下がることはできません（ロックされています）。看護師と看護助手2人にも会いました。配食しているスタッフにも会いました。病棟の奥からは、男性の叫び声が聞こえていたのが特に印象的でした。

　私たちはリハ室に行きました。患者は転ぶ練習をしていました。転んだらどうやって起き上がるかの練習だそうです。男性の患者は、起立性低血圧でした。研修中のリハ学生もいました。3年生だそうです。帰り際に、リハビリしていたおばあさんが「みなさん、フランスのよいご滞在を」と、私たちに言ってくれました。

第3章　フランス赤十字社アンリ・デュナン病院老年科センター

第3節　日本への示唆

二人のディレクター

院内を案内してくれたのは、メディカル・ディレクターのDr.Tir（チー）です。ひと通り院内を視察した後、経営ディレクターのSicrd（シカー）氏を交えて、ディスカッションしました（写真3-22）。シカー氏は、22年間この病院で勤務してい

写真3-22　経営ディレクターのSicrd（シカー）氏（左）とメディカルディレクターのDr.Tir（チー）（右）

るそうです。年齢は56歳です。ヒューマンリソース（Human Resources）は彼が決めます。経営ディレクターのシカー氏とメディカル・ディレクターのDr.チーは、1年間に4回、ストラテジー委員会を開催します。その中で、特に力を入れているのが満床率です。メディカル・ディレクターのDr.チーは一生懸命ベッドを埋めなければいけません。朝退院させたら夜には埋めるように、彼は新しい患者をリクルートして入れます。

第三者評価機能が来年2017年にあるので、いい成績でパスするところが目下の戦略上の目標だと言っていました。第三者評価機能にパスするために今最も力を入れていることが、転倒リスク、訴訟リスク、感染リスクなどそういったリスク管理に力を入れている最中だそうです。

それから薬剤管理です。院内薬局が地下にあります。入院患者のための薬剤のリスク管理、飲み合わせなどの薬の保管に関して管理します。すべてコンピューター化されています。

各階に薬剤管理室がありました。ここにある程度薬が入っていますが、各階で使うものと薬局で使うものの管理の両方をします。

マネジメント

「長期療養の患者負担額は3,900ユーロでしたが、急性期の平均入院単価はいくらですか」と聞くと、「すべての病気をおしなべて1日あたり600ユーロ（6万9,000円）です」との答えでした。療

第Ⅱ部　フランスの医療と介護

養病床は全額自己負担でしたが急性期病床は医療保険です。ずっと
これは変わらないそうです。もちろん介護保険も使います。

「マネジメントはどうしているか」聞いてみました。

「公衆衛生法典に書いてあるように、病院での結果の責任はディ
レクターにあります。やっぱり私のやった成果ということです。あ
くまで医師（Dr. チー）と二人で一緒に同じ方向に向かっていかな
いとできないこと。だから彼の存在もありがたい」とシカー氏は言
いました。

彼がとった戦略は、78 床の長期療養病床に力を入れるために、
看護部長クラスの 1 人に去ってもらったことです。その代わりに看
護助手を 5 人いれたそうです。サラリーは少しプラスしなければい
けなかったのですが回転は非常に良くなったそうです。

さらに委託しているケイタリングや掃除などのアウトソーシング
の会社全部と契約価格を見直して 25％オフに成功しました。その 2
つで年間 30 万ユーロ（3,450 万円）節約したそうです。

Dr. チーに「仕事でいま一番悩んでいること。困っている次の問
題は何ですか」と尋ねました。T2A が毎年毎年、診療報酬改定の
たびに下がっていく。次に包括予算というのがあります。包括予算
もどんどん毎年下げられる。さらに、介護手当てが県から施設にで
ていますがそれも下がっていく。そのようにどんどん収入が下がっ
ていきます。それが本当に困る。だから急性期病床でどんどん患者
を入れますが、それでも診療報酬が下がっていることが問題だそう
です。

ストラテジー

現在は 3.4％の黒字です。医師がストラテジーをサポートしてく
れるからできることだと経営ディレクターのシカー氏は言います。
たとえば、ソデックスとかアウトソーシングの会社が掃除とかお食
事をするサービス、プラス配薬カートがありました。あの配薬カー
トを下に下ろして、院内薬局まで行って薬を入れてそれを各階に運
ぶということに 1 年に 7 万ユーロ（805 万円）請求しました。それ
をたとえば医師たちと考えて、本当にこまかい無駄遣いをカットし
ていったそうです。

146

第3章　フランス赤十字社アンリ・デュナン病院老年科センター

　10時に患者さんが出たら、14時に新患をいれられるようにというように、シカー氏とDr.チーの2人で決めたそうです。10時にとにかく出して、14時に入れるとなったら、それだけ人手がいるわけです。そのためにこれだけ看護師を入れたと言いました。それで回転率がどんどんよくなったそうです。

　Dr.チーは「この人はもう少しデイをつかったほうがいいなあ」とか、こういう患者さんが今外来にきているけれども、この人をデイにこさせようとか、そういうメディカルなことを考えるそうです。デイにきている患者さんをそろそろ入院で急性期病床に入ることが必要だなとメディカルなことをいうと、シカー氏はそのために必要なスタッフを、それをやるためには人が必要だから、サポートするそうです。これを二人でやっているそうです。

クオリティ・アシュアランス

　「経営を促進することと、クオリティ・アシュアランス（Quality Assurance：品質保証）は、相反するものですが、どのようなことに留意しているのか」聞きました。クオリティのことも確かに気にしていて、クオリティの責任者がいます。委員会があり、院内感染予防のための委員会が設置されています。それから栄養状態が低下していって食べられなくなる状態があるといっていました。そのクオリティが下がらないように栄養管理の委員会があります。そして疼痛管理（ペインコントロール）の委員会があり、3つの委員会があります。さらにもう1つの委員会があり、患者代表や外の委員会に何か係争があったり、もめごとがあったときのクレームなど、そういう処理にあたっています。それとクオリティのリスポンスがいります。この4つの委員会が常に動いています。

　オーディット・ヴァリエーションといって、自分たちで「事業価値の評価」をする、つまり「自己評価」するわけです。それによって、カルテをピッととって「この人は褥瘡のための処置があるのを忘れている点がある」とか、院内で常にコントロールしています。外部からの評価は第三者評価機構があるといっていました。しかしそれだけではなく定期的に院内でもやることによって、常に改善のための動きがつくられているそうです。

147

第Ⅱ部　フランスの医療と介護

あるとき患者のクレームがありました。「お母さんがここに入院していたときに、下痢があって、そしてさらに尿路感染もおこして、だけど何もしてくれなかった」という苦情が赤十字の本部にいったそうです。しかし、カルテが電子化された記録がすべて残っていたので、疑いの余地がないくらい完璧にケアされてきたことが証明されました。尿路感染をおこしていたけれども病院としてもきちんと対応したといえるだけのクオリティが保たれている体制にしているそうです。

国の在宅への政策誘導

患者死亡率は年間8％で、100人いたら8人です。全部の入院してくる患者に対してという意味ですが、そのまま出て行く人もいます。ロングステイのほうは2006年から動かない人がいるように、長生きリスクというのもあります。103歳の人もいます。105歳の人もいますけれども、この間105歳で亡くなりました。3,900ユーロの自己負担を2006年から毎月払っていました。

「3,900ユーロが毎月払えますか。何年間払えますか。あなたのお母様、お父様は今80歳ですか、90歳ですか」と聞いた上で計算します。銀行のローンと同じです。「総額でこうなりますけれども払えますか。払えるなら証明してください」と聞き、証明したものを出してそれで十分な人はとりますけれども、貧しい人は福祉でOKです。そうでない人、たとえば郊外の高齢者住宅だともう少し安くなります。何もパリの16区に来なくてもいい訳です。パリでなくてより遠くに行くことになります。

住民がそれを理解しているか、気になるところですが、理解するというようなものではありません。赤十字の病院には入れないと怒っても仕方ないことです。料金が高いと思うなら他があるわけなので、そちらに行くだけです。「ここは料金は高いほうか」と聞くと、「ここより高いところもあるけど、それはラグジュアリークラスです。ここはソーシャルセキュリティも使えて、標準的で高いほう」だそうです。

長期療養病床というのはアパートの不動産契約をするのと同じです。都内のタワーマンションに住みたいといっても家賃が払えなか

148

第3章　フランス赤十字社アンリ・デュナン病院老年科センター

ったら入れません。その人はクレームしないはずです。福祉という
観念で、マンションとは少し違うでしょう。療養病棟は医療保険の
病棟ではありません。急性期と亜急性期は医療保険です。療養病床
はまったくファイナンスではみません。

　これから一生懸命在宅に送る方向に国も政策誘導しますので、よ
り在宅の受け皿のほうに力を入れることになります。

注

1)　公的活動病院をめぐる政策は、原田啓一郎（2016）に詳しい。少し長い引
　　用だが、原田は次のように述べています。「入院医療を行う医療施設として、
　　フランスでは、公的医療施設（公立病院）、私的医療施設（民間非営利病
　　院と民間営利病院）、集団利益型私的医療施設が存在する。これら医療施
　　設では、入院医療、病院外来、在宅医療の三形態の医療を提供している。
　　医療施設は公的部門と私的部門に区分され、1970 年の病院改革法により、
　　公的部門に区分される公立病院と民間非営利病院の多くは『病院公役務』
　　として、地域の中核的な病院医療や研究・研修体制を提供する役割を担っ
　　ていた。こうした体制に大きな変化を及ぼしたのが、2009 年 7 月 21 日に
　　制定された病院改革と患者、保健医療及び地域に関する法律（Loi n° 2009-
　　879 du 21 juillet 2009 portant réforme de l'hôpital et relative aux patients,
　　à la santé et aux territoires.）である（HPST 法）。これにより、病院公役
　　務の概念が法令上廃止され、それに代わり『公役務的任務』（mission de
　　service public）が規定され、医療施設の類型にかかわらず、医療施設は公
　　役務的任務を引き受けることとなった。しかし、2016 年 1 月 26 日に成立
　　した保健医療システム現代化法により、『公役務的任務』は法令上廃止され、
　　再び『病院公役務』が規定されるに至っている」（原田 2016）。

2)　「時短」先進国として知られるフランス。欧米主要国の中で突出して短い
　　「週 35 時間制」が 2000 年に導入されました。背景には 10％を超す高失業
　　率がありました。有職者の残業時間分の仕事を新規雇用に回せば失業率は
　　下がります。ワークシェアリングの発想で、当時の社会党内閣が時短にか
　　じを切りました。ですが、制度は、行き詰まりました。導入後、一時は 10
　　％を下回った失業率は再び 10％を超えました。「仏経済政策調査機関代表
　　のミシェル・ディディエ氏は、『雇用が創出されるとの考えは誤りだった。
　　能力の高い従業員の労働時間を、能力の低い従業員の雇用で補えなかっ
　　た』と分析する」（『読売新聞』2018 年 4 月 25 日、6 面）。「『労働コストが
　　上昇し国際競争力が低下した』と語るのは、仏経団連の元副会長で再保険
　　会社『スコール』最高経営責任者（CEO）のドゥニ・ケスレール氏だ」
　　（『読売新聞』2018 年 4 月 25 日、6 面）。制度では、労働時間を減らしても
　　給与は維持しました。企業は安価な労働力を求めて生産拠点を国外に移転
　　しました。「ケスレール氏は『労働法制の柔軟化に動いた欧州各国との競

149

第Ⅱ部　フランスの医療と介護

争で大きな障壁になった』と解説する」（『読売新聞』2018 年 4 月 25 日、6
面）。フランスではその後、2004 年に法廷残業時間の上限が 180 時間から
220 時間に引き上げられ、2008 年には企業が個別に労使協定を結ぶことを
認める法律が成立しました。労働者への配慮から「週 35 時間制」の看板
は掲げられているので、労働時間の延長を事実上可能にする法改正が繰り
返され、制度は形骸化しています。

文献

Bacchus Barua and Nadeem Esmail, *FOR-PROFIT HOSPITALS AND
INSURERS In Universal Health Care Countries*, 2015.

CENTRE DE GERONTOLOGIE HENRY DUNANT - MCO SSR（https://
pourvous.croix-rouge.fr/centre-de-gerontologie-henry-dunant-mco-ssr）.
（MCO：Médecine Chirurgie obstétrique., SSR：Soins de suite et de
réadaptation）

CROIX-ROUGE FRANÇAISE（https://pourvous.croix-rouge.fr/）.

DRESS（仏調査研究政策評価統計局）, Les établissement de santé 2017.

ECONOMOU, *Charalambos. Health systems in transition. Health*, 7.12.2010.
（http://www.euro.who.int/__data/assets/pdf_file/0011/297938/France-
HiT.pdf）.

IEM's Economic Note, *Non-profit health care hospitals in France*, July 2010.

INSEE, "Médecins suivant le statut et la spécialité en 2014", *Professions de
santé en 2015*.

Ramsay Health Care, *Overview*（http://www.ramsayhealth.com/About-Us/
Overview）.

小磯明『フランスの医療福祉改革』日本評論社、2019 年。

公益法人 infomation「公益法人制度の国際比較概略──英米独仏を中心にして
──」2013.8.1 掲載。（https://www.koeki-info.go.jp/pictis_portal/other/
pdf/20130801_kokusai_hikaku.pdf）.

厚生労働省「2017 年 海外情勢報告」2017 年。

原田啓一郎「特集：諸外国における診療報酬制度　フランスの診療報酬制度」
『健保連海外医療保障』No.111、2016 年 9 月、pp.12-19。

フランス医療保障制度に関する研究会編「フランス医療保障制度に関する調査
研究 2016 年版」一般財団法人医療経済研究・社会保険福祉協会医療経済
研究機構、2017 年 3 月。

『読売新聞』2018 年 4 月 25 日。

150

第4章 フランスの訪問看護

　2016年10月、フランス・パリの高齢者ケア調査を実施しました。その結果から、本章では「フランスの訪問看護制度の概要」と「開業看護師による訪問看護師の実際」について述べることとします。ただし、第4節は2005年の調査によるものです。

第1節　制度の概要

医療と介護の連携の重要性を再認識

　2003年夏にヨーロッパを襲った猛暑は、フランス国内の在宅虚弱高齢者や老人ホームの入所者などを含む1万5,000人の死者を出しました。そのうち8割が75歳以上の高齢者でした。不幸にも夏のバカンス中であり、医療従事者が手薄い状況だったことも事態を深刻化させました。あらためて高齢者医療と介護の連携の不十分さが指摘されました。

　このような状況を察知していち早くバカンスを切り上げて現場に駆け付けたのは、開業看護師でした。開業看護師は地域におけるプライマリーケアの担い手であり、医療サービスだけでなく、相談、助言、多職種との調整など、日本のケアマネジャーの役割を担っています。医療と介護の連携が不充分な中でフットワークの軽い開業看護師が存在することで、個別のケースでは総合的なサービスが提供されています。本件でも開業看護師のタイムリーかつ柔軟な対応があらためて評価されました。

　事態を重くみたフランス政府は、医療と介護を包括した介護制度の見直しに着手しました。2004年6月30日に成立した「高齢者と障害者のための連帯法」は、祝日を1日減らして営業日（国民連帯の日）にし、その日の売り上げ相当額を、介護手当負担金として

151

第Ⅱ部　フランスの医療と介護

表 4-1　主な医療・看護行為（AMI）の点数（抜粋）

医療・看護行為（抜粋）	AMI ※	金額（ユーロ：円）
皮下注射	1	3.15(378)
筋肉注射	1	3.15(378)
小児皮下注射・筋肉注射	2	6.3(756)
静脈注射	1.5	4.725(567)
採血	1.5	4.725(567)
気管切開口処置・吸引・管交換	2.25	7.087(850.44)
抜糸(10針未満/10針以上)	2 / 4	6.3/12.6(756/1512)
潰瘍・皮膚移植処置	4	12.6(1512)
尿道カテーテル挿入(男/女)	4 / 3	12.6/9.45(1512/1134)
尿道カテーテル交換(男女同じ)	1.25	3.93(471.6)
在宅医師への報告(書類作成)	5	15.75(1890)

注 1)　※ 1AMI = 3.15 ユーロ。1 ユーロ = 120 円で計算。
(出所) 篠田道子 (2011)。

APA（後述）の財源に組み入れるものです。

開業看護師は医師の処方に基づき看護行為を提供

　フランスでは多くの医療行為は一般看護師が行っています。篠田は、「開業看護師が行う看護行為には、一つひとつに看護点数が決められている」と言います。「注射や創処置など医療行為を評価する『医療・看護技術』（AMI, Actes Medico Infirmierde）とケアプラン作成や清拭など『看護・生活技術』（AIS, Actes Infirmierde Soin）の 2 種類に分かれており、それぞれ単価が定められている」と言います（1AMI は 3.15 ユーロ（378 円）、1AIS は 2.65 ユーロ（318 円））（後述）。これらは出来高払いで請求できる、開業看護師に対する報酬であり、病院勤務の看護師は算定できません。**表 4-1**に、篠田の文献から、主な AMI を示しました（篠田 2011：表 6）。「急性期病院の平均在院日数が 5.2 日と短いため、患者は早めに退院し、抜糸や注射などの処置は在宅入院または開業看護師が実施している」と篠田は言います。

保健医療福祉制度の概要

　フランスでは、保健医療サービスは医療保険によって提供され、介護を含む福祉サービスは租税を財源として提供されます。

152

第4章　フランスの訪問看護

　フランスの医療保険制度は職域ごとに分化されていますが、国民のほぼ100％をカバーしています。日本の国民健康保険のような地域保険は存在しないため、退職後に保険者が変わることはありません。またフランスでは非営利の共済組合形式の補足制度が発達しており、こちらは医療サービスの利用に伴う自己負担金をカバーしています（小西洋平 2017：151-171 が詳しい）。

　一方の介護サービスの利用については、60歳以上の要介護高齢者を対象とした所得制限のない普遍的な介護給付として、個別化自立手当（APA, Allocation Personalisée d'Autonomie）が 2002 年より導入されました。個別化自立手当（APA）の財源は、県（departement）の一般財源、一般社会拠出金（CSG, contribution sociale généralisée）や自立連帯拠出金（CSA, contribution de solidarite pour l'autonomie）などからなり、ホームヘルプサービス（service d'aides a dimicille）や要介護高齢者滞在施設（EHPAD, établissements d'hébergement pour personnes âgées dépendantes）の利用に伴う費用を賄います。

3 種類の在宅看護とヘルパー

　フランスの訪問看護は 3 種類に分けられます。①開業看護師による在宅看護（Soins à　domicile par les infirmiers libéraux）、②在宅訪問看護・介護事業所による在宅看護（SSIAD, Service de soins infirmiers à domicile）、③在宅入院機関（HAD, L'hospitalisation à domicile）が提供する高度医療サービスに特化した短期間の在宅看護です。各サービスは医療保険を財源としながらも、サービスの実施主体、支払方式、サービス内容等で異なり、重層的な訪問看護提供体制が築かれています。

① 開業看護師による訪問看護

　フランスは、コ・メディカルの開業を広く認めています。もちろん看護師が自宅等で開業することも認められており、医師の処方に基づいて、訪問看護サービスを提供することができます。全国被用者疾病金庫医療職者台帳（2015 年 1 月 1 日付け）によれば、フランスの看護師数は 60 万 170 人、開業看護師数は 9 万 8,249 人であり、

153

第Ⅱ部　フランスの医療と介護

全看護師数の16.4%を占めます。ちなみに日本の訪問看護師数
(2012年) は3万3,649人であり、全看護職の2%にとどまります
(厚生労働省2014)。

　篠田は、開業看護師は、「地方公衆衛生局に届け出ると開業でき
る。専門看護師ではないが、医師の処方箋に基づいて療養ケアだけ
でなく、点滴や注射など医療行為も単独で実施できる」と述べます
(篠田2008)。

　開業看護師が提供するサービスは、注射や創処置などの医療行為
(AMI)、身体の清拭や褥瘡予防などの保健衛生的なケア行為 (AIS)、
ケアプランなどを策定する看護ケア過程 (DI, Démarche de soins
infirmiers) に区分され、医療保険の保険者である疾病金庫から各
行為の点数に応じて出来高払いで支払われます。費用の支払いは疾
病金庫から1件当たり定額で支払われます。開業看護師が行う看護
行為には、一つひとつに看護点数 (診療報酬に該当) が決められて
います。前述した、注射や創処置など医療行為を評価する「医療・
看護行為」(AMI) と、入浴や排泄ケアなど「看護・生活行為」
(AIS) の2種類に分かれており、それぞれ単価が定められています。

　「また開業看護師は訪問看護の交通費も請求することができ、そ
の金額は、訪問ごとに請求可能な固定の交通費 (IFD, Indemnité
forfaitaire de déplacement) と移動距離に応じて変動する交通費
(IK, Indemnité kilométrique) を合計することによって決定され
る」ことになります (キャンサースキャン2014：69)。

　開業看護師が行うすべてのサービスは、あくまで医師の処方にも
とづいて実施される必要があり、病院に勤務する看護師であれば独
自の判断で行うことができる療養上の世話などのケア行為 (AIS)
に関しても、医師の指示が必要とされます。

　開業看護師は自宅を事業所として開業し、医師の処方箋と並んで
プライマリーケアの担い手であり、医療サービスだけでなく、相談、
助言、教育指導、カウンセリング、他機関との調整など日本のケア
マネジャーに近い役割を担っています。

② 在宅訪問看護・介護事業所のサービス事業所による訪問看護

　1975年から始まった在宅看護サービスは、医師の処方にしたが

154

って、看護師や医療系介護士が、注射や創処置などの医療行為
（AMI）や身体の清拭や褥瘡予防などの保健衛生的なケア行為
（AIS）を提供します。

　「在宅看護サービス（SSIAD）は、高齢者を主な対象とした医療福
祉サービスの一つとして位置付けられており、財源は、要介護高齢者
滞在施設（EHPAD）と同様に、医療保険の疾病金庫より全国自律連
帯金庫（CNSA,Caisse nationale de solidarité pour l'autonomie）を
通して各州保健庁（ARS, Agence Régionale de Santé）に配分」さ
れます。「また在宅看護サービスの支払いは、各事業者の定員の規
模にもとづく人頭払い方式でしたが、2012 年より患者のニーズに
応じた 1 件当たりの包括払い方式に変更されました。なおサービス
提供事業者のほとんどは、非営利法人もしくは地方自治体ですが、
必要に応じて地域の開業看護師を雇用することが可能」です（キャ
ンサースキャン 2014：70）。

　在宅看護サービス事業所による訪問看護は、日本の訪問看護ステ
ーションに該当します。看護師が介護職（医療系介護士：
DEAS,Diplôme d'Etat d'aide soignante）がチームを組んで在宅看
護・介護サービスを提供しています。サービスは開業看護師と同様
に、「医療・看護行為」（AMI）と、入浴や排泄ケアなど「介護・
生活行為」（AIS）の 2 種類に分かれており、医療系介護士は看護
師の指示のもとで、「介護・生活行為」（AIS）を行っています（篠
田 2016 参照）。

　SSIAD の利用者は、APA を利用している高齢者が多く、「医療・
看護行為」（AMI）は少なく、「介護・生活行為」（AIS）がほとん
どです。また、看護師は人数も少ないうえ、コーディネート業務や
記録等に忙殺されるため、「医療・看護行為」（AMI）を開業看護
師に依頼しているのが現状です。

　このようにフランスでは、急性期の高度医療に特化した在宅看護
は在宅入院（HAD）が担い、状態が安定したら開業看護師と在宅
訪問看護・介護事業所（SSIAD）に引き継ぐという役割分担がで
きています。

155

第Ⅱ部　フランスの医療と介護

表 4-2　フランスの訪問看護サービス

	開業看護師による訪問	在宅看護サービス（SSIAD）	在宅入院制度（HAD）
財源	医療保険	医療保険	医療保険
実施主体	開業看護師	非営利法人、地方自治体	在宅入院機関／病院
支払方式	出来高払い	1件当たり包括払い	1日当たり定額性
サービス内容	ケア行為（AIS）医療行為（AMI）ケアプラン（DI）	ケア行為（AIS）医療行為（AMI）	多職種協働の治療やケア（がん患者の在宅化学療法、脳梗塞後在宅リハビリ等）

（資料）Chevreul k.et al.（2010）、松田（2006）、医療経済研究機構（2012）を参考に作成。
（出所）キャンサースキャン（2014：70）。

③ 在宅入院制度による訪問看護

　1970 年から導入された在宅入院制度（HAD）は、入院が必要な患者の自宅において、予め決められた期間（患者の状態により変更可能）で、継続的な治療を多職種が協働して提供するサービスであり、患者の入院を避けたり遅らせたりすること、または入院日数の短縮化を目的としています。在宅入院制度は、医療保険を財源として、非営利の在宅入院機関もしくは病院の在宅入院部門によって提供され、その支払い方式は、1 日当たりの定額制と定められています（表 4-2）。

　「在宅入院サービスで提供される医療には、化学療法、抗生物質投与、疼痛緩和、人工栄養法、ガーゼ交換各種、治療経過観察、術後経過観察、リスクを伴う妊娠産前観察、産後観察、患者および家族への教育、作業療法、理学療法、人工呼吸、家庭復帰訓練、輸血、終末期における看取りなどが含まれており、医師、看護師、理学療法士、作業療法士、栄養士、薬剤師、臨床心理士、ソーシャルワーカーなど多職種が関わる」といいます（キャンサースキャン2014：70）。

④ 訪問看護の教育制度

　看護師免許を取得するには、高校卒業後の看護学校で 3 年間の教育を受け国家試験に合格する必要がありますが、免許の更新はあり

ません。また開業看護師となるためには、病院における2年間の臨床経験が条件とされます。2012年より看護学校のディプロマは学士に相当すると認められるようになり、公的病院等に勤務する看護師の給与改善などが期待されています（キャンサースキャン2014：71参照）。

一方の介護職には、看護師の指導の下で保健衛生的なケア行為（AIS）を提供する医療系介護士（Aide soignant）と身体介護や家事援助を提供する福祉職の国家資格として社会生活介護士（Auxiliaire de Vie Sociale）があります。特に、医療系介護士には、在宅看護サービスや施設介護の中心的な担い手となっており、看護師との連携が重要視されています（キャンサースキャン2014：71。藤森宮子2010；労働政策研究・研修機構2014：115を参照）。

⑤ ホームヘルパーの家事援助など生活支援

松田は、ホームヘルパーには「1988年からは条例により、250時間の研修と120時間の実習を修了し、『在宅援助資格証明書』を取得することが義務付けられた」と述べます（松田2000）。しかし、「資格取得率は20％と低いのが現状」です（シルバー新報2003）。主なサービスは炊事、買物、掃除などの家事援助、話し相手、相談、見守りなどの生活支援が中心です。

ホームヘルパーの費用は低所得者については社会扶助から、一般高齢者については老齢保険金庫から拠出されます。サービス提供主体は、県が所轄する非営利団体や市町村福祉センターなどです。

第2節　開業看護師による訪問看護の実際

本節は、2016年10月11日午後のフランス・パリでのLasser, Christophe（ラセール，クリストフ）氏の説明から述べます（**写真4-1**）。

ラセール，クリストフ氏は、2000年から看護師免許を取って現在16年目です（2016年視察調査当時）。免許取得後、パリの大きな公立病院のICUに4年間勤務しました。「4年間のICUでの勤務では何ごとにも変えられないたくさんの経験をした」と彼は述べました。

第Ⅱ部　フランスの医療と介護

写真 4-1　開業看護師の Lasser, Christophe（ラセール，クリストフ）氏

その後、病院を退職し、船で大西洋往復の旅をしました。その1年間の人生の休息期間を終えて、フランスに戻って来た時、病院に戻ることはせず、自由開業することを決めました。

開業して12年目です（2016年調査時点）。彼のステーションは25年前から存在していて、3人体制で運営しており、他の2人は彼にとって先輩の女性です。彼は、「フランスの看護師とはどういう職種か」について説明しました。

看護師数と種類、自由開業の規制

2015年データによると、看護師数は63万8,248人です。そのうち、32万2,396人は公立病院勤務看護師です。そして6万9,438人が民間医療機関で働く看護師です。民間医療機関で働く看護師は、たとえば健康センター、企業の産業医室、学校や大学、母子健康保健センター、そして高齢者施設およびハンディキャップ（障害者）施設で働く看護師たちなどです。

フランスでは3年間の看護専門学校は大学と同等資格とみられています。看護師免許を取得したということは、一般看護師の免許を取ったことを言います。その後に、特定看護師の種類がいくつかあります。新生児看護師が1万9,074人、麻酔看護師が9,709人、そしてオペ室看護師7,225人、以前は精神科看護師が特別にありました（現在はない）。10万人が自由開業している開業看護師です。その内の84％が女性です。自由開業看護師には卒後24カ月間の病院勤務歴が必要です。

中央フランスは比較的人口当たり開業看護師数が少なく、南仏では人口当たり開業看護師数は多いです。看護師の開業は、以前はまったくの自由でしたが、現在はある程度の規制が加わりました。看護師が過剰にいるところに、新規に開業することは自由にできません。開業したい場所の事業所で一緒に働くかその人が活動をやめる

まで（退職するまで）、待たなくては新規に開業することはできません。あるいはその事業所を買い取って開業することもできます。一方、過疎地域での開業の場合は、3,000ユーロ／年間の補助金が3年間出ます。それに加えて社会保障拠出金の負担が軽減されます。

クリストフ氏の事例

パリ市内は世田谷区サイズと考えられます。クリストフ氏が活動しているのはあくまでもその中の丁目サイズの小さい単位です。開業しているステーションの周りのいくつかの地区で活動を行っています。それによって移動に無駄な時間が取られないように効率よく回ることができます。

クリストフ氏が1日どのような活動をしているか、典型的な例をあげてみます。

朝7時から13時まで訪問します。どんな年齢の患者であっても構いません。新生児から百歳の高齢者までの患者が対象です。リストからしなければならない行為を見て、順番に患者宅を回っていきます。車が必要な距離ではないので、徒歩か、自転車、スクーターで回ります。

13時から14時に一度事業所に戻り、必要な仕事をこなすのですが、その時に来院した患者に処置を行います。次々来院してくる患者を処置した後、昼時間を利用してカルテの記入やプランニング、支払い事務、留守電に入っているメッセージへの対処などの事務処理をします。

14時半から午後の訪問が始まり、17時半に終えます。日によっては、15時半から18時半か19時まで、午前の訪問から戻ってきてやらなければならない事務処理をしたり電話のメッセージの対処をしたり、退院する患者の処置を行います。

そして19時から夜の訪問が始まります。普通に仕事を終えて家に帰ってきた患者は、夜にしか訪問し治療できないからです。19時から始めて終わるのは0時です。朝の7時から0時まで休み無く仕事をしています。訪問自体は22時半から23時頃に終わります。23時に事業所に戻ってきたら、今日やったことを明日の人への申し送りをして終わるので0時まで休み無く働くということです。

159

第Ⅱ部　フランスの医療と介護

写真 4-2　端末機

　さらにパリのアパートメントはすごく古い建物が多いので、必ずエレベーターがあるわけではありません。エレベーターがなくて 5～6 階に住んでいる患者もいるので、そういったところも自力で昇り降りします。特にすごく忙しい日でなくても、1 日の労働時間は 14 時間です。以前は 1 日平均扱い患者数は 55 人でしたが、現在は 77 人となっており、最高で 94 人の患者をみた日もあるそうです。さすがにその日はへとへとに疲れてしまったと言います。1 日平均患者数 77 人の内、来院患者数は 15～20 名で、残りが訪問の患者です。

　事業所は猫の額の狭さです。ここで注射や包帯交換や色々な処置もします。事務手続きも色々なメッセージの取り扱いもします。処置ベッドが置いてあり、抜糸や注射や点滴などの処置を行います。そしてやはり狭い待合室があるだけです。

ビタルカード

　端末機にビタルカードを入れ、プロフェッショナルカードを同時に差し込みます（**写真 4-2**）。同時に差し込むことによって、患者のデータが見られ、アクセスしたのはクリストフ氏だとわかります。

　ビタルカードに患者の保険情報を入力し、それから医師からのプレスクリプション（prescription：指示書）を入力します。指示書に、「1 日 3 回、あるいは週に 3 回を 2 週間、または 2 カ月間行う」と書いてあったら、それをコンピュータに入力します。入力すると、やらなければいけない曜日がでてきます。それをもとにプランニングを立て、「何日の何時にこういうことをやらなければいけない」とコンピュータの画面にオンタイムに出てきて、そのプランニングをプリントアウトします。プリントアウトした紙を見ると、患者の名前、住所、訪問しなければならない曜日と時間が書かれています。電話番号とコード番号が入っていて訪問が始まります。やらなけれ

ばいけない処置内容も書いてあります（写真4-3）。

プリントアウトしたプランニングをポケットに入れて、徒歩やバイクや自転車で回ります。できるだけ住所の近いところを、同じ時間帯に訪問するためのプランニングです。同じマンションならA棟、B棟など棟ごとに、何々棟の何階となったらやっぱりそれも優先して、地理的条件で選んで効率よく回ります。

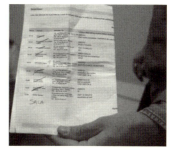

写真4-3　ビタルカードから出てきた患者情報

在宅維持の看護行為

やはり採血検査をすることが多いです。臨床ラボと一緒に仕事しており、臨床ラボに行けない患者の血液を訪問看護師が在宅で採って来ます。皮下注射、筋肉注射、そして静脈注射、すべて訪問看護師がやっています。インシュリン治療も訪問看護師の仕事です。自分で血糖値コントロールができない患者、高齢者の方は、血糖値を計ってインシュリンを打って、あるいは食事の教育をしたりするのもすべて訪問看護師の患者教育を含めた処置の一部です。

アルツハイマーなどの認知症の人やパーキンソン病の人などの患者への投薬も看護行為の一つです。これらの人たちの在宅維持は世の中全体のキーワードになっているので、できるだけ長く在宅維持ができるように、訪問看護師が投薬管理をしています。政治的にも国民の声としても、高齢者を施設に入れると高くつくといわれています。しかもパリ市内は本当に高額で施設数も多くないので、できるだけ在宅維持が求められています。

導尿留置の管理もしています。中心静脈カテーテルから栄養を入れることが多く、この行為だけで食べていけるくらい開業看護師にとっては多いそうです。クリストフ氏達の事業所では色々なケアをするようにしています。中心静脈カテーテル管理ばかりだけだと単純で、ただひたすらカテーテルを付けて栄養を送って管理しての繰り返しです。しかし欲のない、バリバリやっていこうという気の無い人は、これだけで十分食べていけるくらいに需要があるので、こ

写真 4-4　ケモテラピーをやっているところ

ればかりやっている開業看護師もいるそうです。

　患者のほとんどはケモテラピーを受けていて、食欲がない患者です。食欲がないし食べられないので、栄養がとれなくなってどんどんやせ細っていきます。そこで、夜の8時に訪問して治療することが多いです。セットして、夜寝ている間に栄養を入れて、朝の訪問の時に取ります。

　写真4-4はクリストフ氏が、バクスターのインフュージョンを使って抗生物質治療をしているところです。ケアの場合も抗生物質治療の場合も、在宅で行うときはこのような典型的なディスポの着衣を着て行います。

　術後管理や褥瘡管理も多いです。使う薬は抗生物質、抗菌剤など色々ですが、患者によって合うものが違うので、医師が書く処方箋よりも毎日見て触っている看護師の方がよくわかるそうです。クリストフ氏は、潰瘍化した足の写真を見せてくれました。初めは患部が全部黄色だったそうですが、その黄色の部分を少しずつメスで削って落としていき、きれいに処置をして薬をつけて6カ月で完治したそうです。

　病院の平均在院日数がどんどん短くなってきて、患者は早期に退院させられてしまいます。手術が終わると超急性期病床か療養型病床に入院しますが、超急性期の治療が終わったらさっさと出されてしまいます。退院の時に、ドレーンが付いたままで中から分泌液がでている状態で退院してきます。それをきれいにするのも在宅での大きな役割となります。

　クリストフ氏は、乳がんの手術後の患部の写真も見せてくれました。乳がんが見つかった時にはもう手遅れで、リンパまで転移していました。手術をしたが患部がどんどん大きくなっていって、ついに患部が開いてしまったケースですが、クリストフ氏たちは最期の看取りまでしました。この時のガーゼ交換は本当に複雑で時間がか

かったといいます。

人工肛門の患者のケースでも、その管理などはよくあるケースです。小腸や直腸のガンの患者が人工肛門をしている、その管理です。

ナーシングも行っています。ナーシングはそんなに多い項目ではなく、看護師がすることはあまりないのですが、医療的処置にはかなりのテクニックが必要で管理が難しいので、比較的簡単なナーシングばかりやっている年配の訪問看護師もいるそうです。クリストフ氏達もやりますが、割合としてかなり少ないといいます。患者がバスタブの中でシャワーを安全に浴びられるように、住宅改修して必要なマテリアルをリースしてきて設置してあげるところまでやります。

診療報酬、連携、看取り

2017年5月27日の診療報酬改定から現状のままです（調査当時）。皮下注射、筋肉注射、両方とも8.50ユーロ（1,020円）です。術後の簡単なガーゼ交換、まだ縫い目が青々しい、これは15ユーロ10セント（1801.2円）、そして潰瘍化した、あるいはがんで患部が割れた際の複雑なガーゼ交換が20ユーロ10セント（2401.2円）、そして最も単純な、だいたい1時間以内で終わるものが30ユーロ（3,600円）、点滴でもかなり複雑なもの、たとえば中心静脈カテーテルを使ったり、人工栄養を入れたりするのは50〜60ユーロ（6,000〜7,200円）です。

保険診療で保険を使うときにビタルカードとプロフェッショナルカードを入れて、これをデータで送っています。そのときに保険情報だけでなく医師の指示書がないと保険適用ができません。すべて保険と認めるためには、必ず医師の指示書が必要です。その指示書も伝送できるようになりました。以前は紙でコピーをとって送る手間がかかりましたが、現在ではスキャナーしてすぐに送れるようになりました。

2007年4月15日に法改正があり、色々なディスポ、衛生材料、ゾンデ、そういったものは看護師が保険購入することが可能になりました。そしてこの仕事はチームワークが良くないと続けていくことはできません。継続的な治療を行うことが一番大切なので、「こ

第Ⅱ部　フランスの医療と介護

の日はできるけれどもこの日はできない」というわけにはいきません。そこで、常に色々な人たちとの連携が大切になります。

　連携の相手として、たとえば入院していた病院、在宅入院のHAD、かかりつけ医、地域の薬局、その地域で開業しているリハビリ士、そういう人たちと常にチームになって、お互いにコミュニケーションをよくして働いています。

　日本のように一人の患者にかかわる医師、セラピスト、看護師が、在宅でカンファレンスする機会はあるのでしょうか。カンファレンスといっても、物理的に一緒にいるのか、メールやラインだけの場合もあります。クリストフ氏によると少し複雑なときは電話をしたりメールをしたりするけれども、みんなで集まって同じ時間を拘束し合ことはないそうです。本当に医師を呼ばなければどうしようもないときしか、医師は呼ばないと言いました。

　こういうことを続けているうちに世の中が変わってきて、今まで扱っていた患者の中でも、だんだんターミナルケアが多くなってきました。クリストフ氏達は（筆者らの訪問時の）先々週に看取りをしました。看取りをした患者は、自分が生まれた家で亡くなりました。その患者も家族も自宅での死を望んでいて、「ここで死にたい」と言って、90歳で亡くなったそうです。それは、クリストフ氏達がいなかったら不可能で、どこかの施設に入れなければならかなったわけです。クリストフ氏達3人が順番に訪問することで、看取りをすることができたケースでした。

看護師を70歳までやりたい

　フランスの訪問看護ステーションの最高年齢は何歳かわかりません。「看護師を70歳まではやりたい」。やはり現在人口寿命も健康寿命も長くなっているので、仕事も長くなった方がよいというのが、クリストフ氏の考えです。「歳を取ったら朝もゆっくり、夕方も早めにひかせていただくかもしれない。朝の7時から夜の10時まではやらないと思うけれども、できるだけ長く続けたいと思う」と述べました。

　グループ開業して25年が経ちます。先輩たちと3人で一緒に12年やってきましたが、クリストフ氏の1カ月の手取りは約7,000ユ

164

一ロだそうです。1カ月 7,000 ユーロの月給は、15 日で手取り 84 万円です。ただし、クリストフ氏達の事業所はかなり流行っている 方だといいます。

第3節　活動と課題

クリストフ氏達は、お金のためだけに働いているわけではないと 言います。新患の連絡が入って、実際に訪問してブザーを鳴らして 部屋に入っていく瞬間が、「いったい僕に何が求められるのか、楽 しみ」で、すごく興奮するそうです。クリストフ氏の言葉を補足し ながら、フランスの訪問看護の活動と課題についてまとめます。

終末期医療

在宅ターミナルケアでは、カルテの書き方や毎日のバイタルチェ ックなどについて決まりはありません。フランスではこれらは「自 由」で、バイタルを書かなければならないなどの細かいことは法で 決まっているわけではありません。どちらかというと、医師との話 し合いで「絶対にこれだけは書こう」という合意が形成されます。 たとえば糖尿病の人なら血糖値といったことです。こういう具合な ので、看護師によって、レベルがかなり違う可能性があります。細 かくやる熱心な人と、手を抜く人との違いが出ます。仕事のやり方 にすごく格差がでてきます。

終末期の患者が、「これ以上はしてくれるな」という時に、リビ ングウエルや終末期宣言の習慣はありません。何といっても医師の 決定が一番大切であって、そういう考えの患者のケースでは医師に 話してもらいます。医師と話し合ってもらい、合意形成され治療を やめるとなった時に治療を止めることになります。訪問看護師は、 その話し合いに関わることはあるかもしれませんが、決定はあくま で患者と医師、あるいは患者家族と医師の間でやることなので、訪 問看護師はその場にはあまり関与しません。そこでもし治療を停止 することが決まったのであれば、訪問看護師はその通りに停止しま す。

民間の会社で、死亡診断書ばかりを書く専門の医師が来る場合が

第Ⅱ部　フランスの医療と介護

ありますが、通常は患者のかかりつけ医が来て、死亡診断書を書きます。それではじめて役所上の手続きができます。それから死亡した体を引き取りにくる会社を呼ぶこともできます。それなしには手続きをいっさい行うことができません。

　以上の調査結果を法的に補足すると次のようになります。

　終末期医療について、フランスは2005年に「患者の権利と生の終焉に関する2005年4月22日の法律」（いわゆるレオネッティ法）が成立し、「公衆衛生法典等を改正する形で、治療が認められない終末期の患者及びその後見人が治療の中止を求めた場合、医師はその結果を十分説明する義務があり、その上で患者がそれを望むのであれば、一定期間の後、治療を中止できること、そしてその経緯についてはカルテに記載すること、尊厳死を求められた医師がその判断に迷うときには他の医師団の意見を聞くこと、などといった手続き」が示されています（府川哲夫・磯部文雄 2017：61）。ここで重要なことは、規定されているのは「人工的な延命治療」の中止であり、積極的な安楽死・自殺幇助ではないことです[1]。

　日本においても、このいわゆるレオネッティ法の主要点である①常軌を逸した執拗な治療等の禁止、②患者による治療の拒否は、医師により尊重される、③意思を表明できなくなった時のための事前指示書（advance directives：アドバンス・ディレクティブ）の作成等は、今後検討していくべき重要な課題と考えられます。

グループ診療

　日本では「働き方改革」[2] が流行りですが、フランスではどうでしょうか。クリストフ氏は1日14時間くらい働いていると言っていましたが、週何時間働いているのでしょうか。クリストフ氏が言うには、「14時間働く日を私はノンストップで8日間やります」と言いました。そして、「14時間を8日間続けて、合計で1カ月15日間やれば十分です。1カ月間を毎日14時間働いているわけではなくて、14時間を15日間やれば、だいたい計算として十分な報酬を得られるので、同僚の人たちと話し合って、15日は僕がやるから15日はあなたたちがやってね」と言って、15日間はひたすら毎日やるそうです。「ただ5日間、月・火・水・木・金を14時間やる

166

第 4 章　フランスの訪問看護

と、土日は家のゴミ出しもできない。何もやりません。人間ですから」とも言いました。

　「何でそんな働きかたをするのか。1 日、少しずつやったほうが効率的」と日本人は考えます。しかし、フランス人はそう考えないようです。「1 カ月の間 1 日に 4〜5 時間毎日働くのであれば、15 日の間だけ 1 日に 14〜15 時間働いた方がいい」とクリストフ氏は言います。もちろん「1 日に 4〜5 時間を毎日働く」人もいますが、そんなことは本人の自由です。クリストフ氏のスタイルがあるというだけのことです。ただ絶対に 1 年間 365 日 24 時間対応しなければいけない応対義務があります。その義務だけは法制上決まっていることですので、クリスマスの日も正月の日も事業所は開いています。それをやらなければいけないということを計算した上で、クリストフ氏は、「現在の働き方が一番自分に合っている」と言いました。しかし、「20 年後くらいに会ったら、きっと違うことを言っているでしょうね」とも言いました。

　これは、開業看護師の 3 人がチームだからできることです。1 人で開業していたら絶対できません。もちろん 1 人でやることも法律違反ではないので、実際やっている人もいます。ただし 365 日 24 時間の応対義務は無理なので、1 人で独立開業する看護師は何をするかというと、自分が休みの日には、クリストフ氏達に患者を預けるそうです。「そういう預けるところがあれば、1 人で独立開業しても全然かまわない。一方大きいところだと 8 人や 9 人の体制でやっているところもある。しかし平均的な人数でいえば 2〜3 人ではないか」とクリストフ氏は言いました。

ナーシング

　高度な処置は診療報酬が高い（50〜60 ユーロ）が、ナーシング行為を 1 回やっても 17 ユーロ（2,040 円）にしかなりません。ナーシングは体を洗ったり拭いたり、おむつを代えたりする、特に医療技術行為がないものです。だいたい 20 分くらいでやります。日本人的発想だと「入浴もそうか」と思うかもしれませんが、フランス人には入浴という習慣はなく、シャワーだけです。

　訪問介護が身辺ケアをやって、看護師はあまりしないのが日本の

167

第Ⅱ部　フランスの医療と介護

訪問看護です。その介護の人が身辺ケアをやるのとどう違うのか。看護師ではない看護助手やヘルパーがやると、だいたい15〜20ユーロ（1,800〜2,400円）だそうです。それ自体は看護師とたいして変わりませんが、大きく違うところは、保険が使えるか使えないかです。看護師は医師からの指示書があってナーシングを行うので、患者が17ユーロ払っても医療保険から返ってくるわけです。看護免許をもっていない人たちは、同じことをやったとしても、体を拭いてもおむつを代えても、それは保険医療行為ではないので、完全に患者の自己負担となります。そこが違うところです。

開業希望者は多いのか

　開業希望者は多いか少ないか。人気があるかどうか。「開業自由看護師は人気の職業ではある。誰もが知っていることで、この職業に就けば食いっぱぐれることは絶対ない。患者は必然的に病院から早く退院させられてきて、どんどん在院日数も短くされてくると、生傷が見え見えの外科手術をした人たちがたくさん在宅に来るわけである。しかも在宅維持を長くせず、施設に入ろうとしたら多くの出費を覚悟しなければならないから、なるべくみんなが長く在宅にいようとする。要するに、需要はたくさんあるわけである。だから、早く金儲けしようと思ったら、すごくいい仕事である。そういったモチベーションだけで来ると、かならずみんないつか壁にぶつかってしまう。金のモチベーションだけだとやはり続かない。人気かどうか、やりたいかどうかといったら、答えはイエスである。しかし、それが本当に長く5年10年と続くかというと、続かない」とクリストフ氏は言いました。

　中心静脈カテーテルで人工栄養を入れることばかりやっている看護師がいると前述しました。栄養バッグをもって、それだけで1日の活動が終わっているのはなぜかというと、単価が高いからです。単価が高い、そして簡単です。その人に「簡単な注射だけど打って」といわれたら「ちょっと自分でやって」とクリストフ氏は断るそうです。なぜなら皮下注射は8ユーロ（960円）です。患者自身、自分でできる人もいるができない人もいます。自分でやるのは全然構いません。

168

第4章　フランスの訪問看護

「長く続ける秘訣は何か。何が続けさせるのか」。「やっぱり好き
だから、それにつきると思う。やっていて楽しい」とクリストフ氏
は言います。クリストフ氏は大変な熱意をもって仕事をしています。
「もう注射器をもって死にます。あまりにも働いているから」と笑
います。患者さんが「ちょっとクリストフさん休んだら」と心配す
ると言います。「しかしそれで死ねたら本望だ」と、クリストフ氏
は述べました。

　人助けということもあります。1日に50〜60人の患者を看ていて、
多い日は70〜80人を看ています。そうすると、さすがにみんな良
い人ばかりではなく、確かに難しい人もいます。でも普通はだいた
いすごくハッピーに終わるそうです。そうでないときもあるけれど
も、それを忘れるだけいい人が多い。それもまた彼の人徳だと思わ
れます。誕生日を覚えていてくれて、家族みたいだそうです。「今
日はお誕生日ね」と言って、ささやかなパーティを用意してくれて、
あるいは「はい、プレゼント」と言って、長く訪問している患者と
完全に家族になってしまうそうです。「そういうことはなかなかな
いので、それが嬉しい」とも言いました。

地域区分と訪問に要する時間評価

　地域区分があるといっていたので、人口で区分しているのかと考
えました。しかし、まったく法規制はなく、義務でもなく、自然発
生的なものだそうです。訪問で移動するのに一番効率のいい動き方、
「たとえば皮下注射を打つために、車を運転して向こうまでいって、
駐車場を探して車を止めて、それでまた帰ってきたくない」と言い
ます。歩く範囲でやるとしたら自然とあの地域・区域になるので、
別に政策的に人口何人のところに何人の看護師といった、そういう
ことではないそうです。

　自由開業はできないといっていたことと矛盾する気がしましたが、
開業は何々県とか自治体に新しく入る時の話です。新規に開業する
ときに、何々県に開業したいとします。でもその県に十分な看護師
数がいたら入れないということです。それも看護師数だけで、地域
割りはしていません。もとの人口で、地域割りもでてくると思われ
るのですが、「そこまでは決めてない」と言います。

169

第Ⅱ部　フランスの医療と介護

　訪問に要する時間に関する評価はないのかというと、法律はあるけれども、守っている看護師は一人もいないとのことでした。この処置には何分、この処置には何分と法をリスペクトしていたら、とてもではないが数は扱えないし、プランニングも立たない。たくさん患者を断らなければならなくなるので、法律はあるが守っていないということです。

　新生児から百歳までの多様な疾患の人たちをケアします。やはりトレーニングしないと難しいと普通は考えます。そのへんは、開業看護師たちはどのような研修をしたり、アップデートをしたりしているかを聞いてみると、これも義務があり、生涯教育を受けなければいけないというプログラムがあるそうです。しかし、行ったときに腹をかかえて笑ってしまうくらい初歩のレベルの低い教育だったそうです。だから、「行くよりも現場でやっていることの方が多いので、守っておりません」と、クリストフ氏は言いました。

開業看護師数の地域間格差

　クリストフ氏の説明では、「中央フランスは比較的人口当たり開業看護師数は少なく、南仏では人口当たり開業看護師数は多い」と述べていました。このことをより正確に述べると次のようになります。

　「人口10万人当たりの開業看護師数が地域別に（色で）表されており、色が最も濃い南東部では、人口10万人当たり228〜385人の開業看護師がいる一方、色が最も薄い中部やその周辺地域では、人口10万人当たり71〜98人の開業看護師がいることが示されている。したがって、人口10万人当たりの開業看護師数は、地域によって2倍以上の差があることがわかる。なお、このような地域間格差はより小さな行政単位である県（department）別にみると、より顕著に現れることがわかっている」（キャンサースキャン 2014：74。図は省略）。

　南仏に開業看護師が多いのは太陽が多いから、それだけの理由です。南仏にはコートダジュールがあるから。より働けるからです。

170

第4章　フランスの訪問看護

看護行為の範囲

　日本の看護師は、化学療法のミキシングをやれません。医師の仕事だからです。フランスの場合には、開業看護師のやれる医療行為が幅広く、日本なら医師しかやれない医療行為にまでどんどん行為が広がってきたのかと思っていました。しかしそれは違っていました。フランスでは看護師がもとからやっていた仕事なので、質問にもならないという感じでした。以前は医師がやっていた行為ということではありませんでした。

　フランスではデクレで看護師がやれる行為が決まっています。日本では看護師と医師のやれる医療行為の2つの輪がミックスしたグレーゾーンがあって、それはやってもやらなくても、指示があればやるとかやらないとか、明らかに医師の行為は看護師はやりません。切り分けをしています。フランスは医師の指示がなくてもできる行為がデクレでかなり広く決まっているということです。

　患者が病院から早期退院してくるから、今までやってなかった処置もあるはずです。たとえば、「2007年から衛生材料は処方してもいいとなった」というように。たとえば中心静脈カテーテルの話で、中心静脈カテを作るのは当然医師であって、病院でやってきます。病院で中心静脈カテを作ってきて、今度はそこに針をいれて注入していく。それは看護行為です。そして針を抜くのも看護行為です。それがもしもできないのであれば、患者をとりません。法律上は中心静脈カテを作るのは当然医師だけれども、そのあとの管理や中にいれるものは全部看護行為です。そのように、できる医療行為の幅が元々から確かに広いのです。

　2007年の法改正でも薬の処方権についてはありませんでした。必要な衛生材料を自分たちで使えるということです。医師が薬に関しては処方を書きます。「褥瘡にはこちらの薬の方が効くのになあ、この患者さんには」と思うことはあるけれども、その処方箋はやはり医師が書くことなので、クリストフ氏が医師に電話して「あまりこれが効かないけれども、こちらの方はどうなのでしょう」という聞き方はできるけれども、勝手に医師が書いた処方箋でないものと違うものを使うことはできません。

171

第Ⅱ部　フランスの医療と介護

急変時の対応

　実際に治療行為になるわけですが、たとえば高血糖時の処置については、インスリンを打ち血糖値を確認する。アレルギーを起こした患者が非常にショック状態とか具合が悪くなったり、そういうことは全部当然考えてやらないといけませんが、それに対する不安や困ったときはどうするのでしょうか。医師の書いた処方箋通りに処置して、そのときにアレルギーショック反応や何か急変があったとき、特に、インスリンを打つ時には血糖値を測っているはずなので、食事の状態とか、やはり看護師が判断しなければいけないときがあります。同じようにやるべきか減らすべきか、その時の判断をどのようにしているのか。

　まったくパニックになることはないそうです。想定内のことで、そんなことはよくあることだと言います。12年もやっていると、そういうときにはまず、その処方を出したかかりつけ医に連絡をいれます。同時に、救命救急車（サミュー）に連絡をいれます。「今かかりつけ医と連絡をとっているところだけれども、診察中で連絡がとれない」。とれたらとれたでいいけれども、ともかく医師に指示をだしてもらうと言います。

　そんなことはよくあることで、ドアを開けたら真っ青な顔をしていた人がパタッと倒れたこともあるそうです。パニックになる間もなく自動的に体が動いて電話で救命救急車を呼んでいました。

　では診察に行く時、救命道具はある程度もっていくのかというと、とても身軽です。動脈血採血キットはいつも持っていきます。血圧計、手袋、ヘパリン、アルコール、イソジン、注射器、注射針です。患者が3～4人の日もあるので、そういう3～4人の日と決めている日の鞄をクリストフ氏は見せてくれました。1日十何時間もやるときにはもっと大きな鞄だそうで、色々入っているそうです。ただ、普通は患者に必要なものは全部処方箋に書いて家においてあるので、救命道具はもって行きません。

　医師の指示にもとづいてやることで、むしろ症状にあった最善の処置は何か、医師への報告や相談は何カ月に1回報告するとか、義務があるのでしょうか。義務化されているとか規則化されているとかはないけれども、写メールを送ったりメッセージを送ったりはす

172

るそうです。自由開業した先輩看護師が教えてくれました。「あな
たの仕事は90％観察（オブザベーション）です。とにかくみなさい。
変化があったらそれをみてとるのがあなたの仕事よ」と言われて育
てられたので、何か変化があったらクリストフ氏は医師に報告をし
ます。規則はないけれども、医師から電話がかかってきたら答える
し、クリストフ氏から医師に電話をかけることもあるし、患者が医
師にかけることもあります。

　パリなど歩ける範囲はいいと思うけれども、田舎のほうはやっぱ
り医師はいません。そういったところではちゃんとキロメートル法
というのがあります。行って帰って来ると、皮下注射だけの報酬で
はなくて、移動費に十分手当てがでます。それは大事なことで、日
本は全国一律です。一律だったらパリでやるしかない。そういうこ
とになってしまいます。

オブザベーション

　在院日数を減らして、手術が終わったら何日間かで退院するよう
になります。患者を早く退院させると、十分な受け皿があればいい
けれども、それがないから在宅でとなります。在宅になったらやっ
ぱり開業看護師の数が圧倒的に必要です。必要だけれども、この間
の会計監査員（会計検査院）の白書によると、「開業看護師がけし
からん。もうけすぎだ」とマスコミを扇動して発表しました。マス
コミを通じて開業看護師が荒稼ぎをしているかのようなイメージを
国民に植え付けて、悪いイメージをつけているとクリストフ氏は言
いました。

　看護学校の学生数を増やすことはできるけれども、開業するかし
ないかは本人の自由なので、そこのところを増やすという政策はあ
りません。看護師数を増やすという政策は学生数を増やすことだか
ら、それはできます。卒業と同時に新卒の看護師が開業するのかと
いうとそうではなく、24カ月の期間が必要です。しかし24カ月が
過ぎたらすぐに開業するかというと、それも経験不足です。患者は
そういう人には当たりたくないでしょう。

　日本でもがんの患者が多くて、在宅でのペインコントロールがす
ごく増えていて、キャドというポンプに麻薬を詰めて自分で押す、

173

疼痛管理をしています。そういうのも最近は増えてきているのか聞いてみると、パッチが多いという答えでした。

日本の看護師はリハビリテーションの役割があり、乳がんの患者のリンパマッサージをしたり、呼吸器疾患の人の呼吸器リハビリのスクイージングをやったりする技術研修があります。日本では看護師がリハビリをしていますが、フランスでは訪問看護師でなければ、どういう職種の人がしているかを聞くと、それは全部開業リハビリ士がやっているとの答えでした。たとえばそういうのもクリストフ氏が毎日見ている患者であればオブザベーション中で、「ああこの人リハつけたほうがいいなと思ったら、その患者のかかりつけ医に自分で連絡をしなさいと言うか、自分が電話してそろそろリハを」と言います。

「吸入つけたほうがいいじゃないですかとか、リハつけたほうがいいじゃないですか」とか、でもそういうのは保険医療にするためには全部医師が指示書を書かなければいけないわけです。医師というのは自分で動けばそれはわかるけれども、自分で動かない医師のために患者が苦しんだら可哀そうです。だから観察をした上で、クリストフ氏が連絡を入れるわけです。自分には一銭も入らない。たとえば褥瘡予防のために栄養状態が良ければいいが、エアーマットを入れるためには保険適用させるために、医師が指示書を書かなければいけない。「エアーマットにかえてあげたらいかがでしょうか」というのもクリストフ氏がよくやることだそうです。

第4節　訪問看護振興協会／高齢者対象在宅看護・介護ケアを行なうNPO組織、開業ナースオフィス（ADSSID）

パリ郊外の訪問看護振興協会在宅訪問看護・介護事業所

フランスには、2種類の在宅看護組織があります。1つは地方自治体や地方病院によって設立され運営されており（31％）、他の1つは民間によるものです（69％）。私たちが2005年11月に視察したのは、パリ郊外の訪問看護振興協会の在宅訪問看護・介護事業所です。この組織はNPOで、看護師たちが1983年に創設しました。この地域の障害者から患者、高齢者までの在宅ケアの実際について

第 4 章 フランスの訪問看護

マーチン・テルニシエンさん、ガブリエル・ローベルサックさん（Director）（写真 4-5）から説明を受け、また私たち視察団の中から 3 名が訪問看護師と同伴訪問させてもらいました。

人員体制と看護内容

この事業所では、老年科の医師に理事会メンバーになってもらっているほかに事務スタッフ

写真 4-5　マーチン・テルニシエンさん（左）とガブリエル・ローベルサックさん（Director）

（女性）2 名、コーディネーター看護師 1 名、看護師 7 名、看護助手 38 名など看護・介護職約 50 名のスタッフが働き、201 名（基準上の患者数）を 1 日にケアする事業を行っていました。利用者のうち 195 名が高齢者で、在宅と医療ケアのない老人ホームに訪問看護・介護サービスを提供していました。

勤務シフトは、朝 8 時から 12 時に事務所に来てミーティングを行ってから訪問に出かけ、昼は自宅に帰りランチタイムをとります。そして 14 時から 17 時で午後の部が終わりますが、場合によってはさらに 19 時半まで働く人もいます。看護助手一人あたり、午前では 5〜6 人の患者を訪問して顔拭きや身体清拭などを行い、午後はオムツの患者さんをみますが、15 時から 16 時はミーティングの時間として事務所に集まります。週末は 8 時から 20 時まで当直の看護師が必ず事務所に常駐して看護助手への指示を出します。

主な看護・介護内容は、7 名の看護師は管理者でその他の訪問看護師はごくまれに皮下注射などもしますが、清拭やオムツ替えなど日常生活のナーシングが中心です。HAD は医療ニーズの高い患者が対象でしたが、この SAD では医療ニーズが低い患者・利用者が対象になっていました。

開設以降の経過を聞いたところ、1983 年スタート時は 1 日 80 人の患者でしたが、2005 年には 1 日 201 人となり、そして 2006 年には、医療保険からあと 100 人診てくれといわれていて 1 日 301 人を計画しているそうです。スタッフのレギュレーションは利用者 1 人

175

第Ⅱ部　フランスの医療と介護

当たり 0.46 人（2：1）必要とのことでした。

厳しい経営

　総枠予算制度のもとでの人頭制（日額 32 ユーロ／1 人）で、195名の高齢者と重度障害者 6 名の予算を医療保険金庫からもらっています。その他はケアに応じた出来高（医療保険）が収入となりますが、この事業所では NPO 会員から年会費 52 ユーロをもらいます。他に市からは、クリスマスパーティーや遠足などの特別予算目的の補助などがあるのみです。この事業所では収入のほとんどが人件費で消えてしまい経営は苦しいそうです。

　介護手当てはその人の収入によって給付されますが、在宅看護サービスは医療保険金庫の全額負担で実施されているため収入が無い人にも現物給付しなければならないので、政府はなるべく介護保険の方にもっていきたい考えをもっているようです。これは、医療費支払い能力のない場合には医療扶助が医療費を負担し、医療扶助は医療保険ではなく県が管轄するからです。しかし、ローベルサックさんは「国の医療経済政策がこれまでより財政が縮小方向に変わったけれども、現場の患者ニーズは何もかわっていない」と言います。

看護師、看護助手とヘルパー、付き添いの違い

　看護師の独立開業に関して、フランスの看護師、看護助手とヘルパー、付き添いの違いについて述べておきます。看護師は 37.5 ヵ月の専門教育を受けた者で身体に触れることを許されており、看護助手（アシスタント）は、身体介護はできますが医療行為は行なえません。ヘルパーは身体に接触することができない介護師で、家事援助のみと業務基準が明確でした。付き添いは無資格です。そして、看護助手以下の職種は独立できません。

　フランスの診療報酬は出来高払い制なので医療行為を積み上げ、働けば働くほど収入になる仕組みです。自由開業看護師のなかには、「1 日 50 人診るわ」という実力ある看護師もいるそうです。しかし逆にそれくらい診ないとやれない程報酬が低いといった指摘もあります。自由開業看護師の中には背中を痛めてやめる人や老人施設に移っていく人もいるようです。

176

第4章　フランスの訪問看護

利用者宅への在宅訪問の様子

　私たち視察団の中の3人（看護師）は、1人が2～3人の利用者を同伴で在宅訪問しました。訪問した3人は、かなり重症の人でも昼間は車椅子に座っている姿を見て、こんな人でもベッドで横になっていないのかと驚いたことや、どの家庭にも絵画が飾られ、家の内外に溢れんばかりの花や植物が鉢やプランターに植えて置かれており、犬や猫、小鳥まで飼って、動ける限り世話をしている光景は、日本の在宅生活との違いを目の当たりにしたと話していました。

　ケアについては、1人あたりの処置がとてもスピーディで、看護師とヘルパーとの連携がとられており、看護と介護はやはり同じ事業所でやるべきと思ったこと、また、袋状のタオルに石鹸をつけて両面を使って拭きとるだけの清拭のサービスは効率的だったといった看護・介護の違いについての感想も寄せていました。

　私自身は、同伴訪問した3人の話を聞いて、利用者の生活のクオリティの高さに感心させられると同時に、日本では狭い住宅で畳の上での生活、シャワーだけではなく入浴もし、食事はパンより日本食を好むといった生活スタイルですから介助には手間ひまがかかるので、フランスのような看護・介護では利用者は満足しないだろうという感想をもちました。

日本への示唆

　以上、2005年の視察内容を紹介しましたが、フランスの24時間在宅ケアシステムを支える訪問看護の活動が日本に示唆する点をまとめておきたいと思います。

　第一に、どの先進諸国においても高齢化および医療技術の高度化にともなって増大し続ける医療費をいかにして抑制するかということが重要な政策課題となっているなかで、在宅入院というハイテクホームケアを担い支える看護師の役割には重大なものがあります。入院日数の短縮化と連動した患者の退院計画は、フランスでは強力な医療計画によって病院入院機能に替わる在宅24時間高度医療に対応する訪問看護体制を地域で築いてきました。そのために、法律や制度上での看護師の裁量権の範囲を拡大し明確化してきた経過があります。しかし、日本では在宅医療はやっと緒についたばかりで

177

第Ⅱ部　フランスの医療と介護

これからが本番といった状況です（2005年当時）。2006年度診療報酬改定では、在宅療養支援診療所が新設され、在宅におけるターミナルケア及び看取りは評価されて加算は大幅に上がりました。訪問看護の評価も重症度、処置の難易度の高い患者についての評価は引きあがりました。また、自宅以外の多様な居住の場におけるターミナルケア推進の観点から、訪問診療及び訪問看護の算定用件も緩和されました。在宅医療・ケアに関して高点数が配分されたことで、在宅へのシフトもいっきに進む可能性がでてきたとの見方がある一方で、現場に近い関係者からは未だ不十分との指摘もあります。24時間在宅ケアが進めば進むほど現場での看護師の裁量権を拡大し明確化する必要があると思われました。

　第二に、私は、日本で24時間在宅ケアを進めるためには、点から面への事業所の量の拡大と、ハイテクな急性期医療サービスを提供しうる看護師数と質の向上が同時に必要になってくることを今回の視察から学びました。わが国の看護師数は人口対比でみても先進諸国の中でも多くはありません（日本は1,000人当たり7.8人、OECD加盟30カ国平均は8.0人：OECD Health Data 2005）。実際に地域で在宅看護を行うには、看護師数が少ない状況といわざるを得ません。また、看護教育においても在宅ケアの専門教育を行う必要があります。結婚、出産、子育てなどで一時現場から遠ざかった看護師でも、再教育の機会さえあれば地域で活躍できる可能性も出てくるでしょう。労働政策的にもこうした看護師に地域でこそ活躍する機会を与える必要があるように思われます。

　第三は、財政上の問題です。フランスでは、医療保険適用の在宅入院は、病院入院の3分の1から2分の1の医療費で済むといっていました。日本で、医療費抑制という財政上の都合だけで24時間在宅ケアが進むとしたら、フランスの看護・介護事業所が厳しい経営状況下で看護師らの努力に支えられながら運営されていたことを考えると将来はやや不安になります。日本でも在宅看護・介護事業所の数と提供するサービスの質を確保するためにも、事業所の健全経営と質向上を図るための財源を担保することは重要に思われました。

第4章　フランスの訪問看護

注

1) フランスでは 1999 年に「緩和ケアを受ける権利に関する法律（Loi №. 99-47）」が成立し、「その状態が緩和ケアと付き添いを必要とするすべての患者は、それらにアクセスする権利を有する」とされました。2002 年には、「患者の諸権利および保健衛生制度の質に関する法律」（kouchner 法）が成立し、患者が治療の拒絶あるいは中断を決定しうる権利などが定められました（府川・磯部 2017：71）。

2) 首相官邸「働き方改革実現会議」（http://www.kantei.go.jp/jp/singi/hatarakikata/）. 森岡孝二（2017）は、この改革では過労死はなくならいと主張します。

文献

Chevreul K, Durand-Zaleski I, Bahrami S, Hernandez-Quevedo C and Mladovsky P., *France: Health system review. Health System in Transition*, 12（6）：1-291, 2010.

医療経済研究機構『フランス医療関連データ集　2011 年版』2012 年。

株式会社キャンサースキャン「第7章　フランスの訪問看護制度」『諸外国における訪問看護制度についての調査研究事業 報告書』平成 25 年度厚生労働省老人保健事業推進費等補助金老人保健事業健康増進等事業、2014 年 3 月、pp.68-79。

厚生労働省「第1回看護職需給見通しに関する検討会資料『看護職員の現状と推移』」2014 年 12 月 1 日付け資料、p.3。

小西洋平「訳者解題　現代フランスの共済組合と補足的医療保険制度」ミシェル・ドレフェス／深澤敦・小西洋平訳『フランスの共済組合　今や接近可能な歴史』晃洋書房、2017 年、pp.151-171。

篠田道子「特集：地域包括ケアシステムをめぐる国際動向　フランスにおける医療・介護ケアシステムの動向」『海外社会保障研究』№. 162、国立社会保障・人口問題研究所、Spring 2008 年、pp.29-42。

篠田道子「特集：医師・看護師の養成と役割分担に関する国際比較　フランスにおける医師と看護師の役割分担――看護師の『固有の役割』を中心に――」『海外社会保障研究』№. 174、国立社会保障・人口問題研究所、Spring 2011 年、pp.30-41。

篠田道子「特集：超少子高齢社会における医療・介護のあり方　医療・介護ニーズの質的変化と地域包括ケアへの取り組み――フランスの事例から――」『社会保障研究』Vol.1、№. 3、国立社会保障・人口問題研究所、2016 年、pp.539-51。

働き方改革実現会議「働き方改革実行計画」2017 年 3 月 28 日。

府川哲夫・磯部文雄編『保健医療福祉行政論』ミネルヴァ書房、2017 年。

藤森宮子「日仏比較の視点から見る―フランスの介護職と人材育成政策」『京都女子大学現代研究』第 13 号、京都女子大学現代社会学部、2010 年、

第Ⅱ部　フランスの医療と介護

　　pp.73～88（http://ponto.cs.kyoto-wu.ac.jp/bulletin/13/fujimori.pdf）.
「フランスの高齢者ケア事情」『シルバー新報』2003 年 8 月 8 日号。
松田晋哉「フランスの要介護高齢者対策（下）」『社会保険旬報』No. 2080、社会
　　保険研究所、2000 年、p.12。
松田晋哉「フランスにおける医療と介護の機能分担と連携」『海外社会保障研
　　究』No. 156、2006 年、pp.45-58。
森岡孝二「この『改革』で過労死はなくならない」『世界』2017 年 11 月号、岩
　　波書店、pp.153-61。
労働政策研究・研修機構『JILPT 資料シリーズ　欧州諸外国における介護分野
　　に従事する外国人労働者──ドイツ、イタリア、スウェーデン、イギリス、
　　フランス 5 カ国調査──』No. 139、2014 年 5 月。

180

第5章 フランスの地域包括ケア
―― パリ西地区の MAIA, CLIC, RéseauX の活動 ――

本章は、2016年10月13日午後に訪問した、パリ市内のマイア（MAIA）について報告します。訪問した MAIA は、私たちが宿泊していたホテル・カタローニュ・パリ・ガール・モンパルナス（Hotel Catalogne Paris Gare Montparnasse）からバスで10分程のところにありました（24, Boulevard de Grenelle 75015 PARIS）。

MAIA の事務所は、鉄橋の目の前のビルの中にありました（写真5-1、写真5-2）。看板がなければ、見落としてしまいそうです（写真5-3）。パリ西地区の健康ネットワーク（RéseauX de Santé Paris Ouest）の活動、クリック（CLIC）の活動、そしてマイア（MAIA）の活動について、お聞きしました（以下、ネットワーク、クリック、マイアと呼ぶ）。マイアの代表の Matthieu JOLY（マチュー・ジョリー）さん、クリックの代表の Sylvie Dhalleine（シルビー・ダリエーヌ）さん、そしてネットワークの女性医師が私たちのために来てくれました。

写真5-1　MAIA のビルの前の鉄橋

写真5-2　MAIA, CLIC, RéseauX の入っている建物

第Ⅱ部　フランスの医療と介護

写真5-3　CLIC,MAIA, RéseauX de Santé Paris Ouest の看板

写真5-4　説明するネットワークの老年科の医師

第1節　パリ西地域の健康ネットワーク（RéseauX de Santé Paris Ouest）

パリを6つの区域に分ける

　ネットワークから説明に来てくれた女性は老年学（gerontology）の医師でした（写真5-4）。ネットワークには、悪性腫瘍、ターミナルケア、老年科の3つのネットワークが作られていて、そこの老年科の医師です。

　彼女たちはパリ20区のうち南西部の16区・15区・7区を管轄しています。パリ全体の人口は224万9,975人で、担当の人口は46万1,769人になります。各区の人口は、16区が23万6,490人、15区が16万7,384人、7区が5万7,895人です。

　マイアもクリックもネットワークも、同じ地区を管轄しています。図5-1をみるとわかりますが、パリ市内の管轄区域を6つに分けています。フランス語で方角は、sud（南）、nord（北）、ouest（西）、est（東）といいます。図で説明すると、北西、西、北東、中央、東、南の6つです。さらに、管轄区域は1区から20区まで、それぞれ分かれています（表5-1）。

3つのネットワーク

　ネットワークには、高齢者専門のネットワーク、ターミナルケアのネットワーク、悪性腫瘍ネットワークの3つのネットワークがあります。高齢者専門ネットワークの対象は75歳以上の人になりま

第5章 フランスの地域包括ケア

表5-1 管轄区域

管轄	区
Paris Émeraude Ouest（西）	7、15、16
Paris Émeraude Nord-Ouest（北西）	8、17、18
Paris Émeraude Nord-Est（北東）	9、10、19
Paris Émeraude Est（東）	11、12、20
Paris Émeraude Sud（南）	13、14
Paris Émeraude Centre（中央）	1、2、3、4、5、6

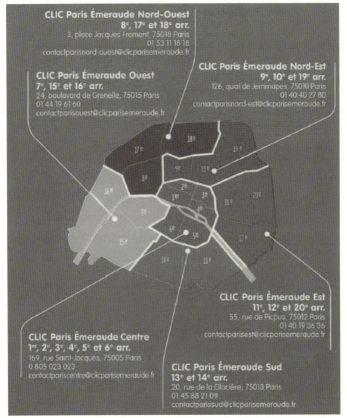

図5-1 6CLIC PARIS ÉMERAUD（6クリック・パリ・エムロード）

183

第Ⅱ部　フランスの医療と介護

す。ターミナルケアネットワークはターミナルのステージを自宅で
迎えたい人が対象です。悪性腫瘍ネットワークは現在がん治療中ま
たは治療と治療の間で休止の人が対象です。

　高齢者専門ネットワークには、2人の老年科専門医と1人の看護
師がフルタイムでいます。この人たちは、全員がコーディネーター
です。ターミナルケアはフルタイム換算で1.6人の医師と1人の看
護師と1人のハーフタイムの臨床心理士がいます。そして悪性腫瘍
ネットワークには調整担当看護師が1人だけですが、この調整担当
看護師がターミナルケアの人たちに助けを頼んでも構いません。そ
して、アドミニスターチーフには1人のディレクターと1人の秘書
がいます。ファイナンスはARS（地方健康庁）から予算を受けて
います。

　現在、ARSからでている予算がカバーする給与は看護師だけで
す。医師の給与は、ARSからはでません。どうしてかというと、
医師というのは、ネットワークを利用している人たちには在宅です
が、みんな主治医を別にもっています。主治医は、大抵が病院の先
生です。だから病院に支払っているという観点の基に、ネットワー
クの医師の給与はでていません。

患者の状態をアセスメント

　ネットワークは患者の自宅に、医師と看護師の2人のペアで行き
ます。患者と主治医からの同意を得た上で、自宅訪問をしています。
ネットワークの医師は処方箋を書きません。処方箋を書くのは患者
の主治医だからです。

　患者宅に行って状態をアセスメントします。栄養状態、認知度、
精神状態、身体状態、それから身体状態では自分がどれだけ動ける
か、どれだけできるか、そういったことも診断して、ネットワーク
でケアプランを立てます。とくに在宅医師になっていくうえで身体
状態の医学的なものも診ますが、よく診なければならないのは認知
度が進むとか、自分が誰だかわからない状態がどんどん進んでいな
いか、そして治療を拒否しないかです。そういう状態に陥りやすい
のでフォローしていきます。問題行動もフォローします。アセスメ
ントはメディカルなこと、心理的なこと精神的なこと、社会的なこ

184

ともみます。

　患者宅に行って冷蔵庫を開けて何が入っているかをみます。どういうものを食べているか、期限切れのものばかり入っていないかもみます。それから転倒リスクがないかをみます。バスルームに行ってシャワーを浴びられるかをみて、「改装が必要だ」など、そういうことを見ます。これは医師ではなく看護師がします。

　ネットワークの医師が患者宅に行ったときに書くレポートがありサマリーをします。患者の主治医なり自宅近くのかかりつけ医に、そのレポートを書きます。そしてグッドプラクティスに基づいて、「こうしたらいいですよ」と、ネットワークの医師が書いて、担当医の先生に宛てた手紙として、それを使います。

223人の高齢者と213人のターミナルケアのネットワーク

　2015年の数字をみていきましょう。「200人の高齢者のネットワークと150人のターミナルケアのネットワークをみるようにと、ARSから目標値を与えられていましたので、それだけの数字は扱いなさいということを条件に、ARSから予算をもらった」ということです。

　そのようにバジェット（予算）をもらって、「これは少なくとも最低目標値です」と言われました。そういった目標値は大抵緩い目標を設定しています。だから、実際には223人の高齢者、213人のターミナルケアのケースを扱いました。さらに「150のパートナー契約（contract）をしなさい」と言われましたが、それに関しては172件のパートナー契約をしました。

　ほとんどは医師で、37人がその他の医療職の人たちです。「契約して一緒に仕事をしていきましょう」となりました。では、どうやって彼女たちが患者の自宅に行こうと決めるのか、初めの一歩は誰かから「行ってきてください、見てきてください」と連絡が入るからいけます。そうでなければ介入できません。介入の始まり方は、高齢者の場合は366人から高齢者ネットワークに連絡が入ったそうです。ターミナルケアには301人から連絡が入りました。全部が全部訪問を必要としなかったそうです。電話だけの相談で解決してしまったケースもあるので、先述した取り扱ったケースになるそうで

第Ⅱ部　フランスの医療と介護

す。

連絡はどこから来るのか

　連絡は39％が病院から来ます。「うちにこういう患者さんがいる
けれども、今退院が決まりました。HAD（在宅入院制度）が入る
までもなく、何もないところにポンと戻すけれどもいかがですか」
といった感じです。13％は地域のかかりつけ医から連絡が来ます。
「うちの担当の患者さんが独居で高齢者で」と、そういう感じです。
12％が専門医からです。そして12％がその周囲の人からです。12
％の中には患者自身から来ることがあり得るし、後見人も含まれま
す。家族ももちろん含まれています。12％がその他の医療職、コ・
メディカルの看護師やリハビリからです。残りの12％がクリック
やマイアからの連絡です。

　老年科専門のネットワークの患者をみるとき、実に81％が何ら
かの認知症状をもっている人でした。そして認知症状の人の内、精
査してみたら81％は認知症状でしたが、8％は精神科症状でした。
残りの11％はその他の症状でした。一方、ターミナルケアの人は
呼吸系、循環器系が4.5％、神経系の病気が3％、そして精神科
及び問題行動が1％、そして複合症状が7％、色々な合併症状を持
っている人でした。そして84.5％が悪性腫瘍でした。

かかりつけ医と病院医師など669人にコンタクト

　ネットワークは、かかりつけ医に残すために、415のメディカル
レポートを書きました。81のアラート（alert：警報）が、クリッ
クとマイアからきました。街で開業している臨床心理士にお願いし
たケースが44件、なぜなら今まで臨床心理士がここにはプロパー
でいなかったからです。コンタクトした医師は街のかかりつけ医と
病院の医師など669人でした。その内ジェネラリストは250人です。
669人の医師とコンタクトして165人の開業コ・メディカルに連絡
をしています。その内の17人が後見人です。

　現在のところ、サービス付き高齢者向け住宅は外付けですから行
きますが、高齢者専門施設にはネットワークのメンバーは行きませ
ん。患者が住んでいる家だけに行っています。ここはHAD（在宅

186

入院制度）とは違います。しかし、ターミナルケアの場合は高齢者施設に行きます。しかし老年科医師は行きません。

2014年の3月からネットワークはマイアとクリックと同じビルにいます。コンピュータや電話なども共有していますので、リソースがシェアできています。一緒にミーティングも行います。3つの組織はそれぞれ違うので、組織が同居している感じです。やはりお互いに対象患者が時々重なるので、一緒にやれることは強みです。「サロー」というフォーマットがあって、そのフォーマットを持って介入が必要だということになったら、連絡が入ってネットワークも自宅に訪問します。

カオスからシンプルが目的

カオス状態になっていたフランスの社会保障を、マイアを作って1つにして、シンプルにするのが目的でした。しかし実際は、マイアがあって、クリックがあって、ネットワークがあってとなってしまっています。みんなが同じような患者さん、同じようなことをやっているという感じで、「これを1つにしなさい」と言われているそうです。「1つにしなさい」と言われているから、何となく気まずい雰囲気があるわけです。「お互いに誰が対象者に言う」といったそんな感じです。結局マイアとクリックとネットワークが1つになって、そうしたら大所帯すぎて、スタッフが25人になってしまうそうです。25人で3区をカバーするというのは、あまりにも大所帯過ぎるので、どうやっていこうかと、議論になっているそうです。

電話番号が違うということがあるので、1つの電話番号にしようという話がもちあがっています。カバーする地域と人口、対象がほとんど同じなのに患者にとって3つの電話番号があるのはわかりにくいので、シンプルに窓口を1つにしたらいいのではないかと考えています。

第2節　クリック（CLIC）

クリックのSylvie Dhalleine（シルビー・ダリエーヌ）さんから、

第Ⅱ部　フランスの医療と介護

写真5-5　CLICのSylvie Dhalleine（シルビー・ダリエーヌ）さん

説明を受けました（写真5-5）。

クリックは社会医療施設の位置付け

　クリックのSylvie Dhalleine（シルビー・ダリエーヌ）さんから、説明を受けました。CLICとは「Center, センター」、「Local, ローカル」、「Information, インフォメーション」、「Coordination, コーディネーション」のことです。ネットワークは75歳以上でしたが、クリックは60歳以上の高齢者を対象としていて多職種連携です。ファイナンスは県です。社会医療施設と位置付けられています。

　対象は60歳以上の患者さん及び、患者を介護している人、平日朝9時から17時まで、月から金まで開いていて、その患者本人と家族と周囲の人、実際に介護をしている人を対象にして、色々なインフォメーションや情報を与えています。

管轄区域の4人に1人が60歳以上高齢者

　クリックの管轄区域はネットワークと同じテリトリーです（写真5-6）。したがって同じ人口です。人口が多いというのに、スタッフ25人が大所帯ということに納得がいかなかったと思いますので、少し詳しく見てみます。

　その人口の中で、60歳から74歳の高齢者の数は、男性2万8,830人と女性3万8,723人で、6万7,553人が合計です。全人口に占める各区の平均は15％前後に当たります。ネットワークは75歳以上でしたので、それでみると、男性が1万6,358人、女性が2万9,211人ですので、全人口に占める割合でみると、10％前後になります。やっぱり高齢化が進んだ地域であることは否めないと思います（表

188

5-2)。

60歳から74歳未満の高齢者数は6万7,553人です。75歳以上高齢者は4万5,569人となります。この数を全人口で割り戻すと、それぞれ順に14.49%、9.78%です。高齢者のみのトータルでみると、60歳以上は11万3,122人（6万7,553人 + 4万5,569人）で、24.26%です。管轄区域の4人に1人が60歳以上高齢者です。

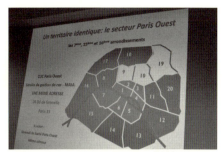

写真 5-6　CLIC のテリトリー（管轄区）

クリックのミッション

クリックの活動は患者に情報を与えることです。そして、「こういうふうにするといいですよ」「あなたはこうですよ」「こういう機関がありますよ」と教えることです。そしてそれを、より簡単にしてあげることです。例えば、「ああそれだったら、年金の受給要件をすでに満たしているので、手続きはここに行って、こういう手続きをするといいですよ」と、具体的な書類の書き方などを教えることです。それによって、その人たちは「年金が受け取れるんだ」「APA（高齢者自助手当て）が受け取れるんだ」とクリックでわかるわけです。

ミッション1が「患者本人に与えるインフォメーション」だとしたら、ミッション2は、「その周りの本当に介護をしている人に情

表 5-2　管轄区域の高齢者人口

(人・%)

	60歳以上74歳未満			全人口に対する割合	75歳以上			全人口に対する割合	全人口
	男性	女性	人口計		男性	女性	人口計		
7区	3,989	5,412	9,401	16.27	2,278	3,694	5,972	10.33	57,786
15区	13,224	18,229	31,453	13.19	6,842	13,171	20,013	8.39	238,395
16区	11,617	15,082	26,699	15.71	7,238	12,346	19,584	11.52	169,942
合計	28,830	38,723	67,553	14.49	16,358	29,211	45,569	9.78	466,123

(資料) Selon les données de l'Insee, 2009.

第Ⅱ部　フランスの医療と介護

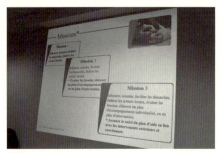

写真5-7　クリックのミッション

報を与える」ことです。「この人は年金が受け取れますから、こういったことをやってください」。そういったインフォメーションを与えます。1番目が情報を本人に与える、2番目がその周りの介護をしている人に与える、3番目のミッションは、どうやってインフォメーションが来るのか後述しますが、独居の高齢者で、動けない人の家まで実際に行って手続きをやってあげます。

　ステップ1、2、3、全部合わせて年間3,000人（件）を取り扱います。電話でやりとりしたり、メールでやりとりしたり、あるいは常駐しているので、クリックに来られる人は来ます。それか自宅まで行く、そういう形でインフォメーションをやっていきます（写真5-7）。

アセスメント

　クリックのほうに、まず連絡が入ります。連絡が入ったら、その人の状態がどうなっているか、年金の受給資格はあるのか、そういう人ではないのか、社会的に阻害された人なのか、色々見回してその人にあったインフォメーションを与えます。そしてオリエンテーションするわけです。その後に、ネットワークが動きます。あるいはその人のニーズをアセスメントしに行きます。

　社会的な側面のアセスメントを1時間でします。まずその人が社会的に周りの近所の友達や家族に囲まれた人なのか、あるいは本当に一人きりの独居なのか、その状態でそのまま在宅維持が可能なのか。可能だとしてもその住宅状況がどうなのか、階段がどうなのか、廊下はどうなのか、手すりがいるのか、そういったことを見ます。

　そして次に、ファイナンス的に年金はどれだけ入って来るのか、アパを受ける資格がどれだけあるのかを見ます。それから自立度です。そういった色々なことを整備したら本当に自立して生きていけ

190

るのか、生活していけるのかを見ます。

　心理的側面、精神的側面のアセスメントをします。その人のヒストリーを見て、たとえば認知症的なトラブルがある人なのか、一日中徘徊している人なのか、あるいは精神的に愛情不足で寂しいのか、一人でまったく寂しいのか、そういうトラブルがないかをみます。

　次に、家族とそのまわりの人たちとの人間関係のクオリティをみます。本当に一人きりなのか、あるいは色々な人がいるのか。

　次に入ってくるのが看護師であり、介護士であり、援助者であり、そういった人たちのリレーション（relation：関係。つながり）はうまくいっているのか、よくそこに問題がある場合があります。それでもうサービスを受けたくないという感じになって、問題行動を起こしたりすることがあるので、そこのところをみていきます。人とちゃんとうまくいっているのか、というのを見ます。

　運動療法アセスメントは、その人の身体機能がどれだけ残っているかを診に行きます。そしてその人がどういった身体機能がどれくらいまだ動けるのかをみます。それからまわりをみて、手すりをここにつけたらいいとか、風呂をまたげないからさげたほうがいいとか、そういう住宅改修をみます。「それにしてもこれは一人ではむりだな」となったら、「こういう人が必要だな」「ああいう人が来て、背中を拭いてあげる人が週3回きてくれたらいいなあ」とか、そういうことを見ます。

　それからその人自身の生活習慣、全然風呂に入らない人を無理やり風呂にいれることはしません。そういった生活習慣を見ます。そういうことを運動療法アセスメントと言います。もちろん目的は在宅での生活をより長く維持することです。そういった自立を援助します。

在宅での生活維持をより長くする：73歳のケース

　73歳のケースをスタディとしてみていきす。近所の人から、「この頃このおばあちゃん問題行動多い」という警告があったそうです。自宅はほとんどゴミ屋敷状態でした。健康状態も色々問題があり衛生状態も悪く、近所の人から連絡があったので、クリックが自宅まで行きました。自宅に行って彼女自身と話をしたら、「もう歩けな

191

第Ⅱ部　フランスの医療と介護

いの。あそこが痛いの」と言っているけれども、言っていることは
まったく理屈が通っていたそうです。ですから「認知症の問題はな
い」ということはわかりました。でも衛生状態も悪いし、採ってい
る食事の状態も非常に悪くて、しかも本当に一人、独居だけでなく
本当に一人だったそうです。「もう誰のヘルプもいりません。どなた
の介入もいりませんから、とにかく人を送ったり、余計なことは
したりしないでください」と refuse（リフュージュ、拒絶）したそ
うです。

　誰も住宅介入してほしくないので、汚いままで、食事状態も悪い
ままで、何もしないで放っておきました。それで、クリックが勧め
たのは、食事のケータリングサービスと、1週間に2時間の、本当
にミニマムのヘルパーをいれただけでした。掃除するなり何かする
からいいのではないかと「やってください」と言ったそうです。1
週間ネゴシエートして、彼女は何とか承諾しましたが、1週間目に
して「もうお食事来ないでください。ケータリングいりません」と
言ったそうです。それから「掃除の人も食事もいらない」と言った
そうです。次の週に2回ボランティアに来てくれるようクリックが
手配したけれども、彼女はそれを1回だけアクセプトして、あとは
ドアを開けずに、拒否しました。

　そのうちどんどんひどくなっていって、近所の人たちから、「も
う少し介入したら」と連絡が入るようになったので、もうこれはネ
ットワークにいくべきだと思って、高齢者ネットワークの方に連絡
をしました。ネットワークに連絡が行って、ネットワークからも自
宅に行ったそうです。自宅に行ったけれども、確かに、言っている
ことはまともで認知症ではなかったけれども、その人には精神疾患
症状がありました。「ああこれは精神のケースだな」ということで、
今度は精神のケースに行くようにオリエンテーションしました。彼
女はそういうものは一切拒否をしますので、そうやって拒否をして
いってどんどん身体状態も悪くなって激しくなっていく中、そこの
住居に大きな水漏れがあったそうです。それでクリックに連絡があ
り、何とかしようと思ってSTMHという住宅改修しました。水が
漏れたし汚いので、これはこうするべきだと、住宅をきれいにする
ことを提言して、「ここにいたら危ないですよ」といった具合の汚

192

第5章　フランスの地域包括ケア

さだったそうです。それで彼女は措置（プロテクション）になった
ケースだそうです。

フランスでは裁判所が介入する

　日本だったら、「措置でどこかに入った」と考えますが、彼女は
在宅にいるとのことでした。「措置で独居」。「措置で独居とはどう
いう意味でしょうか」。措置の対象になったのですが、いる場所は
今も自宅です。だから強制入院にはなっていません。このケースは、
困難事例として紹介したものです。「こういう困難事例があって、
こうやってうまくやったよ」という事例ではありません。「困難事
例で、私たちはこうやってやっています」という紹介です。私たち
には、この事例は、「解決にならなかったということを言いたいの
か。それともこういうふうに解決したということを言いたいのか」、
よくわかりませんでした。

　ここまでになってしまったので、措置になってしまったけれども、
まったく家族すらいなかった人だそうです。身の回りに誰も血縁者
がいないケースです。血縁者が誰もいないので、措置をするにもそ
の責任者になる人もいなかったから、公的な所、裁判所を通して裁
判官に任命してもらいました。そして、そこが住宅に介入します。
そうすると、これから住宅に介入する時には、その人がサインすれ
ば介入できるわけです。住宅に介入して、住宅をきれいにして、少
なくともそこにいても危なくはないくらいになりました。

　たいへんな水漏れだったと想像できます。だからSTMHという
住宅改修が入って、家をきれいにして、今では薬も飲むようになり
ました。表面上からかもしれませんが、治療の拒否もしなくなりま
した。

　こういうケースは日本でもあると思います。そうするとまずメデ
ィカルなレポートを書きます。メディカルなレポートを書く医師は、
ネットワークの医師ではなくて、裁判官から任命された専門任命官
のリストから裁判所に選ばれた医師が書きます。

ムジュール・プロテクションという法的保護

　その医師が書いた困難事例ケースを証拠として提出したところ、

193

第Ⅱ部　フランスの医療と介護

裁判官がそれを見て、彼女が「本人の意思がきちんと表明ができるのだったら」と、彼女は呼ばれて、出廷しました。話を聞いて、「じゃあ、あなたはこれから今後は、保護観察になりますよ」と言われます。「保護観察になるよと言われて、わかったかどうかは知りませんが、その役目になるNPOの組織があるそうです。日本では裁判所は介入しませんし、そういうNPOの組織はありません。その組織がこれからは、その人のお金のことや権利のことなど、これからはみんなそこの組織がサインをします。そのサインを持って、クリックも色々介入が出来るようになるわけです。

　通訳の奥田さんによると、ヨーロッパの他の国にも同じような組織があるそうです。日本には成年後見人しかありませんので、裁判所は介入しません。保護観察は成年後見がすることとは違います。日本での保護観察とは、精神科の病院がします。フランスでは、医師が裁判官から任命されますが、日本では医師は成年後見人ではありません。奥田さんによると、フランス語だと「ムジュール・プロテクション」といって、そういうものだそうです。

　このムジュール・プロテクションという法的保護は、それが介入するというのは本当に、デリケートなケースです。そう簡単にやれることではありません。ただ彼女の場合は、すべてを拒否していて、このままでは在宅維持が無理でしたので、「こういう高齢者施設がありますから、療養型のベッドとか、そういうところを紹介したのですが、いっさいそういうところは行きたくない。自分の家にいたい」と言ったので、自宅にいさせたのですが、そしたら今度は大洪水になったわけです。下の階まで水漏れでびちゃびちゃになった。認知症ではなく精神科だったので、裁判所が介入しました。

　後見人に任命されたその組織が、サインをしたおかげでその水道の水漏れの工事も入ったし、近所の人たちもそれで助かったし、もしもこの介入がなかったらこのアパートの工事代は誰が払うのといったくらいずっと水漏れが続いていた。さらに彼女は幸か不幸かお金をちょっと持っている人だったそうです。お金を持っている人だったからややこしかった。お金を持っていない人だったら、措置入院のケースだったそうです。措置入院のケースだったのですが「在宅が絶対いい」といってお金もあったので、「それではということ

194

で、みんなで動いて、そこで在宅ができる環境にして、今も健在で在宅でいます」。そうして、今度はマイアの担当になります。

第3節　マイア（MAIA）

MAIA Paris Ouest の Pilote（パイロット）の、Matthieu JOLY（マチュー・ジョリー）さんから説明を受けました（写真5-8）。

マイアはシンプル化し在宅維持を継続させる

　自立できなくなった高齢者を、よりシンプル化するのがマイアです。色々存在するサービスの間をうまくスムーズにします。マイアの名のもとに、この地域にある病院や独立開業医や、あるいは施設など、そういった人たちに3カ月に1回集まってもらい、みんなでミーティングを持ちます。ミーティングは県レベルでもあります。県レベルでは、ファイナンス、お金をだすところもそのメンバーに加わって、一緒に話し合います。

　そこに集まってもらうパートナーは、パリ西地区にある全部の人たちに集まってもらって、ひとつの同じ用紙のフォーマットで書いていきます。この地域にはどういう資源があるのか、クリックがあって、デイサービスがあって、病院があって、HADがあって、シアッド（SSIAD：訪問看護・介護事業所）があって、ネットワークがあって、色々な医療コ・メディカル、メディカルスタッフにも集まってもらい、それから保険者もいます。みんな集まった上で名簿を作ります。「この地域にはこういう人たちがいます」という名簿です（写真5-9）。

　高齢者に関与するサービスの一覧です。施設、病院、独立開業の看護師の電話番号でもいいです。そういう高齢者に関与する人たちを、とにかく一度全部洗いざらい出し切って名簿を作

写真5-8　MAIA Paris Ouest の Pilote（パイロット）の Matthieu JOLY（マチュー・ジョリー）さん

195

第Ⅱ部　フランスの医療と介護

写真5-9　管内のMAIA

ります。

　クリックとネットワークが介入した複雑困難事例があったとします。その困難事例はマイアが受け取るわけです。マイアが受け取って、その人がどうやったら在宅維持が可能になるか、フォローの仕方を決めていくわけです。

Gesrtion de Cas

　ジェッシェン・ド・カ（Gesrtion de Cas）はケースマネージャーです。どういう人かというと、今までに医療分野や社会分野で職務経験があり、有資格者が望ましいです。しかも高齢者の在宅ケアの職業上の経験がある人です。学歴としては、大学でケースマネージャーの単位とユニットがありますので、それをとった人が望ましいです。学歴、資格、職歴の3つでケースマネージャーになれるかなれないかが決まります。

　社会福祉学系ではなく、医学部にその単位ユニットはあります。どんな教育かというと、4週間の理論と2週間の現場での研修です。「ケースマネージャーとは何か」という理論があって1週間で学びます。根拠法があって、根拠法の中に何ができて何ができないか、法律で書く国がフランスです。多職種連携とはどういうことかをさらに1週間で学び、3週間目が関係者、高齢者の関与する組織、関与する保険者や支払者、県の窓口にはどういったところがあるか、そういう関係組織学が3週間目、そして4週間目がケーススタディです。「こういうケースにはこうやる、ああやる」というのを4週間目にやります。この4週間が理論です。

　2週間の実務研修はどこでやるかというと、マイアです。西地区のマイアにもよく研修生が来るそうです。中には認知症学の問題行動学のカリキュラムもあるそうです。それに関しては、老年科の専門の教授が授業をします。話を聞いていると、やっぱり多職種連携とか包括ケアという言葉がぴったりな気がします。色々な人たちが

第5章　フランスの地域包括ケア

在宅維持を可能にするために、高齢者ひとりを中心として介入しますので、そういった人たちと一番いい形でどうやって長く在宅生活を続けられるかを見ていきます。

マイアが取り扱うケース

　1人のケースマネージャーが抱えられるケースは最大で40ケースです。2009年のスタート時には主にアルツハイマーと重度の認知症の人を対象としていました。しかし、2011年から60歳以上のすべての人を対象にすると変わりました。60歳以上で次の3つのクライテリア（criteria：判定基準）があります。まず、医学的な問題があること、次に、何か機能上で問題があること、さらに自分で決定をすることに何らかの問題があることです。この3つのクライテリアをクリアしないと、60歳以上でも対象外です。

　さらに現在、何かエイド（aid, 援助）があるとします。何かすでに介入があるけれども、実際その介入がうまく機能していないことが、クライテリアの2番目です。困難事例とはそういうことで、何かうまくいかないからマイアに来たということです。そしてもう1つ独居であること。本当に一人きりということ、周りに頼る人がいないことが、クライテリアの3番目です。

　2015年11月現在の実績をみると、1年間で扱ったケース中困難事例は87件です。現在扱っているケースで一番若い人が62歳、一番高齢の人で95歳、平均年齢は82.5歳です。

　地区でみると、本当に超高級住宅街といわれる富裕層が住んでいるところには、マイアが介入するケースは統計的にみても明らかに少ないです。一方、貧困とまではいかないけれども、普通のところになると、介入頻度が対人口比でみると高くなります。

マイアの介入効果

　西地区のマイアの連携状況を見ると、または患者が利用しているかというと、46.98％の人がクリックを利用しています。54％がネットワークを利用していた人、36.78％がアパ（APA）の受給者、かかりつけ医は86.21％、かかり付け医を持っている人は86.21％です。

197

第Ⅱ部　フランスの医療と介護

87.36％のケースが独居です。73.56％が拒否。2015年の時点で「来ないでください」とリヒューズ（refus）した人が73.56％、年末になるとその率が40.23％になっているので、この違いが説得できた人たちです。85.06％が認知症の問題がある人です。内、42.53％は問題行動がある人です。

マイアの初期に、かかりつけ医をもっている率が77％でした。マイアが介入したことで86.21％まで上がりました。この差が説得してかかりつけ医をつくらせたケースです。そして、それが12月31日の年末の時点です。かかりつけ医のところに行って、あるいはかかりつけ医の先生も気にして、往診をするように積極的にかかわりをもつようになったケースは47％で、ほかの人たちはかかりつけ医はできたけど、本当の関わり合いはあまりないケースです。母数は87人です。

第4節　ディスカッション

認知症国家戦略

日本では認知症の対策として、オレンジプランがあります。認知症サポーターとなって地域住民を啓発します。サポーター講座を、地域包括支援センターがやっていたりします。フランスの認知症プランはどうでしょうか。そういった一般国民に啓蒙する機会があるのでしょうか。フランスは2009年に認知症国家戦略をつくりました。しかし、国家として（ネーションとして）、全国民を対象としたキャンペーンはありません。確かにアルツハイマー協会やクリックやマイアなど、こういうところが主となって研修の日をつくります。けれども、対象者は一般国民ではありません。ちょっと関係している人たちが自由に参加するということです。一般に公開して、何か全国的なプランをたててやっている教育というプログラムはありません。誤解がないようにいうと、日本のオレンジプランも教育ではありません。フランスの場合も認知症の国家戦略だということが、正しいです。

198

第5章 フランスの地域包括ケア

それぞれの役割分担

　神経変性疾患というプランもあります。疾患別にプランはあります。しかし、地域包括支援センターに、国や県からこういうことしなさいということはあるのでしょうか。マイアはどちらかというと、プロフェッショナルな人たちを対象とした解決に力を入れているので、むしろそれみたいなことをするのはクリックだと思います。クリックとは、インフォメーションを与える、ローカル・インフォメーション・コーディネーション・センターです。そういうところに研修の日というのはありえる話です。

　もう一度、それぞれの役割の話です。クリックは一般の方が、きちんとそれをヘルプする人からの相談を受けて情報を提供します。それからどうしてゆくかという際に、それぞれ専門家がいるネットワークがあります。それでも困難だったら、あるいはそれ以上続けなければいけない場合はマイアに渡して、という役割分担です。

　組織は別々の組織です。彼女たちの身分は、市の職員です。NPO法人の職員です。ですから公務員とか市の職員ではありません。ほかのマイアも全部がNPOかというと、そうではありません。ファイナンスは県から受けていたり、市から受けていたりします。県と市から受けてはいますが、それはあくまで得ている予算が公的なものであって、職員としてはNPO法人に属する職員です。マイアをつくった母体が、NPOのものが11%、13%はクリックみたいなところがつくったところです。県立のマイアが37%で、県立が一番多いです。高齢者ホームがつくったマイアが1%で、医療施設は13%です。病院ということです。

　それから複数の病院がグループ化してこういうマイアを持つというのもあり得ます。マイアを設立できる法人は決まっているのでしょうか。答えは、「誰でもなれる」ということです。文献によると「非営利でなければいけない」と書いてあったようにも思われますが、パイロットのマチュー・ジョリーさんは、営利でもなり得るといっています。誰でもなれます。誰でもなれますけれども、「うちがなりたいです」といったときに、それをARSが見て、その地域を見て、許認可をするということです。ARSがちょうどここに15個クリックがあるじゃないですか。クリックがやるのが最もふさわ

199

第Ⅱ部　フランスの医療と介護

しいですよといって、クリックがやることになったケースがたとえ
ばこの西地区です。

2016年末には355のマイア

　マイアは現在250あります。それはまだまだ増やしていくのか、
または現在も増えているのか。

　2016年の年末には355になります。これによってフランス全国に、
全部マイアがあることになりました。1つのパイロットがマイアに
はいます。そしてケースマネージャーが3人います。これがまずマ
イアの定義です。

　まだ増やしていこうとしているのでしょうか。ひょっとしたら
355が増えるかどうかわからないけれども、少なくとも1つ1つの
置かれるスタッフの予算は増えていくかもしれません。もっと力を
いれなさいとなるかもしれません。マイアはこれで全部カバーしき
れましたので、355以上認可が下りることはもうないでしょう。
2009年から355までになりました。

　県内でいくつ必要であると募集して、そこに誰かが手を挙げる感
じです。「やりたい、いいですよ」ではありません。「やりたい、い
いですよ」ではなくて、やりたいっていったら、あなたのところは
いいですよ、あなたのところはだめですね、ということです。県の
ほうから募集してそこに誰が応募するか、ということです。マイア
の設置計画があるわけではありません。

　この地域があります、地域包括支援センターというくらいですか
ら。この地域に1つつくってもいいですよと、ARSがいいます。
そうしたら「うちやりたいです」といって、コンペになります。そ
の公募に対して応募してきたコンペで1つ、あなたのところはだめ、
あなたのところはいい、となります。

　図を見るとわかりますが、パリ市内では6カ所で、色が6色あり
ます。1マイアから6マイアまであります（**写真5-10**）。クリック
がやっているところもあれば、ネットワークが前身だったところも
あれば、市役所がやっているところもあります。たとえば15市役
所とか、色々です。

　「どこのマイアが活発にいい仕事をしているか、そういう評判は

200

ないのか」。聞いてみました。
すると、優等生の答えが返って
きました。「みんな一生賢明や
りあっていて、みんなベストで
す」と。

写真5-10　パリの6つのマイア

　この地域に何の病院があって、何の開業医があって、何があるという、ダイヤル帳をつくったわけです。それを今度みんなで共有するといいます。世田谷区サイズですからできるわけです。やることになって、現在徐々にマイア同志で共有しあっています。

　そうすると、2009年からスタートして5～6年でマイアの仕組みが定着してきているとみていいでしょうか。日本は2000年から介護保険で同じような仕組みを始めています。ケアマネジャーは30万人くらい合格者がいます。

　認知症の人に合うと、必ずその人がアルツハイマーという問題ではないです。必ずその人の認知症の裏には、理由となったヒストリーがあります。まずそれを探るのは、認知症の診断をするときに非常に重要で、だから深く掘り下げて、色々みていかなければいけないわけです。それはその通りで、日本でもそれをやっています。

　「あの人、この頃問題行動ばかりで困ったって苦情があがってくるので、クリックやマイアに連絡が来るので、私たちネットワークにも来るので行きます。しかし、よくみると精神疾患であることがあって、以前だったらアルツハイマーだからといって、施設に入れるのではなくて、そういう状態になっても在宅で住まうことを長くすることが可能であるか」を検討します。20年くらい前だったら、すぐに施設や病院に入れていたと思うけれども、ネットワークの効果があることを、証明しているように思われます。

在宅で老年学をやりたかった

　ネットワーク自体は全国で今何チームあるのでしょうか。パリには高齢者というネットワークは4つあります。アルツハイマーネッ

201

第Ⅱ部　フランスの医療と介護

トワークに特化したものはなくて、老年科ネットワークが４つです。そうすると、ネットワークを増やすときに、医師は常勤でしょうか、それとも、兼務でしょうか。

答えは、「その人次第」です。「私はここのフルタイムでほかの勤務はしていません。それはたとえばここのネットワークでは３つのキャンサーとターミナルと高齢者の３つをもっているから、フルタイムでいますけれども、そうではない、喘息ネットワークとか、肥満ネットワークとか糖尿病ネットワークとかある、そういうところだったら活動次第だから、ケースバイケースで、どこかでサラリーマンの医師をやりながら、ネットワークにいるという人もいます」。

私たちは、老年科の医師に「どうしてネットワークでやろうと思われたのですか」と聞きました。彼女は言いました。「老年科というのは、老年科学としての専門家としては、すごく病院で大切に扱われていていい雰囲気なんですね。でもそれってどちらかというと、海馬の研究とかそういう感じの老年科なのです。よくよくみてみると在宅の老年科というのは非常に貧しい、プアーだったのです。だからそれではいけない、残念だと思って、在宅でそういうことをやりたいなと思ったから」です。このように答えました。実に素晴らしい答えでした。

老年科の医師はどれくらいいるのか。あまり人気がないというイメージです。「人気はあるのか」を聞きました。

「老年科専門医という資格をもった専門医は少ないけれども、多くの人は、もともとは GP です。一般医だった人が、少し老年科の専門性を生涯教育などで補強して、なった人は多いと思います。そもそも老年科医という専門性が医学部教育の中に入ったのはそんなに古くないので、人数はそんなにいないと思いますけれども、GP の人で少し生涯教育でという人が多いと思います」と述べました。

文献

Selon les données de l'Insee, 2009.

202

第Ⅲ部　ドイツの社会保障

第1章　ドイツの介護保険

　第1章と第2章は、ドイツ10年目の介護保険事情と在宅ケアシステムについて、MDKとカリタス・ゾチアルスタチオン（Caritas-Sozialstation）を視察調査した結果から述べます。

　ドイツ第三の都市であり人口およそ130万人、外国からの移住者も人口の4分の1に及ぶという州都ミュンヘン（写真1-1、写真1-2）。2005年11月23日、私たちは、そのミュンヘン市にあるバイエルン州MDK（Medizinicher Dienst der Krankenversicherung：疾病金庫。医療保険・介護保険の医療サービス機構）で介護保険認定部総責任者ロルフ・ジョイさんから介護保険の概況について説明を受けました。

　次に、同市にあるゾチアルスタチオン（Sozialstation）を訪問し、ステーションの実際の事業について所長のクリスティーナ・ハックさんから説明を受けました。ゾチアルスタチオンとは地域在宅サービスステーションのことであり、文献によってはソーシャルステーションの呼び名で日本に紹介されています。

　本章ではまず、ドイツ介護保険の概略と制度開始から10年経っ

写真1-1　ミュンヘンの凱旋門

写真1-2　ミュンヘンの新市庁舎

第1章　ドイツの介護保険

たドイツの介護保険事情について述べ、第2章では、カリタス会の
事業に若干触れながらソーシャルステーションの活動を紹介します。

第1節　介護保険の概要

5番目の社会保険システムとして誕生

　ドイツの社会保険には、疾病保険（医療保険）（1883年）、事故
保険（1884年）、年金保険（1889年）、失業保険（1927年）があり、
介護保険（1995年）は社会保険システムの5番目の柱として公的
に運営されています。公的介護保険には、ドイツ全人口約8,000万
人のうち7,000万人が加入しています。

　1995年4月、在宅サービス先行施行でドイツの介護保険制度は
始まりました。施設は1996年7月からです。しかし保険料徴収は
1995年1月からです。ドイツの介護保険事務は公的医療保険を運
営しているMDKが行いますが、財政的には明確に分離されており、
介護金庫間で財政調整が行なわれて保険料は全国一律になっていま
す。

原則として全国民が加入

　対象者は原則として全国民で、日本の対象者が40歳以上の国民
であることと大きく異なっています。そして民間医療保険加入者は
原則として民間介護保険加入者となっています。保険料負担は医療
保険料率への介護保険料率の上乗せ方式をとっており、保険料率は
1996年7月から1.7％となっています。労使折半ですが、年金受給
者の場合は年金保険者が事業主分を負担します。日本のように公費
は入っておらず、財源は全て保険料で賄われます。

　サービスの給付は現物給付で、原則として福祉サービスを給付の
対象としており、日本のように保健医療サービスは給付対象として
いません。在宅サービスは、訪問介護、通所介護、夜間通所介護、
短期入所介護、代替介護、福祉用具の貸与・購入、住宅改修費の支
給、老人居住ホームなどがあります。施設サービスでは、老人介護
ホーム、老人ホーム、老人複合施設などがあります。

205

第Ⅲ部　ドイツの社会保障

介護手当

　日本の介護保険では現金給付はありませんが、ドイツの場合は要介護度に応じ支給される介護手当てがあります。また、代替介護費用の給付という家族介護を前提とした、介護者が休暇、病気等のため介護できない場合に費用を支給します。要介護認定は後述するようにMDKが行います。利用者負担は保険給付の範囲内であれば自己負担はありません。

部分保険

　ドイツの介護保険は部分負担といわれており、日本のように一部負担はありませんが保険給付の対象外の負担があります。保険給付額は必要額のおよそ3分の2程度で、保険給付で足りない分は本人または家族がサービス提供者に支払う仕組みです。

　以上がドイツ介護保険の概略ですが、日本の介護保険と大分違います。

第2節　10年目の介護保険事情

介護必要度の判定

　私たちは、バイエルン州MDKの介護保険認定部総責任者ロルフ・ジョイさんから、介護保険の運営状況について詳しく話を聞きました。

　介護保険におけるMDKの役割は、介護の必要度の判定（要介護認定）であり、そして、介護サービスの品質管理などです。また、地域では介護保険の相談も行っています。MDKは、自主独立した利益で事業が成り立っています。厚労省の資料によると、制度発足以来、財政的には黒字基調で推移してきましたが、1999年に初めて単年度では若干の赤字となりました。2000年においても単年度は赤字でしたが、約94億DM（ドイツマルク）の資産残高を有していました（**表1-1**）。

　MDKの鑑定人が要介護者宅を訪問し、どの程度の介護が必要かを診断するわけですが、徹底的に権利を主張する国柄らしく、納得いかない場合は再審査請求をし、それでも不服の人は裁判に訴えま

206

第1章　ドイツの介護保険

表1-1　ドイツ介護保険の財政状況

（単位：DM）

	1995年	1996年	1997年	1998年	1999年	2000年
収入	164.4	235.5	311.8	313.0	319.2	323.6
支出	97.2	212.4	296.1	310.5	319.8	326.1
収支差	67.2	23.0	15.7	2.5	▲0.6	▲2.6
資産	56.2	79.2	95.0	97.5	96.8	94.3

（出所）厚生労働省。

す。再審査請求者は全体の5%で、そのうちの10%くらいが裁判になるそうです。

介護度は3段階

　ドイツの要介護度は、基本は3段階です。1段階は、1日1回、最低90分の介助が必要といった一番軽いものです。2段階は、1日3回、最低3時間の介助が必要で、1週間に数回の日常面での援助が必要な人です。典型的な介護度2の人とは、脳梗塞、半身麻痺の人、切ってあげれば自分で食べられる人などです。3段階は、主に寝たきりの人が対象で、1日5時間以上の介助を24時間体制で必要としている人です。例えば、エイズ末期、がん末期、アルツハイマーの人などです。この3段階の人は、家庭でのケアは無理なので、介護ホームに入ってもらいます。

　概要で述べたように、介護保険の対象者の年齢制限はありません。6歳の赤ちゃんでも介護保険の給付を受けられます。例えば、家庭で人工呼吸器をつけている小児は、介護保険の給付を行なわなければ生きていけません。こうしたたいへんな出費をしている人は、ミュンヘンでは100人位の若い人達であり、むしろ高齢者は少ないそうです。障害者でももちろん同様に給付を受けられます。

家族介護への現金給付

　図1-1から、家族介護への現金給付をみましょう。これは、制度発足の際に、誰が介護するかで議論になった経過があり、失業対策になるので家族がよいといった意見や、施設より安く、家族の愛情があるなどの意見があって、決まったものだそうです。その家族介

207

第Ⅲ部　ドイツの社会保障

家族介護（一般家庭に1ケ月に1回支払われる家族介護費の額）

Ⅰ：205€	Ⅱ：410€	Ⅲ：665€
(28,700円)	(57,400円)	(93,100円)

在宅介護（訪問介護が必要になる。2/3介護保険、1/3本人払い）

Ⅰ：384€	Ⅱ：921€	Ⅲ：1432€
(53,760円)	(128,940円)	(200,480円)

老人ホームなり施設に住む場合

Ⅰ：1023€	Ⅱ：1279 €	Ⅲ：1432 €
(143,220円)	(179,060円)	(200,480円)

注）1€ = 140円で計算
（出所）Rolf Scheu：*Die Pflegeversicherung in De utschland SGB XI*, 2006.
図1-1　介護保険の給付

護で一般家庭に1カ月に1回支払われる家族介護費の額は、家族の要介護者が1段階の場合は205ユーロ（28,700円）、2段階では410ユーロ（57,400円）、3段階では665ユーロ（93,100円）となっています。訪問介護が必要になる在宅介護では、1段階で384ユーロ（53,760円）、2段階で921ユーロ（128,940円）、3段階で1,432ユーロ（200,480円）となります。これが、施設介護の給付費になると、1段階で1,023ユーロ（143,220円）、2段階で1,279ユーロ（179,060円）、3段階で1,432ユーロ（200,480円）となりますから、施設介護が高く付くという政府の言い分はこの点については正しいことになります。（1ユーロはいずれも140円で計算。いずれも2005年調査時点。）

保険給付を受けている人は約3割

　2005年当時、ドイツ全体で介護保険被保険者総数は7,089万人ですが、保険給付を受けている人は約195万人（保険者総数の28％）で、そのうち134万人が在宅（保険給付者の69％）、61万人が施設（同31％）で暮らしています。ジョイさんの説明では、ドイツの高齢化率は現在16.4％ですが高齢化はさらに進みつつあります。医療技術の進歩も要因して、介護保険受給者は増加することは間違いな

いので、介護保険はさらに赤字になっていきます。この対応は財政
問題となっているそうです。また、核家族化は身寄りのない独居の
高齢者を増加させていますが、ミュンヘン市では、55歳以上の人
が地域でケアしていけるように4〜7人がひとつのアパートに住ん
で助け合うモデルプロジェクトも行っているといいます。「施設は
お金がかかるので、できる限り長く在宅介護をしましょう」という
国の方針実現は今後いっそう施設から在宅への流れを加速させると
予想されています[1]。

　こうした10年たったドイツの介護保険の事情を踏まえ、次に、
実際にサービスを提供しているカリタスとゾチアルスタチオンの事
業について述べます。

注

1)　その後のドイツの介護保険の動向については、拙著『ドイツの介護保険改
　革』（2023年）及び『ドイツの介護強化法』（2023年）を参照されたい。

文献

Rolf Scheu：*Die Pflegeversicherung in De utschland SGB XI*, 2006.
厚生労働省資料。

第2章 ミュンヘン・カリタス・ゾチアルスタチオン

第1節 カリタス会の慈善事業

カリタスとはカトリック系の教会組織

　ドイツでは、法律に拠らない、非営利を基礎とする社会支援の形態を総称して、任意慈善事業（Freie Wohlfartspflege）と呼んでいます。任意の慈善事業の内部では、教会、赤十字、労働関係など複数の福祉団体が合同して、6つの全国的包括組織を形成しています。2005年11月に私たちが訪問したカリタス会は、6つのサービス提供者団体のひとつです。カリタスとはカトリックのことであり、カトリック系の教会組織のことです。私たちが視察したのは、カリタスの一部のゾチアルスタチオンで、MDKから要介護認定を受けた患者（老人・障害をもつ人）に在宅サービスを提供しています。

カリタス会がやっていること

　カリタス会がやっていることは、子供の保育所2カ所、家庭に問題ある人の相談センターなどです。16歳までの子供たちは昼前に学校が終わるので、ここで宿題をみてもらいますし、同時に自由な遊び場となっています。エイズの相談所は、いまやヨーロッパ25カ国のマルチカルチャーになっていますし、外国の子供たちが日常を過ごすのに必要な母国語を学ぶ場所も設置されていました。もちろん高齢者に対するサービスでは在宅介護も行います。他の社会福祉関係のサービスとしては、社会福祉を申し込んでも現在食べていけない人たちに対するソーシャルサービスも提供されており、市内4カ所で行っています。一人住まいの孤独な人たちへのサービスも行っていますし、経済難民、政治難民のために、ポルトガル語、イタリア語、クロアチア語、アルバニア語など外国語の勉強ができる

210

第2章　ミュンヘン・カリタス・ゾチアルスタチオン

ようになっていました。

人種、宗教にかかわらず誰にでもサービス提供

　私たちが訪問したとき、建物の中庭では経済援助を必要としている人達に食事を配っている最中でした。このカリタス会では社会サービスとして、毎週水曜日に食料を配っています。食事だけでなく、洋服のリサイクルサービスもしているそうです。カトリック（保守的プロテスタント）の機関ですが、人種、宗教にかかわらず誰にでもサービスを提供します。国、州、ミュンヘン市から援助金がでても財政的には赤字だそうですが、幸いにもカトリック教会から支援されていることで何とか頑張っているそうです。

補完制の原則

　ドイツの制度は補完制の原則に基礎を置いています。すなわち、公的でないサービスが供給されている場合は、公的なサービスは提供されません。公的なサービスが必要なときは、家族がその費用を負担しなければなりません。（ただし、健康保険によって給付されるサービスは除く。）家族がその費用を負担できない場合にのみ、公的な供給者（社会福祉）がそれを負担する仕組みです。一般に訪問看護もホームヘルプサービスも同じです。

第2節　ゾチアルスタチオンの事業

ミュンヘン全体をカバー

　カリタスのゾチアルスタチオンは27年の歴史があり、もちろん介護保険導入前から活動していました。当時のステーション数は23カ所でしたが、現在では財政問題から13カ所に減ってしまいました。ステーションは統合されて、23人の所長は13人になりました。私たちに説明してくれたハックさん（**写真2-1**）もその一人です。

　教会がある地域を中心として、カリタスはミュンヘン全体をカバーしています。かつては40人位のケアをしていたステーションは、今ではほとんどのステーションが100〜120人位のケアをしていま

211

第Ⅲ部　ドイツの社会保障

写真 2-1　オフィスで説明する所長のクリスティーナ・ハックさん

写真 2-2　リュックをもって要介護者の訪問にでようとしていた看護師たち

す。私たちが事務所で紹介された、今まさに訪問に出かけようと準備をしていた二人の看護師（**写真 2-2**）は、壁にかけてある大きな鍵箱から要介護者の家の鍵をもってでてゆくところでした。ドイツの高齢者は一人暮らしが多いので、訪問看護師は鍵を預けられています。私たちのインタビューのあと、彼女たちは、カリタスの名前が入った白い制服を着て出かけていきました。

13 人の看護師が 120～130 人の要介護者を看護・介護

　このステーションでは 13 人の看護師が 120～130 人の要介護者の看護と介護をしていますが、他には小児専門看護師、高齢者介護士、正看護師の 3 人の学生が実習にきていました。また、兵役に服さない男子の市民ボランティア（良心的兵役拒否者）が 1～2 人いました（当時）。彼らは買い物の手伝いなどを行いますが、活動は彼らの次の職業教育の単位になります。35 人のヘルパーは、学生、年金生活者などで、要介護者の家事手伝いなどをやっています。

　スタッフの中には、午後 1 時半には自分の幼稚園児をピックアップする人もいますから、それらの条件に合わせて人を配置するようにしています。大体多くのヘルパーや看護師は、2 シフトで働いており、必要なら朝 7 時から働くし、土日でも必ず事務所には 1～2 人を常駐させるので、こうしたスタッフをどのように配置するかがハックさんの大変難しい仕事だそうです。

第2章　ミュンヘン・カリタス・ゾチアルスタチオン

介護報酬は行為別

　120人の要介護者は、全員が在宅看護を必要とする人達で、介護等級Ⅰの人（相当程度の介護を要する人）は40％、等級Ⅱ（重度の介護を要する人）が25％、等級Ⅲ（最重度の介護を要する人）は15％の割合になっています。利用者の80％は高齢者であり、中には100歳の誕生日を迎えた人もいました。看護師は毎日同じ人を訪問するようになっています。

　介護報酬は行為別であり、たとえば脳梗塞の患者には、着替えが2.5ユーロと決まっています。看護師の活動は合理的で、予め用意された用紙には要介護者に必要な看護・介護内容が記載されており、チェックする欄が設けられています。看護師はいつもこの用紙とリュックサックをもっていきます。リュックの中身は手袋、消毒液など看護に必要な全てが入っています。

在宅看護の実際

　彼女らの行動を私たちに配布された11月25日のプランからみてみましょう。朝7時5分には最初の要介護者宅にてインシュリン注射、着替え、皮膚の手入れ、清拭、家事、ベッドメイク、若干の調理などの行為が記載されており、13時23分まで19人の要介護者がリスト化されていました。ひとり目の要介護者は31分かかります。次の要介護者の家まで11分で移動し、7時45分には血糖値を計りインシュリンを打つまで5分です。その5分後の7時56分には3番目の要介護者宅で圧迫靴下を5分で着用させます。その他には、下肢の圧迫包帯を巻くだけの看護や髭剃り、顔の手入れ、排泄、買い物、住居の住み替えの手伝いなどの要介護者へのサービス内容が記載されています。どの看護、介護とも滞在時間は短くて5分、長くても31分です。5分や10分台の滞在時間が多いのは、ドイツは行為に対する点数設定ですから、必要なことを急いで行なうことが重要だからですが、要介護者が自分でできるところは自分でやって看護師は自立できないところを助けるという考えもあるからでしょう。それとお互い顔見知りなので、信頼関係が構築されていて日常生活の一部になっているようです。しかしそれにしても、看護師泣かせの分刻み看護であることには違いありません。

213

第Ⅲ部　ドイツの社会保障

介護報酬が低いことが財政面の厳しさの原因

　患者さんはこういった時間に追われた看護をどう思っているかハックさんに質問したところ、昔からの患者は少なく介護保険導入後の患者が多いことから、これが当たり前と思っているとのことでした。「介護保険導入によって書類作成の時間は増え、要介護者と過ごす時間が少なくなった。介護保険導入後に、時計を見ながらケアするようになった。導入前は、もっと人間的なゆとりをもって介護をしていたと思うが、今では時間が気になってしまう。在宅看護はどうしてもお金の問題になってしまう。もっとゆとりを持ちたいが、この事業所では看護師13人を雇うのが財政面から精一杯で限界だ」とハックさんは言います。

　訪問看護は赤字ですが他の事業では黒字になるのでしょうか？私たちが視察したステーションでは何とかうまくやりくりしていましたが、他の多くのステーションはそうではないそうです。介護報酬が低いことが財政面の厳しさの原因です。たとえば、このステーションでは、車を使っているスタッフは4人だけで、他は自転車を使っていました。冬でも自転車を利用しており、小回りが利いて効率的だと説明を受けました。それにドイツ人は、体温が日本人より高いのであまり寒くないと言います。しかし、この日のミュンヘンの朝はマイナス6度で私たちは皆震え上がっていました。道路が凍りついた日でも自転車で元気に訪問するそうですが、やはり財政的厳しさは少なからず影響していると推測されました。

看護・介護の質の問題は重要

　このステーションでは、病院、開業医、家族、子供などから患者が紹介されてきます。全ドイツのサービス提供者のなかで一番大きいのがカリタスなので、利用者はカリタスに相談すれば何とかなると思っています。

　スタッフ間の意思疎通は大切で、毎日昼のミーティングと月2回は全員が集まってミーティングを行うことが決められていました。研修としては、スタッフの希望を聞いてセミナーなどを行うことになっているようです。

　ドイツでも看護・介護の質の問題は重要で、MDKが抜き打ちで

214

立ち入り検査をします。これは1994年12月に、在宅サービスの「社会法典XIの第80条による在宅介護の質の調査の実施手続きを含む、質と質の保障の共通原則と基準」が策定されたことによります。このステーションではどうだったかを尋ねたところ、2002年と2006年に検査が入りましたが、とくに問題はなかったとのことでした。ハックさんが言うには、「介護は、本人が希望しなければ、子供など家族が希望したとしても永くは続かない。逆に本人が希望すればうまくいく。そのためにスタッフは訓練を怠らない。たとえば、難しい患者がいた場合、メンバーの1人に患者になってもらい、別のスタッフが左側から体を支えるという訓練を全員でする」とのことでした。

訪問看護師の給料

訪問看護師の給料は月額いくらか尋ねたところ、「町のどこに住んでいるのか、年齢、子供がいるかいないかで変わるがそれにしても低すぎる」との答えでした。病院看護師より低いのかとの質問には、「准夜勤、夜勤手当を除くとあまり変わらない。ドイツでは病院で働く医師の給与も低く、この前は医師のストライキがあった」といいました。

第3節　10年目のドイツ介護保険が示唆するもの

以上、ドイツ介護保険の概要と10年目の事情、サービス提供者としてのカリタス・ゾチアルスタチオンの活動について事例を紹介しましたが、10年目のドイツの介護保険やゾチアルスタチオンの事例が日本に示唆する点は何でしょうか。

介護保険の財政問題

第一は、やはり介護保険の財政問題が挙げられるでしょう。ハックさんが熱っぽく語ってくれた話を想像しながら聞いていて、現場で働く看護師達はどこの国でも本当に良く頑張っていると素直に感じました。こうした現場での頑張りにもかかわらず、財政的には苦しいというハックさんの話も非常によく理解できました。高齢者数

第Ⅲ部　ドイツの社会保障

が増大する中で要介護者数は当然増えることになりますし、対象者に年齢制限がなく乳幼児から高齢者まで障害者も含めて、高額なサービス利用者が増えれば当然介護金庫からの出費も増えることになります。保険原理からして保険料と給付の関係で財源が必要になるのは必然です。しかし、ドイツの介護保険はもともと介護力の確保と介護費用の負担が問題となって介護保険を構築したわけですから、介護保険給付により確実に家族の介護負担は軽減し、老後の生活に安心感を与えていることは事実でした。イギリス、フランス、スウェーデン、デンマークの財源は全て公費です。ドイツの保険による運営が今後どうなるかは、日本の介護保険の将来を知る上で大変参考になることでしょう。

看護・介護サービスの質の問題

　第二は、ドイツでも看護・介護サービスの質の問題は重要課題でした。ドイツでは介護の質保障法が 2001 年 9 月に制定され、2002 年 1 月から施行されました。その内容は、全ての介護保険の指定を受けたホーム及び在宅介護事業者に、包括的な質の管理の導入を義務付けました。介護金庫と施設間で「サービス及び質に関する合意」を結び、人員配置その他のサービスの質を定めるとともに、これを元に介護報酬を算定します。また、独立した専門家による定期的な施設の質の検査も行なわれています。要介護者への相談事業と情報公開の強化及び、MDK によるホーム監査、監査に関する州との連携も行なわれています。

　また、ホーム法の改正も同時に行なわれました。ホーム法は、介護保険の指定如何にかかかわらず施設を規制するものです。入所者の自己決定権を確保し施設の自己責任を強化しました。そして、入所者の意見を代表する評議会の権限も強化しました。各ホームに対し、毎年 1 回の監査、予告なしの監査も可能になりました。

　介護保険制度の仕組みの問題として、ドイツの介護保険は出来高払いで、日本の医療保険と同じ仕組みです。行為に応じた点数を低く設定されているので数をこなして採算をとりますから過剰にサービスが提供される可能性があります。報酬については、日本の場合は時間単位ですから逆にインセンティブはサービス縮小になりやす

いものがあります。

　ドイツは法律で監査を厳しくする方法をとったわけですが、日本では介護の質の問題をどうするか、今後の動向が注目されるところです。

ドイツの制度は補完制の原則に基礎を置いている

　第三は、「介護の社会化」の問題です。一般にドイツの制度は補完制の原則に基礎を置いているので、公的なサービスが必要なときは、家族がその費用を負担しなければなりません。とくに子供の負担はとても大きなものがあります。

　「自立」と「自己決定」はドイツの介護保険の特徴ですが、デンマークのプライエムで私たちが会った老人が老後に不安なく生活している姿と比べると、ドイツで一人暮らしの老人が、ストレス無く介護サービスだけで在宅で余生をおくれるとはやや考え難いものがありました。

　ドイツの介護保険は家族介護に基礎を置く部分保険であり、日本のような介護の社会化を目指しているわけではありません。ドイツの介護保険は今後どのような展開を見せるのか、今後の動向が注目されます。

文献

Caritas：*Alten- und Service-Zentrum Westend, Programm 2005, September Oktober November Dezember.*

参考文献

Eckhard Wurzel「ドイツ　福祉制度」『OECD の提言　高齢化時代の経済と各国の政策』かもがわ出版、2001 年 8 月 pp.77-87。

足立正樹『現代ドイツの社会保障』法律文化社、1995 年。

岡崎仁史『ドイツ介護保険と地域福祉の実際』中央法規、2000 年 3 月。

河畠修『ドイツ介護保険の現場』旬報社、1997 年 9 月。

クラウス・メックス、アンドレア・シュミット著／榎木真吉訳『ドイツ介護保険のすべて』筒井書房、1995 年。

高齢化社会対策に関する国際研究委員会編『公的介護保険制度を導入したドイ

第Ⅲ部　ドイツの社会保障

　　ツの高齢者福祉医療対策』（社）エイジング総合研究センター、1996 年 3 月。
小林甲一「ドイツの介護保障」『新版 各国の介護保障』法律文化社、pp.63-80。
仲村優一・一番ケ瀬康子編『世界の社会福祉／ドイツ・オランダ』旬報社、
　　2000 年、pp.17-320。
濱口クレナー牧子「ドイツの介護保険制度の進展——ドイツの高齢化社会の進
　　行と社会保障政策——」少子高齢化と福祉環境に関する国際調査研究委員
　　会編『先進国における最新の高齢者対策』エイジング総合研究センター、
　　1999 年 3 月、pp.139-184。
古瀬徹・塩野谷祐一編『先進諸国の社会保障 4　ドイツ』東京大学出版会、
　　1999 年。
本沢巳代子『公的介護保険／ドイツの先例に学ぶ』日本評論社、1996 年。

第3章 プロテスタント・ディアコニークランケンハウス・フライブルク
——Evangelisches Diakoniekrankenhaus freiburg——

　私たちが訪問した病院はプロテスタントの病院で、ディアコニークランケンハウスといいます（写真 3-1）。「ディアコニー」という言葉自体には、キリスト教における社会奉仕といった意味も含まれます。つまり、そういった慈善活動も行っている病院だということです。病院は近年改築され、エネルギー関連の改築もされました。そこで、病院経営管理者のデッカーさんと医療責任者のアルガイヤ医師が、私たちの案内をしてくださいました（写真 3-2）。

第1節　病院の概要

1898 年に設立

　ディアコニー病院は 1898 年に設立されました。1982 年には、フライブルク大学病院の臨床医師研修病院になっています。デッカーさんは病院経営に関する責任者をしています。アルガイヤ医師が医療に関する責任者ということで、二人の役割がそれぞれ分かれています。ドイツでは一般的に、病院管理者の方が組織図的に上に位置付けられていますが、この病院でもやはりアルガイヤ医師よりもデッカーさんの方が管理者として責任が大きいようです。

写真 3-1　病院全景（ホームページより）

219

第Ⅲ部　ドイツの社会保障

写真3-2　病院経営管理者のデッカーさん（左）とアルガイヤ医師

　この病院では、とくに産婦人科に力を入れているほか、消化器系、胃腸科などの治療にも非常に力を入れています。また、外科医療にも力を入れています。私たちはオープン直前の手術室と集中治療室など見学させていただきました。またこの病院は、医学生の職業訓練病院にもなっています。

医師の臨床研修

　私たちが、職業訓練とは、「研修医のことでしょうか」と聞くと、アルガイヤ医師は、「医者になる一歩手前の学生です。実習生という形で、学生の実務訓練というか、最終的な医者になる前のステップということで、この病院に来てほとんどルーチンワークのようなものにかかわったり、オペレーション＝手術にかかわったり、それぞれのステーションとかで働いたりする、そういうことが行われている」「学生にとって親しみやすく、働きやすい環境になっています」と述べました。

　私は「学生はどこから来るんですか。フライブルク大学ですか、ドイツ全体ですか」と尋ねると、「学生はどこの病院で実習するかを自由に選ぶことができます。ですから基本的にはドイツ全国から来ています。しかしやはりフライブルクとかこのまわりの地域から来ている人もいます」とアルガイヤ医師は述べました。

　「研修期間は1年ですか、2年ですか」との質問に、「基本的には1年間です。1年間を3つに分けて、それぞれの専門で行うということです。例えば内科であったり、外科であったり、もう1つに関しては選択することができます。たとえば産婦人科とか気管支とか咽喉とか、そういったものを3つ目として自由に選ぶことが出来ます」とアルガイヤ医師は説明してくれました。

第3章　プロテスタント・ディアコニークランケンハウス・フライブルク

病床数・医師数・看護師数ほか

病院病床数は220床です。1年間で約2万人の外来患者が通院してきます。入院患者数は約11,000人です。医師の数は50人で、看護師および手術の補助など全員あわせると160人くらいです。「救急医療はやっていますか」と尋ねると、アルガイヤ医師は、「基本的に救急車が来たときに受け入れ態勢はできていますし、24時間受け入れることは出来ますけれども、私たちの大きな課題は産婦人科においておりますので、例えば心臓麻痺とかの場合はほかの病院に行くことが多い」と説明しました。

「消化器科の入院患者の平均在院日数は何日か」を聞くと、アルガイヤ医師は、「手術によっても違うので一概にいうことは難しいのですが」と前置きして、「平均でいうと7日間くらいだ」と述べました。たとえば盲腸摘出手術だったら3日くらいで、腹部の外科手術の場合だったら6日だそうです。

第2節　院内視察

外来患者ステーション

外来患者ステーションでは、芸術家の人たちが自分たちの作品を数カ月に渡って展示することができます。希望があれば絵を買うこともできます。

緊急外来

緊急外来は、歩いて来る人と救急車で運ばれて来る人とでは入り口が分かれています。救急車で運ばれてきた人は、少し離れたところにある救急車入口から救急外来に運ばれてきます。

私たちは、レントゲンとMRの器械が設置された放射線科を通り、検査室でラボを見学しました。デッカーさんは、「この病院の規模の割には非常に大きな装置を備えていることを私たちは誇りに思っています」と述べました。「というのも、病院の規模からしてこういう検査機器を備えているのは珍しいです。私たちは解析のために試薬を外部に発注するケースはほとんどなくて自前で検査がすぐできるので、診断結果も迅速に出すことが出来ます」と述べました。

221

第Ⅲ部　ドイツの社会保障

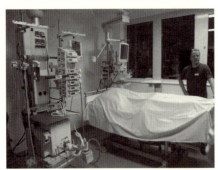

写真3-3　集中治療室（ICU）の監視装置と薬液自動注入ポンプ

アルガイヤ医師は内視鏡医です。「日本人の同じ内視鏡医とオーストラリアのザルツブルクで共同で色々研究会をやっており、この分野で日本の医師から多くのことを学んでいます。日本の方々が多くのイノベーションのある先端技術をもたらしてくれていることに非常に感謝している」と述べました。

ここには同じような部屋が2つありました。1つの部屋にはレントゲンと内視鏡を組み合わせた検査室です。ここでは非常に専門的な複雑な検査から簡単な検査まで、合わせて3,000くらいの検査が行われていました。デッカーさんは、もう1つの部屋では放射線を使った治療を行っていると述べました。たとえば甲状腺がんの治療のために、ここで放射線を使った治療を行っているそうです。非常に特殊なものだそうです。

給食室・洗濯設備

この病院のもう一つの特徴として給食室があります。患者さんのため、また職員のための料理は、給食室から作りたての食事が運ばれます。また洗濯設備も自前でもっていて、そういったものを外注化することはありません。この施設にほとんどのものが揃っています。ドイツで給食室をもっている病院は一般的にはないそうです。

集中治療室

集中治療室は8床がICU（写真3-3）、9床がインターメディエードケアユニット（日本のハイケアユニット）です。集中治療室はGE（ジェネラルエレクトロニクス）の集中管理システムを使用していました。GEは、ヨーロッパの中でもとくにフライブルクで非常に最先端の技術を使ってシステム構築しているそうです。

集中治療室の電子カルテは現在移行中だそうです。他のステーションではすでにデジタル化が済んでおり、ICUの全ての機械がコ

222

第3章　プロテスタント・ディアコニークランケンハウス・フライブルク

ンピュータと接続されデータをデジタル化する予定です。

集中治療室のステーション長の説明によると、集中治療室の患者さんの頭の側にすぐに回れるようにしないといけないことから器材は全部可動式になっています。つまりベッドなどを素早く動かしたりするのに、こういった可動式で天井から吊り下がった形で器械が設置されています。緊急時には2台の器械で両側から患者さんの処置にあたることができます。タッチパネルとモニターパネルが両側についており処置が出来るという構造です。

新しい手術室

新しいオペレーション室（手術室）は改装中でした。この病院の年間手術数は約6,000件です。私たちが「日本の標準よりは大分多いですね。全身麻酔の手術はどれくらいですか」と聞くと、デッカーさんは「4,500くらいです」と答えました。すごく多いことがわかります。

無影灯はLED電球です。日本でもハロゲンからの変更は始まっていますが、まだ本格的変更には至っていません。やはりコストが2倍くらいかかることがネックになっています。しかし、LEDであれば一度入れてしまえば何年ももつので、長い目で見たら十分もとがとれることになります。しかも、旧来のハロゲン電球は非常に熱くなりますが、LEDはほとんど熱くならないので、1日中つけていてもたいして熱を持ちません。

移動式手術室

手術室の数は全部で4つですが、1つは完全に固定したものではない、移動することができる手術室でした。日本では考えられないことなので、「院内を移動するということですか。何に使うのでしょうか」と尋ねました。デッカーさんは、「移動式手術室とでもいいますか、7m×5mくらいのそういう手術室、部屋なんですね、ただそれは部屋としてつくられたものではなくて、外から購入したものです。そしてもしここでそれが必要なくなった場合には、それをまた解体して他の病院に売ることが出来る、そういう移動式手術室というものです」と説明されました（**写真3-4**）。

223

第Ⅲ部　ドイツの社会保障

写真 3-4　クレーンで吊り上げられた移動式手術室

写真 3-5　洗浄滅菌装置

　それは造ったものではなく、買ってきた手術室です。手術に必要なものが全部入った手術室のコンテナがクレーンで吊下げられて運び込まれたそうです。「こういったものはドイツでは一般的なんですか」と私たちが聞くと、「これは、一般的には非常に迅速にオペ室が必要な場合とか、ある一定期間しか必要ないときに、こういうものを買ってくる」とのことでした。だいたい3年くらい使うそうです。賃貸料として月 6,000 ユーロほど払い、この手術室を借りるわけです。この病院では補助的な形で使っていますが、ドイツの病院の中には、これだけで全部の手術室を賄っているような病院もあるそうです。「こういう躯体、箱をつくっている会社があります」とデッカーさんは説明しました。この手術室のレンタル料は月 6,000 ユーロです。日本円で 79.2 万円（1 ユーロ 132 円で計算）だったら安いように思われます。仮設ならすぐできるし、3 年間リースで月 79.2 万円の家賃ということです。

洗浄滅菌消毒室
　日本では滅菌消毒をワンパックで業者に発注するシステムがかなり普及しています。手術で使ったものを業者が全部引き取って行き、消毒してきれいにしたものをもってきます。ドイツではいかがですかと尋ねると、ドイツではだいたい病院内にオペで使った器具の洗浄室をもっていますが、オペ室の近くではなく地下室に運ぶのが一般的だそうです。ここの病院のようにオペ室の隣にあるのはほとん

ど例がないそうです。つまりこ
この設備は最新式だということ
です（写真3-5）。

外科病棟

外科の入院患者さんの部屋を
見学しましたが、ちょっと値段
が高い部屋になっているとの説
明でした（写真3-6）。私たち
が「ちょっと高目というのは別
料金ですか」と聞くと、デッカ

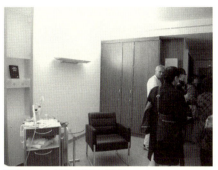

写真3-6　外科病棟の個室

ーさんは、「だいたいここに入られる患者さんは高額な保険をかけ
て特殊な部屋に対して保険がおりる保険に入っているそうです」と
答えました。つまり、民間保険をかけている人は1日100ユーロ
（13,200円）くらい特別料金を支払いますが、民間保険がカバーし
てくれるということです。

内科病棟

内科フロアについても、プレミアムベッドと一般の普通ベッドに
分かれています。そして、内科の部屋はいつも満室だそうです。そ
こで、コンピューターシステムを見ることができました。

薬の副作用データ、他の医師からの手紙とか内視鏡検査のデータ、
レントゲンの画像もすべてデータベースの中に入っていて、患者さ
んに関するデータを全部見ることができます。昔ながらのフィルム
や手で書くものはなく、全部デジタル化されています。これらはほ
ぼ日本のシステムと同じでした。

第3節　病院経営

収入の9割は社会保険から

病院経営は他のグループとか運営会社とかあるわけではなく完全
に独立しており、また国からの一般的な病院に対する補助金も受け
取っています。ただ若干の黒字ではあるけれども、非常に大きな利

第Ⅲ部　ドイツの社会保障

益をだしているわけではないそうです。収入源は9割が社会保険からでした。

経営を決定するのは経営責任者のデッカーさんですが、新しい棟を建てるときにはバーデンビュルテンベルク州に許可を申請する必要があり、勝手に建ててはいけないことになっています。州のほうから改築が意味のあるものだとゴーサインが出たら、州からお金が出ます。新築しているオペレーションシステムには1,700万ユーロが必要でしたが、そのうち1,000万ユーロは州からの補助がありました。

常に行われる法改正

病院の会計に関しては、ドイツでは常に法改正が行われている状態だそうです。法改正はこれから先も続いていくようですが、だんだん悪い状況になっているそうです。というのは病院の経費上昇率は高くなっていますが、年1%という上限が決められています。それに対して、例えば病院の雇用者、給与の上昇率は3.5%だそうです。つまり給与は3.5%上がるのに対して、経費を1%の上昇率に抑えなければならいというのは、病院としては大変大きな課題となっているとのことでした。

患者負担金ゼロ

患者負担金も現在の政府のもとでなくなりました。病院は経営を圧迫されるわけですが、政治家にしてみれば次の年に選挙がありますから、そういう政策を打ち出したわけです。

第4節　日本のLED無影灯と移動手術室

ドイツから帰国後の2012年11月に、日本では最大級のホスペックスジャパン2012が東京ビッグサイトで開催されたので、そこでドイツでの見聞を日本との比較で確認することができました。

病院の約8割はハロゲンの無影灯を使用

無影灯は、明るさや熱の関係からハロゲンを使っているメーカー

第3章　プロテスタント・ディアコニークランケンハウス・フライブルク

の方が少なくなっています。しかし病院の約8割はまだハロゲンの無影灯を使用しているそうです。しかし今年買い替えた病院の約9割はLEDの無影灯だといいます。5～6年前まではハロゲンが主流でしたが、これからはやはりLED無影灯に代わってゆくことは必然であろうと思われました。日本にはおよそ14,000の手術室があり、そのうちの2割弱の手術室は使われていません。実際に稼動しているのは12,000に満たない手術室です。定価で700万円くらいする無影灯を更新することは重要ですが、その前に病院の中をLED化するのが先だという考えでもあるようです。ハロゲンランプは赤外光の塊であり、99.5％赤外光をカットしたとしても残りの0.5％が人間の細胞に悪さをしていました。しかしLED無影灯は医師が手術中に流す汗も少なくなり、赤外光を出すこともなくなり経済的にも効果があるので、非常に良いということです。

日本では手術室をレンタルしている病院はない

　手術室のレンタルについては、結論としては日本ではそのようなレンタル手術室は扱っている会社はありません。A社の担当者に理由を聞いたところ、手術室はゼネコンの中に組み込まれているので、ゼネコン工事からは外せないといいます。手術室はゼネコンとは別という、"脱ゼネコン"ともいうべき意識が病院側にないと、そのような事業には関心はあるが、現実的に日本では無理だといいます。もちろん国内ではどこの業者も扱ってはいないし、どこの病院でも手術室をレンタルしている病院はありません。例外として、自衛隊の特殊車両に手術室つきの車両があるくらいだそうです。

日本でも進む ICU 室のシステム化

　ドイツでみたICU室のシステムは、ベッドを中心にしてモニターやポンプ類が天吊り式になっており、左右に交代できるシステムになっていました。日本でもあるショールームには、天吊りサポートユニットと周辺機器を展示したICUコーナーが新設されています。ここでは、シーリングペンダントやビームシステムによるICUまわりの使い勝手をみることができます。複数のポンプ類の脱着が簡単な乗せ替えシステムも体感できました。

227

第4章 デンツリンゲン・森の自然幼稚園

第1節 子どもたちがずっと外で過ごす幼稚園

案内されたのは避難小屋

　フライブルクからバスで30分くらい走り、私たちは森の幼稚園の子どもたちに出迎えられました（写真4-1）。どこが入口なのかわからないまま、木々の中へと入って行きました。子どもたちに混じって私たちを出迎えてくれたのは、アンヌ・カサリン・ウエリンさんとゾフィー・ビューラーさんの二人の先生です。

　この日、3人の先生のチームと1人の親御さんが来ていました。私たちが案内されたのは、雨や雪の非常に天気の悪いときに、子どもたちが遊ぶことができる避難小屋です（写真4-2）。それ以外のときは、子どもたちはずっと外で過ごします。

サンクト・マーティンの歌

　小屋の中に入るとすぐに、子どもたちは、サンクト・マーティンの歌を歌ってくれました（写真4-3）。それは、聖マーティンスと

写真4-1　森の幼稚園のマーク：WALD KINDER GARTEN

写真4-2　避難小屋

第4章　デンツリンゲン・森の自然幼稚園

いう祭りがあり、ランタンを持ってパレードをするという祭りの歌です。それを先生のギターの演奏で、子どもたちみんなで歌ってくれました。私たちが訪問したときのドイツの森の幼稚園では、訪問してくれた人たちに歌を一曲歌うプロジェクトをやっていました。そのために子どもたちは昔の民謡を練習して、訪問してくれた方々と一緒に歌います。

写真4-3　サンクト・マーティンの歌を歌ってくれた子どもたち

森の幼稚園（ヴァルトキンダーガルテン）とは

　歌が終わり、拍手とブラボーの声のあとに、ビューラー先生が、「みなさん森の幼稚園にようこそいらっしゃいました。私たちが今いるところは避難小屋です。ここは雨の日とか天候の悪いときに、子どもたちがいるための施設です。これがどうして森の中ではなくて公園にあるのかというと、森の中に簡単に立ち入ったり小屋を建てたりするのに適した場所がなかなかなかったからです。本来街中にこういった建物をあまり造りたくはなかったのですが、最適な場所を探したときに、この公園内になったということです。ここに子どもたちが毎朝両親に連れられて来て集合してミーティングをして、それが終わったらみんな一緒に森の中に行くということです」と述べました。

　森の幼稚園というのは2007年くらいから、だんだんと発展してきたコンセプトだそうです。そもそもは30年以上も前から市民グループの方々が自然教育、子どもたちが自然と親しむという教育をやってきました。その中でもとくに、ワーキンググループがあって、子どもや青少年の子どもたちがいかに自然に接してゆくかを考えていました。それで2000年に森で遊ぶグループができました。そこは3歳以下の子どもたちを森で遊ばせていたそうですが、両親から森の幼稚園というのがあると良いという要望がどんどん出てきました。

229

第Ⅲ部　ドイツの社会保障

やるべきことは他の幼稚園と全く同じ、ただ場所が森の中

　ビューラー先生は、「森の幼稚園というコンセプトですけれども、幼稚園としてやるべきことは他の幼稚園とまったく変わりません。ただそれが行われる場所が森であるということです。なぜこういう森の幼稚園というものができてきたかというと、今日、子どもたちは都市の中で暮らすことが多いですけれども、都市の中というのは子どもたちの健康に不利益を与えていることが多くみられます。それだけでなく昔はそれほど顕著ではなかったのですが、ほとんどなかった学習障害などどんどん増えており、そういうことを考えると、都市の中での生活が子どもの発達に悪影響を与えるということがだんだん明らかになってきました。その中で、子どもたちに与える悪い刺激とか悪い影響のない森の環境で、子どもたちを育てることが重要だと思います」と述べました。

自然がおもちゃ

　森の幼稚園にはおもちゃはありません。フォークや絵の具やクレヨンなど工作をするのに使うにものはありますが、それ以外のおもちゃは子どもたちが森の中に行って、森の中にあるものを使って、自分たちでとった枝などを使って遊ぶことになります。彼女は、「自然がおもちゃということです」と述べました。

森の幼稚園の1週間

　月曜日は、子どもたちがみんなそろってフランス語を学びます。子どもたちの中には原語のドイツ語の学習を少し促してやらなければならない子どももいますので、そういう子どもには言葉の勉強もあります。来年から小学校に入る子どもたちは、月曜日は小学校を訪問して小学校のことにも少し慣れることもします。

　毎日、最後には、「おしまいの会」で物語の読み聞かせをします。そして、午後1時くらいになったら両親が子どもたちを引き取りに来ます。

　火曜日は、避難小屋で子どもたちが集まって丸くなり、様々なテーマについて話し合います。秋というテーマで、例えば動物が冬に備えてどういうことをやっているかを話しているそうです。それが

第4章　デンツリンゲン・森の自然幼稚園

終わると、子どもたちは簡単なお弁当をリュックサックに詰めて、森に出かけて行きます。森の中でゆっくりくつろげるようなところがあったり、よじ登れるような遊び場があったりするので、子どもたちは午前中遊んで過ごします。午後にまた避難小屋に戻って来て、「おしまいの会」で物語の読み聞かせをします。

　毎週水曜日は遠足の日です。バスや電車の公共交通機関を使って様々な場所に行きます。行き先はだいたいテーマに合わせて決めているそうです。先週はシャーウイスランドというフライブルクの南のほうにある高い山に、ロープウェイで行って山を見てきました。水曜日にそれをする目的は、ただ本を読んだり説明を聞いたりするだけで教養を養うのではなく、実際に自分たちで体験して習ったことを身につけてゆく、そういうことを促すためにやっているそうです。訪れる先は例えばパン屋さんであればパンを一緒に焼いてみたり、バイオリン製造所なども訪問したりして、様々な情報を得てかつそれを自分たちで体験しつつ身につけてゆく、そういうことを促すそうです。そのときに公共交通を使うということが非常に大事で、それは環境保護ということをテーマにしているので、車の代わりにどういうものを使えば環境に優しいのか、そういう考え方を身につけるためです。

　木曜日は火曜日とだいたい同じような形で、避難小屋に朝みんなで集まって森に行きます。金曜日が創造の日といってクリエイティブなことをする日で、森の中で探してきた素材を使って、色々工作をしたりする日です。週の最後のまとめとして、先生が人形劇をやってその週のまとめをします。

第2節　体験学習を重視

保育士がそれぞれの専門分野をもっている

　この森の幼稚園の中で一番重要視していることは、それぞれの保育士さんがただ保育というだけに限るのではなく、もう一つそれぞれが別の専門分野をもっていることです。そういう教育課程を受けていることが非常に大事になります。例えば体験学習です。子どもたちが色々な体験をして子どもたちの五感を鍛えてゆく、そういう

231

第Ⅲ部　ドイツの社会保障

写真 4-4　子どもたちと一緒に遊ぶ犬

ような体験学習の研究がドイツでは大変盛んですが、例えば保育士さんの中には植物の種類について、専門にしている人もいれば、それから環境保護について非常に造詣が深い人もいれば、あと体験学習の中でも自然の素材を使ってどういうふうに遊びができるか、たとえば森の中にブランコをつくるにはどうすればよいかや、ロープをどうやって使うかなど、そういったそれぞれの人がそれぞれの保育ということ以外の専門分野をもっています。

　この幼稚園は非常に創造的な取り組みを色々やっています。子どもたちは天候にあった形で、温かい格好をして幼稚園に通っています。

寒いときでももちろん外で遊ぶ

　冬は子どもたちがちゃんとした服を着てこないといけません。寒いときでももちろん外で遊びます。寒いので子どもたちが活動するようなことをします。例えばスキーとかスケートとか、雪がある山の高いところに行ったりすることもあります。子どもたちは体を動かすことで温かくなります。本当に外にまったく出られない寒いときは避難小屋で過ごします。木の薪きストーブがあり、それで中を暖めます。

　犬が一匹いましたが、それは保護者の犬だそうです（**写真 4-4**）。犬も週に3回子供たちと合流して森にいったりして遊びます。子どものことをよく知っているそうです。

幼稚園と保育園

　日本では福祉と教育と概念が分かれていますが、ドイツの幼稚園はどうでしょうか。また、対象の年齢は何歳から何歳まででしょうか。たくさんクラスがあるのでしょうか。

　ビューラーさんが言うには、年齢は混ざっていて、やはりドイツ

でも福祉と教育と概念が分かれているそうです。保育施設とは、3歳未満児を対象とする保育所で、3歳から6歳までの幼児を対象とする幼稚園があり、7歳から12歳までの学童保育を含むそうです。近年では、幼稚園が0歳から6歳までを対象とするか、あるいは3歳から12歳までを対象に学童の機能を合わせもつセンターに拡張される傾向があるようです。

森の幼稚園の年齢は3歳から6歳

　ただしこの森の幼稚園の場合は、子どもの年齢は3歳から6歳に決められています。というのも子どもたちは森に行くわけですから、自分の足で走り回ったりすることができないといけません。しかもここで6時間過ごすことが決まっていますので、それができる子どもたちでないと、この森の幼稚園に入ることはできません。1歳の子どもはここに入ることはできません。幼稚園の時間は、朝7時半から午後1時半までです。

先生何人で子どもたちをみるのか

　ドイツの省庁が出している指針（ガイドライン）によると、1つのグループは子どもが20人と決められています。そして、子どもたちの基準に対してフルタイムの職員が2人と1人の実習生を入れることに決まっています。この幼稚園の場合は別の許可をとっており、10人の子どもで1つのグループです。それにプラスして10人までの小さなグループを加えて、それに対して3人のフルタイムの正職員がいます。そのうち1つの職には50％ずつの仕事を2人で100％の仕事を分け合っています。それにプラスして1人の研修生です。またそれとは別に、大学在学中の人や職業訓練を受けている人が実習の訓練に来ることがあるそうです。

第3節　市民が結成した非営利団体が森の幼稚園を運営

フェアアイン

　運営形態は協同組合（Aktion Lebensraum e.V.）ですが、ドイツ語では「フェアアイン」という言葉です。なかなか日本語に訳しに

第Ⅲ部　ドイツの社会保障

くい言葉で、非営利団体ともいいます。森の幼稚園を運営している
のは、人生の中で何か市民活動をしようという団体です。しかしその団体はなくなってしまいました。

　「フェアアイン」という市民団体をつくるのは市民です。とくに両親がこの市民団体をつくったということではなく、市民が結成した非営利団体が森の幼稚園を運営している形になります。非営利団体や市民団体の多くは会費を払いますが、とくに最初に大きな資金を出して設立資金とするといったことはありません。

　それと、ドイツの場合には1つの雇用を2人で分け合うこともよくありますので、森の幼稚園でも100％とか50％とか言い方をしていました。100％が1人の仕事だとしたら、半分働いている人は50％となります。1つの職を2人とか3人で分ける、そういう考え方がドイツにはあります。

運営方式

　ここの幼稚園は自治体からの支援を受けています。ビューラーさんが言うには、この森の幼稚園の場合は非常に特殊なケースだそうです。というのも町が運営資金の100％を提供しています。ドイツでよくあるパターンは、自治体がもつのは運営資金の30％か40％を拠出し、そのほかの資金で賄っていることが多いそうです。

　通常の場合、森の幼稚園というのはほかの幼稚園に比べて割高だとビューラーさんは言います。しかしここの場合には、自治体であるデンツリンゲンが運営資金を100％もってくれているので、両親が払う金額は普通の幼稚園と遜色のないものとなっているそうです。毎月1人目の子どもの場合であれば105ユーロです。2人目の子どもであれば85ユーロ、3人目、4人目となればどんどん金額は下がってゆきますが、それくらいの金額だそうです。

第4節　園舎をもたず雨・雪の日も毎日森に出かけるのが森の幼稚園

発祥はデンマーク

　森の幼稚園の発祥地はデンマークです。1950年代中頃に、ある

234

第4章　デンツリンゲン・森の自然幼稚園

母親が自分の子どもたちと毎日森にでかけたのがきっかけでした。
ドイツでは1968年に最初の森の幼稚園ができました。初めの頃は
デンマークほど急速には普及しませんでしたが、90年代になって
増え、今では全国に400以上の認可された森の幼稚園があります
（視察当時）。また、幼稚園の入園前の2、3歳児が週に2回くらい
森に出かけていく、「森の幼児グループ」もあります。

　たいていの森の幼稚園は、親または保育者の発意で設立され、親
達が経営団体をつくりますが、自治体や環境団体などが経営者の場
合もあります。決まった日だけ森に出かけるミックスタイプの幼稚
園・保育園もありますが、園舎をもたずに、雨の日も雪の日も毎日
森に出かけていくのが、真の意味の森の幼稚園です。

森の幼稚園は自然の中でのびのびと遊ばせたい親の願いから生まれた

　森の幼稚園は、幼い頃から子供たちに自然と触れ合わせ、自然の
中でのびのびと遊ばせたいという親の願いから生まれました。けれ
ども、最初から子どもたちが森で活発に動けるわけではなく、何を
してよいかわからずに退屈することもあります。保育者は子どもに
周囲の動植物に注意を向けさせたり、「葉や木の実でこんなものが
できるよ」と発見や創造の手伝いをしたりします。目を閉じて樹皮
や土や草に触れたり、植物の香りをかいだり、耳をすませて森の音
を聞くなど、五感を使っての体験も重要な活動です。

森の幼稚園は1年から2年待ち

　森の幼稚園は、村や町のそれぞれにたくさんあるということです。
フライブルクには5つから6つあるそうです。先生にしてみれば普
通の幼稚園よりもっと多くのことをやらなければならないので大変
です。また両親にとっても、子どもたちが森に行って服が汚れたり
靴がどろんこになったりするので、両親の負担も多くなります。そ
れでも子どもたちを森の幼稚園に送りたいという両親は多くいるそ
うです。場合によっては1年待ちとか2年待ちしないと、子どもた
ちが森の幼稚園に入れないところもあるそうです。

235

第Ⅲ部　ドイツの社会保障

参考文献

今泉みね子・アンネッテ・マイザー『森の幼稚園　シュテルンバルトがくれた
　　すてきなお話』合同出版、2003 年。
今村光章編著『森のようちえん　自然のなかで子育てを』解放出版社、2011 年。
エーリッヒ・ルッツ、ミヒャエル・ネッチャー／今泉みね子訳『環境にやさし
　　い幼稚園・学校づくりハンドブック』中央法規、1999 年。

第5章 ダッハウ・強制収容所

第1節　ナチスによるドイツで最初の強制収容所

ダッハウ

　ミュンヘンから北西へ約 19km のところにあるダッハウには、ナチスによるドイツで最初の強制収容所がありました。この収容所にはユダヤ人だけでなく、宗教上、思想上、政治上の問題で収容されていたドイツ人、ポーランド人もかなりの数を占めていました。収容所で命を奪われた人は 3 万人を超えます。第一次世界大戦のとき、ダッハウの街の人口は 5,000 人でした。ほとんどの労働者が銃をつくる工場で働いていました。

　鉄道で運ばれてきた囚人たちは終点の駅であるダッハウで降ろされます。降ろされた囚人は歩いて収容所の門をくぐって行きました。今は、警察の教育施設として使われている建物もありますが、取り壊された建物も数多くあります。建物の建材を塀にして一般の人たちから見えないようにもしました。一時、バイエルン州がこういったものを全部なくしてしまおうとしたからです。

　広大な敷地内にはバラックが 2 棟だけ復元され、その外れにはガス室や焼却炉が保存されています。目をそむけずに歴史の事実を見つめるために、ドイツでは各地の強制収容所を残しています。かつての管理棟が記念館になっていて、ここでナチスがどのような残虐な行為を行ったかを訴えかける展示がしてあります。

ARBEIT MACHT FREI

　囚人たちのスケッチにはとても重要な意味がありました。そしてそれらは隠されていました。収容された人の中には、例えば自分が労働していたところに穴を掘って、書いた日記をそこに埋めていま

237

第Ⅲ部　ドイツの社会保障

写真 5-1　ARBEIT MACHT FREI

した。それからハーブを乾燥させるところに隠しておいたりしました。SS（親衛隊：Schutzstaffel）のトップだったヒムラーは一般的によく知られています。彼は、ハーブを売ることでSSの資金にしていたので、ハーブを栽培していました。そして、一般の人たちとコンタクトできる売店があったので、そこで協力してくれていた女性にスケッチを渡したり、自分の書いた日記を渡したりして、国際的に公表することをお願いするなど色々な抵抗行動が行われていました。

　私たちは、囚人達がダッハウの駅から歩いたように、収容所まで歩いて行きました。ここには収容所の入口があります。鉄の扉が有り、「ARBEIT MACHT FREI」（働けば自由になる）とかかれています（**写真5-1**）。しかし歴史の事実は、一度その門をくぐると二度と生きて出てくることはかないませんでした。

囚人たちの記録

　現在、建物はありませんが、最初に囚人たちが来たときに非常に長いホールがあって、そこで囚人たちは初めて記録がとられました。あなたはどういう名前か、あなたはなぜここに入らなければならないのか、嫌がらせをされました。写真を正面と横側から取られます。なかなか立たない囚人には下から針がでてくる装置が仕掛けられていました。これは、最初から「あなたたちはこういうようなところに来たんですよ」と分からせる方法でした。

　フランスはレジスタンス運動をしていましたから、フランスのユダヤ人は非常に多く収容されてきました。例えば、列車の中には2,000人が詰め込まれて4日くらいかけてフランスから来ます。死亡者が700人いるとか、もう動けなくなっている人たちがいるとか、悲惨な様子がうかがえました。

238

第5章　ダッハウ・強制収容所

写真5-2　広大な敷地内に復元された2棟のバラック

写真5-3　ドイツ全土につくられた収容所

収容された囚人は 206,206 人

写真5-2は、敷地内に復元された2棟のバラックです。囚人たちは毎朝、毎夕、点呼を取られます。列をつくって朝、そして夕方、2回点呼を取られるわけです。1人でも欠けていたり、消息がはっきり言えなかったりした場合には1日中立たされました。

囚人たちは5月3日には完全に釈放されて、皆が喜びました。アメリカ軍の釈放が開始されたのは4月29日ですから、それから4日が経っていました。みんな虱などで苦しんでいました。それで赤十字がふるに活動するわけです。治療したり病院に入院しました。

写真5-3は、当時の強制収容所がドイツ全土に造られていたことを示しています。そして1944年には78,635人が収容され、1945年には30,958人の囚人が収容されていることを示しています。合計206,206人の囚人が収容されていました。

ファーターランド

かつての管理棟の中には、新しく入ってきた人たちが受け付けで消毒されたり、刑罰を与えられたりする部屋があります。囚人は自分の着てきたものを全部脱がなければなりませんでした。服を脱いだ囚人たちは真っ裸です。それから消毒室に入ってスプレイをかけられたりして、体がぎりぎりします。または樽みたいなところにドボンと入ってヒリヒリします。その後、シャワー室に行きます。

例えばキッチンがあった部屋があります。ユダヤ人たちの宿舎は一番奥にありました。担当の囚人が食事を運ぶのに、スープは熱い

第Ⅲ部　ドイツの社会保障

し、けっこう遠くまで運んでいきますからこぼれてしまったりして、非常にいじわるをされました。一番優遇されたのはやはりドイツ系の人たちでした。なるべく前のほうに宿舎がありました。

　展示室の一角に言葉が書いてあります。「とにかく従順である。正直である。清潔である。ぜいたくをしない。そして努力をする。きちんと整頓をする。犠牲になる、そういう気持ちを持つ」。そういうのが母国に対する──日本では母の国といいますが、ドイツでは「ファーターランド」といってお父さんの国といいます──それが母国を愛している、ということだと書かれていました。

三角形は完全殺人の場所

　囚人服には番号が入っている場合がありました。番号が入っているのは、前にここで囚人として働いていた人たちで抹殺された人たちの服です。プレトニウムカンと書いてあります。ソビボアと書いてあります。ここに三角形の印がついていました。これは完全に殺人する場所としてつくられたものです。マイダニックもそうですし、アウシュビッツもそうです。四角は重要なところで、言って見ればここが中心になってそこに所属している、そういう集合所でした。ドイツには450くらいありました。

　そして、マウトハイゼン、ここは地下で飛行機のエンジンを作っていました。ですから太陽光を一度も見なかったという人たちがいました。今はドナウで観光地になっています。三角形の中にTと書かれた印も見られます。オイタナジーというのは完全に殺人の場所です。身障者、精神障害者、同性愛者、働けなくなった人たち、そういう人たちがいました。ですから、ここには身障者はだれもいません。そういう人たちは人間の価値がないということでさっさと殺されました。

労働・住居・血統化

　ミュンヘンにはBMWがありましたので、飛行機のエンジンを作っていました。ジーメンスもありましたので、製鉄関係のものを造っていました。とにかく重労働でした（**写真5-4**）。そして住宅などもとても住宅とはいえないようなものでした。土を掘ってその

240

第 5 章　ダッハウ・強制収容所

写真 5-4　囚人たちの労働の様子

写真 5-5　演説するヒットラー

上をカバーして、その上に芝生を植えて、上空から見えないようにしたのを宿舎にしていました。アメリカ軍が南の方から（イタリアの方から）来たときに空軍は爆撃しましたが、それが住居だとは思いませんでした。そこに爆弾が落ちて犠牲になった人がいたわけです。

　それからドイツ軍は凄まじいことをやりました。SS の人と未婚の女性とデートする場所を決めて、子どもを産ませました。血統化ということです。いい血統をつくって、征服した地域で、そのドイツ人の血を増やしていこうという考え方です。今でも私たちのお父さんお母さんを知りたいということで、シュタインベルヘンの役場に特別の場所を設けて、そういった人たちを受け入れています。

ヒットラー

　ドイツのプロイセン帝国（プロイセン国王をドイツ皇帝に戴く連邦国家を指す歴史的名称）は有名です。ビスマルクの時代で、愛国心を育てた時期です。例えば館長さんが印象派の作品を買ったら「自分の国の芸術家を奨励しないとは何事か」ということで首になりました。それに輪をかけたのが世界恐慌で、株は暴落しました。失業した労働者がいっきに増加した第一世界大戦のときでした。ドイツは敗戦国として賠償金を払わなければならない、そんなときに我々の希望だといってでてきたのがヒットラーです（写真 5-5）。すごく演説がうまかった人です。みんなをぐいぐい引っ張ってゆくといった感じでした。これから国を作ってゆくんだという、建国と

241

第Ⅲ部　ドイツの社会保障

写真5-6　空に目が描かれており、「いつも監視されていた」という意味

言っていた時代でした。

神様は目をつぶっている

　日本人は1人だけいましたが消息はわかりません。ヨーロッパ人が一番多く、フランスはレジスタンス運動をしていましたから、すごい人数でした。それからもちろんドイツ共産党、社会党といった批判的な意見をもった人たちでした。1933年には王様の広場で本を燃やすことをしましたが、「本を燃やすということは人間を抹殺することだ」という意見を述べています。

　ダッハウの強制収容所ではオープンにインフォメーションしていました。それはマガジンです。そしてナチスに従わない人は「ダッハウに行くよ」という脅迫的なものでした。例えば、ベルヒテスガーデン（Berchtesgaden）というところにヒトラーの山荘「ケールシュタインハウス」（Kehlsteinhaus）があります。その一帯にSSの幹部の山荘があって、地下道でつながれていました。そこはもともと普通の農家でした。それを名目的には売るのですが、実は「売らなければダッハウに入れるぞ」という脅迫を受けていました。

　ここに1枚の絵があります（写真5-6）。この人は釈放されてこの絵を描きました。空に神様がいるわけです。しかし目をつぶっています。「凄まじいことがあるんですよ」と言っても、神様は目をつぶっているわけです。誰も理解してくれない。これはすごく重要なオリジナルな絵です。囚人たちは番号を持っています。色々な国の人たちの数を数えると20万の人が出たり入ったりしました。それには、殺害された人の数は抜いてあります。

ダビットの星

　次の部屋には囚人につけられたマークが掲げられていました。赤は政治的に、職業的に、避難した人、それからエホバの会、それから同性愛、それから社会に合わない人、つまり放浪者や物乞いをす

242

る人です。ユダヤ人の場合には特別にダビットの星という印がついていました。ズボンと手の甲と胸のところにマークをつけなければいけませんでした。しかしこれもいい加減だったそうで、適当につけられていました（写真5-7）。

同性愛者は1960年代まで社会から阻害されていました。現在は結婚してもよくなりましたが、この時代にはガス殺害されたわけです。警告のための色々な記念のオブジェがありますが、そこには永い間ピンクのカラーをつけませんでした。

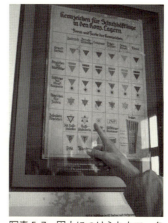

写真5-7　囚人につけられたマーク

鞭による制裁

些細ないいがかりで罰を決められると、制裁は鞭によるものでした。牛の筋の乾燥した鞭です（写真5-8）。たとえば自分のロッカーに染みがついていたとかきちんと下げてなかったとか、そんな些細な理由で25打たれました。SSは煙草を吸いながら喜ぶような感じです。そして鞭で打たれた数を、囚人本人が数えなければなりませんでした。途中で失神したら水をかけられて、息を吹き返します。するとまた最初から打たれます。ですから皮膚は裂け、骨は砕けました（写真5-9）。SSは何らかの理由を見つけては囚人をつれて来ては鞭で打ち、そして背中に手を結んで上からぶら下げました（写真5-10）。ですからショルダー（肩）をダメにしてしまう人もいて、仕事ができなくなるとハートハイムに送られて安楽死させられました。

帽子を転がして銃殺する

フランスから来た2,000人のうち700人の遺体がありました。フランスからダッハウまで来る間の4日間に700人が殺されました。残った1,300人の人たちは、どういう傷があるとか、働けるとか働けないとか、判別してどこかにいってしまうわけです。そういうことが行われました。囚人たち自身がそういう仕事をしなければなり

243

写真5-8　実物の牛の筋の乾燥した鞭と台

写真5-9　鞭で打たれ手いる様子

写真5-10　ぶら下げられる囚人

ませんでした。現在の私たちは、写真が残されているおかげで当時の様子がどういう状態だったかがわかります。本当に重要なドキュメントです。

囚人は帽子をかぶっています。風が吹いたらわざと嫌がらせで帽子を転がせて緑の地帯があってそこに入ったら銃殺されます。わざと嫌がらせで帽子をとって、そういうところに帽子を転がして銃殺された人もいました。

死の行進

何千人とバラックの部屋に入れられていました。プライバシーなどはありませんでした。SSには、「アメリカ軍が入ってきたら痕跡を残さないように囚人は全部運べ」と命令がありました。ここからオーストリーの国境までみんな木の靴を履かされて、ガラガラ音をさせて歩きましたので、「死の行進」といわれました。

生体実験

右側の1から5までのバラックは生体実験をしたバラックです。電気を高圧にするとか温度を下げるとか、色々な装置がありました。なぜこういうことを始めたかというと、ドイツ軍がアフリカに侵入

第5章　ダッハウ・強制収容所

し始めたからです。飛行機で上空を飛んでいて撃たれて墜落した、そのときにどのくらいの温度でどれくらい長く生きていられるか、それがわかれば救助ができるのかできないのか、そういう考えを持っていました。それから、ドイツ軍はロシアに侵入して行きました。そのときに、マラリアの発生する地域でマラ

写真5-11　仕切りのないベッド

リアに罹ったらどういう治療ができるか、マラリアの蚊がいるところに囚人の手を入れてマラリアに感染させるなど、色々なテストをしました。その結果、2千人ほどの人たちが亡くなっています。それでもここの医師たちは、後に開業医として働くことができました。それから終戦後、ドイツには人物がいなくて、SSの人たちで暗い背景を持っている人たちでも代議士として重要なポストについたこともありました。

囚人の生活

　バラックの床はピッカピカだったそうです。朝、夕、担当者がピッカピカにしなければいけなかったし、それを監視している同じ囚人の同輩がいるわけです。ベッドカバーの線は端から端までピタッと揃っていなければいけないように、ドイツでは徹底してチェックしていました。ですから囚人の生活でも、何かしらけちをつけるチャンスを探していました。

　1938年の最初の段階の寝室には仕切りがありました。しかし人数が増えてくると真中の一人ひとりの仕切りがなくなります（**写真5-11**）。そして個人のものを置く場所もなくなります。戦争が始まって、人数がすごく増えてくるわけです。最終的には1つのバラックの中に1,770人が収容されます。1944年代の寝室ではめちゃくちゃに人数が多いですから雑魚寝でした。

　写真5-12は、もう二度とこういうことがないようにということで、鉄柵に張り付いている遺体を表現しています。

第Ⅲ部　ドイツの社会保障

写真 5-12　鉄柵に張り付いている遺体を表現

写真 5-13　ダッハウの囚人

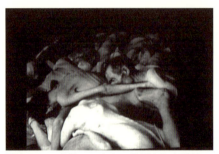

写真 5-14　山積みにされて放置された遺体

　記念館の中では、ドイツ語、英語、フランス語、イタリア語の映画を観ることができます。時間はそんなに長くはありませんが、衝撃的映像には思わず息を呑みます。当時の映像が残されていること事体奇跡に思われますが、人間がどうしてこのようなむごいことができるのか、戦争の本当の恐ろしさを思い知らされます（**写真 5-13**、**写真 5-14**）。

絞首刑と射殺、感電死

　私たちは、かつては逃亡できないように電流が流されていたという鉄条網と見張り門をくぐり抜け（**写真 5-15**）、収容所跡から殺人が行われたガス室と焼却室の建物の方に移動しました。

　写真 5-16 はかつて絞首刑が行われた場所です。真ん中に松の木が植えてありました。そこで首吊りがありました。周りを一回りすると、溝を掘ってその前に座らさられて血液がそこに流れるようにした場所もありました。

　しかし 6 千人のソビエトの兵士達は別のところで射殺されました。サッカーの試合をしていて国ごとに対抗戦をしていました。ワーと歓声が上がったときなどに、パパパーンと銃声が上がって囚人の観客たちはシーンとなってしまったそうです。また、アメリカ軍に開

第 5 章　ダッハウ・強制収容所

写真 5-15　鉄条網と見張り門

写真 5-16　かつて絞首刑が行われた場所

放されたときに、柵の電流をオフにするのがわからずに、みんながワーと喜んで柵に触れて感電死したこともあったそうです。

第 2 節　毒ガス室・火葬場・焼却炉

バラック X

　当時は千人くらいの遺体を焼いていたそうです。1933 年まではミュンヘンの市内の火葬場に遺体を持っていったそうです。なぜなら死亡証明が必要だったからです。しかし、刑罰で死亡した場合や銃殺して死亡した場合など秘密にしたかったので、1940 年からは自分たちがやるからと、ダッハウで記録をとる戸籍係りを置きました。ここだけでは許容量が絶対的に少なかったので X という名前のバラックが作られてゆきます（写真 5-17、写真 5-18）。1942 年、43 年の頃です。

シャワー室と書かれたガス室

　写真 5-19 は、焼却炉までの部屋の順序を示した図です。2 番目の部屋は囚人が着ている服を全部脱がせて消毒する場所です。そのあと 3 番目の部屋は囚人が裸で待っている場所で、ウェイティングルームです。「5」と書かれた部屋はシャワー室と書かれています。シャワー室と書かれていますが、天井からガスを流して殺します（写真 5-20、写真 5-21）。しかし実際はダッハウではガス室は使われませんでした。ここがモデルとなってツィクロン B（独：Zyklon

247

第Ⅲ部　ドイツの社会保障

写真 5-17　新しく造られた毒ガス室と火葬場

写真 5-18　新しく造られた焼却炉

写真 5-19　囚人が焼却されるまでの部屋の順序を示した図

写真 5-20　シャワー室と書かれたガス室

写真 5-21　ガス室内部

B, 英：Cyclon B) が作られました。ツィクロンBはドイツのシアン化合物系の殺虫剤の商標です。第二次世界大戦中にナチス・ドイツによるホロコーストで、強制収容所のガス室で毒ガスとして用いられたため、現在は農薬としては用いられていません。

　それからここに火葬場があって、遺体を運んでいました。囚人たちが3人くらい遺体の整理をしたりする役割をしていました。そういう人たちは3カ月間ここで働いたらそのあとは殺されました。秘密にしておきたかったからです。彼らは焼却炉の建物の後ろに住んでいました。

248

第3節　歴史を改ざんする逆流は許されない

侵略戦争を美化する日本

　日本では、歴史逆行の事態が繰り返されています。2013年12月、麻生副総理ら4人の閣僚が靖国神社に参拝し、安倍首相が真榊（まさかき）を奉納するという事態が起こりました。靖国神社は、A級戦犯を合祀していることだけが問題ではありません。過去の日本軍国主義による侵略戦争を「自存自衛の正義のたたかい」「アジア解放のたたかい」と丸ごと美化し、宣伝することを、存在意義とする特殊な施設であることにこそ、最大の問題があります。首相や閣僚による参拝や奉納は、侵略戦争を美化する立場に自らの身を置くことを宣言するものにほかなりません。安倍首相は「わが閣僚においては、どんな脅かしにも屈しない」と述べましたが、このような傲慢な開き直りは許されません。

　戦後の国際政治は、日独伊が行った戦争が、不正不義の侵略戦争だったということを共通の土台としています。この土台を覆す勢力には、国際政治に参加する資格はないのです。なぜ日本ではこのような歴史逆行の事態が繰り返されるのか。それは、日本の敗戦後の再出発の過程に根源があります。日本の侵略戦争を推進した指導勢力のうち、戦争犯罪人として裁かれたのは、東条英機などごく一握りの人々で、多くはまもなく「復権」し、日本の政治の中枢を握ることになりました。日本では、連合国による東京裁判は行われましたが、自国の裁判所では戦争裁判の処罰はただの一人も行われませんでした。その結果、戦犯勢力の末裔が、自民党などにいまなお巣食っています。ここに日本の政治の他に類のない異常の一つがあります。

ナチス戦犯を今でも裁き続けるドイツ

　同じ侵略国だったドイツはまったく別の道を進みました。ドイツでは連合国によるニュルンベルク裁判とは別に1945年から自国の裁判によってナチス戦犯を今でも裁き続けてきています。10万人以上のナチス関係者が裁判にかけられ、6千人以上が有罪となり、永久訴追が行われています。こうした徹底的な侵略戦争と戦争犯罪

第Ⅲ部　ドイツの社会保障

写真 5-22　広大な敷地のダッハウ強制収容所

への自己批判によって、ドイツはヨーロッパ社会で多くの友人を得ました。

　歴史は後で書き換えることはできませんし、都合よく消しゴムで消すこともできません。しかし誠実に向き合うことはできます。歴史を改ざんする逆流は許されないことなのだと、広大な敷地のダッハウ強制収容所（写真 5-22）を見て考えさせられました。

ナチ犯罪に時効なし

　ドイツでナチ犯罪追及の新たな波が起こっています。第二次大戦中にユダヤ人などの大量虐殺の舞台となったアウシュビッツ・ビルケナウ強制収容所のハンス・リプリシス元看守（2013 年 6 月時点で 93 歳）を 5 月 6 日にドイツ南西部シュツットガルト検察当局が逮捕しました。5 月 30 日には、同じくアウシュビッツ・ビルケナウでナチ親衛隊の隊員だった、旧東独メクレブルク・フォアポンメルン州出身の 3 人が捜査されていることが明らかになりました。

　ナチス・ドイツは、隣国への侵略戦争や 600 万人を殺害したといわれるホロコースト（ユダヤ人大量虐殺）など数々の戦争犯罪をしてきました。ナチスが連合軍に敗れ去った後、ニュルンベルク国際法廷は、ナチスの最高幹部 19 人に有罪判決をしています。日本と違うのはその後、旧西独で自国の裁判所によってナチ犯罪を裁き続けていることです。

　「ナチ犯罪に時効なし」の原則が 1979 年に確立しました。独検察庁がつくった、ナチ犯罪について情報収集をし、捜査する「ルードウィヒスブルク・ナチス犯罪追及センター」によると、1945 年から 96 年まで 10 万 6,496 人が裁判にかけられました。その後の裁判も含め、2010 年 1 月までに有罪になったのは 6,498 人です。

　一方、1969 年、独連邦裁判所は、アウシュビッツ強制収容所の歯医者が具体的な虐殺への関与が証明されないとして無罪を言い渡

し、この判決が先例となり、訴追への障害となりました。

　今回のナチ裁判の新たな波は、その先例を覆す判決が 2011 年ミュンヘン地方裁判所で出されたことがきっかけです。ポーランドにあったゾビボール強制収容所で看守を務めたジョン・デムヤンユク被告は、法廷では虐殺への関与は証明されませんでしたが、看守でいたこと自体が虐殺への関与だとして、禁錮 5 年が言い渡されたのです。

　「ルードウィヒスブルク・ナチス犯罪追及センター」のトーマス・ウイル所長代理は、独メディアに 2013 年 6 月 3 日、「1,000 人以上のナチ親衛隊員の刑事責任を洗い直す作業に取り掛かった。うち、独国内に暮らす 49 人のアウシュビッツ収容所の看守を焦点として訴追すべく動き出している」と語りました。いずれの容疑者も高齢であり、捜査が急がれます。

参考文献・映像

NTSC-DVD　*Documentary film: Concentration Camp Dachau 1933-1945,* Comite International de Dachau.

ヴィクトール・E・フランクル『夜と霧　新版』みすず書房、2002 年〔V.E. フランクル『夜と霧　ドイツ強制収容所の体験記録』みすず書房、1961 年〕。

NPO 法人アウシュビッツ博物館編『アウシュヴィッツの「囚人」6804　アウグスト・コヴァルチクの記憶』グリーンピース出版会、2006 年。

コーゴン, E ／林功三訳『SS 国家——ドイツ強制収容所のシステム——』ミネルヴァ書房、2001 年。

芝健介『ホロコースト　ナチスによるユダヤ人大量殺戮の全貌』中公新書 1943、2008 年。

高橋三郎『強制収容所における「生」』世界思想社、2000 年。

長谷川公昭『ナチ強制収容所——その誕生から開放まで』草思社、1996 年。

林健太郎『ワイマル共和国　ヒトラーを出現させたもの』中公新書 27、1963 年。

松田十刻『ダッハウへの道』NHK 出版、1999 年。

マルセル・リュビー／菅野賢治訳『ナチ強制・絶滅収容所　18 施設内の生と死』筑摩書房、1998 年。

第Ⅳ部　オランダの医療と介護

第1章 オランダの医療

第1節　オランダという国

面積と人口

　オランダの面積 41,526km^2 は九州ほどの面積です。人口は約 1,633 万人（2006 年現在）で、東京都と横浜市を合わせた人口規模の小国です。

　この国は、EU に加盟している立憲君主制の国でもあります。

寛容政策

　オランダを特徴付ける政策に、寛容政策（あるいは「黙認政策」ともいう）があります。

　第一は、安楽死政策であり、年間死者数の 2〜3％ に当たる 2 千〜3 千人が安楽死しています。

　第二は麻薬政策であり、ソフトドラッグである大麻（ハッシシ、マリファナ）をコーヒーショップというソフトドラッグ販売専門店で自由に買うことが出来ます。

　第三は、飾り窓地区の存在です。観光客を呼び寄せ世界から老若男女を見物人にするセックス・ビジネスを認めています。

　そして第四に、同性結婚も認められています。

ヘドウヘン

　オランダ社会を理解するためのオランダ語に、「ヘドウヘン（gedogen）」という言葉があります。ヘドウヘンとは「許す。共感する。寛容になれる」といった意味で、オランダ人は「不法だけど不法でないこと」と説明しています。ヘドウヘンは、安楽死、麻薬、飾り窓をはじめオランダ社会において寛容政策を実現させ、立法化

へ導いている言葉なのではないかと考えられます。

これらの寛容政策は問題が地下に潜むことなく、オープンに議論されることがオランダの狙いであり、国内外で話題となり賛否両論様々に議論されることこそが、新しい社会形成の第一歩となるのではないかという考えのようです。これまで20世紀の問題解決手法としては、アメリカモデルが主流でしたが、このモデルでは実は問題はいっこうに解決せず、ますます地下に潜伏し犯罪組織を巨大化させてきたこととは対照的です。

第2節 オランダ医療の概要

ヨーロッパ第三のモデル

角瀬保雄（2007）は、オランダの医療について次のように紹介しています。

「ヨーロッパの医療制度改革の第三のモデルとしては、オランダが注目されている。オランダでは、医療市場自由化を積極的に推進しているといわれているが、実態は必ずしもそうではない。普遍的公的医療と社会保険との混合型という位置づけができる」。

三つの柱

オランダの医療保険制度は三つの柱からなっています。

第一は、1968年から実施された特別医療補償法（The Exceptional Medical Expenses Act, AWBZ：Algemene Wet Bijzondere Ziektekosten）に基づくものです。この制度は強制的公的保険制度で、勤労者のみが保険料を支払う保険です。これは長期治療、障害者などをカバーするものであり、所得割課税を財源としています。医療費支出全体の41％を占めています。

第二は、1964年に創設された医療保険法（強制健康保険制度：Ziekenfonswet, ZFW）や高齢者医療保険法（The Health Insurance Access Act, WTZ：Wet op de toegangtot ziektekostenverzekeringen）に基づくものです。経営者と勤労者の保険料支払い比率は 6.75 対 1.25（2004年）となっています。これは、一般医による急性期治療や歯科治療など、さらには入院治療

255

第Ⅳ部　オランダの医療と介護

の分野をカバーしています。医療費支出全体の53%を占めています。この制度は民間保険会社にも役割分担をさせるという点で特徴があります。

オランダの医療保険人口のうち、ZFWに加入しているのは64%、民間保険加入が35%という比率になっています。民間保険には営利保険会社と保険共済があります。ZFWの財政管理は全国の22の疾病金庫が行っています。

第三は、その他高額医療などのための任意の補完的保険に加入するものがあります。これらの制度に加入している保険者団体は、医療基準法（医療料金法：The Health Care Charge Act, WTG）に基づき、医療機関との報酬改定を行います。

9割は独立非営利の病院

オランダには1999年度時点で病院が136ありましたが、その9割は独立非営利の病院で、残りは公的な大学病院でした。病院は病院供給法（WZT）により統制されています。2005年以降、病院財政法により実績予算方式（DBC／DRG）が主導されています。診療報酬は、国の基準によるものと疾病金庫との協定によるものの2種類となっています。また、一般医（家庭医）は、プライマリーケアのゲートキーパーの役割を果たし、疾病金庫との契約に基づき、人数に合わせた診療報酬と民間保険による出来高払いを受け取ることができます。自治体は、保健事業、社会サービスの部門を担当しています。

オランダでも入院待ち日数が長いことが問題となり、イギリス同様に改善に取り組んでいます。2000年には1カ月以上も入院待ちしている人が9万2,000人いました。依然として待機人数は多いものの、その日数は短縮に向かっているようでした。

デッカー改革

1987年のいわゆるデッカー改革（「デッカー・プラン（Plan-Dekker)」）のスローガンは、「変更の自由」というもので、患者の権利の拡大を掲げました。疾病保険制度の改革は、連帯と競争の組み合わせを目指す点ではイギリスやフランスと類似しています。患

第1章 オランダの医療

者（被保険者）、保険者（疾病金庫）、医療提供者（医療機関、医師団体）の三者の役割分担の明確化を進めました。

第一に、皆保険としました。すなわち、保険をすべての人々に適用する AWBZ 制度の導入を行いました。

第二に、社会保険共済金庫と営利保険会社団体と医療機関との医療内容診療報酬の契約交渉を認め、高齢者医療を ZFW 制度に組み込むという改革を行いました。

「規制された競争」を目指す

オランダの医療制度は、医療提供者の市場化を目指したものではありません。民間保険の多くは、社会保険制度の中に組み込まれ、規制されており、それは患者の選択肢の幅を保障するものであると見なされています。

オランダは「規制された競争（Regulated Cometition）」を目指しており、規制緩和の政策をとっていません。オランダの医療改革は、保険者の種類を3つに分けて、公的医療、社会的医療、自由医療との棲み分けを進めているといえるでしょう。

第3節　オランダの医療の仕組み

死亡原因と医療費

オランダの医療は世界でも高水準の医療サービスを提供しています。このことは平均寿命に反映されており、オランダの男性の平均寿命は76.3歳、女性は81.1歳です（視察当時）。

オランダが死亡原因とする上位を占めているのは、循環器疾患と肺疾患です。男性に最も多い死亡原因は心疾患と肺がんで、女性に最も多いのは心疾患と脳卒中です。医療費は、精神障害（総支出総額の7.7%）、認知症（4.9%）、脳卒中（2.9%）など、長期治療や集中治療を必要とする一般疾患に大部分が充てられています。

医療の質

オランダでは、様々な施設や専門家が医療を提供しています。国民の最大の関心は、良心的な費用で、良質の医療を簡単に利用でき

257

第Ⅳ部　オランダの医療と介護

るかどうかということにあります。医療の質は、多くの法律によって規定され、また、患者と消費者団体は、医療の質の向上に貢献するとともに、患者の声を届ける活動に取り組んでいます。

　たとえば、こうした団体は、保険会社に良質の医療の購入を求めることが出来ます。病院、老人ホーム、その他の医療提供者は、独自の品質システムを立ち上げ、監視しなければなりません。政府に代わり、医療監察局（the Health Care Inspectorate）が医療の質の監視にあたっています。

高齢化による医療費増

　2005 年のオランダの医療支出は 460 億ユーロ（日本円で 1 ユーロ 160 円として 7 兆 3,600 億円。以下同様）でした。医療を国庫負担の枠内で賄える範囲に抑えようとする政府の努力にもかかわらず、医療支出は国家予算の項目の中でも突出した伸びをみせています。その理由の一つが高齢化です。戦後のベビーブームと 1970 年頃まで増加傾向が続いた出生率のため、2030 年にはオランダの 65 歳以上の高齢人口は約 400 万人になると見られています。これは、総人口の約 4 分の 1 にあたります。現在は、65 歳以上の人が総人口の約 17％を占めています。

GP（一般医）システム

　健康の問題を抱える人がまず訪れるのが一般開業医、歯科医、理学療法士、助産師といった一次医療の提供者です。一次医療の提供者は、より高価な二次医療（専門医療や外来診療）が不必要に使用されることがないようゲートキーパーの役割を果たしています。一次医療は比較的安価で、年間医療予算に占める割合はわずか 4％です。

　オランダでは、このように GP（一般医：Grneral Practitioner）システムがとられており、消費者は病気になったときには、最初にGP を訪問し、その紹介状がないと病院を訪問することができません。また、彼らが利用できるのは、自らが登録している保険会社が契約している GP、病院のみです。GP は、契約に基づいてリスク調整型人頭払い方式（Risk-adjusted capitation payment）で各保険

258

第1章　オランダの医療

会社から支払いを受けていました。

地域医療の変化

　現在、一次医療は移行期にあり、もはや政府の独占領域ではなく、医療に対する国民の責任が大きくなりつつあります。また、政府は地域や民間の医療イニシアチブを支援・奨励しています。近年、地域の中で高齢者や障害者に医療を提供する動きが加速しています。以前は病気に焦点を合わせていた地域医療ですが、現在は可能な限り自立した生活を送りたいと考える患者に焦点を合わせています。患者が望めば、従来は病院だけで行なわれていた医療を在宅で受けることが出来ます。自立した生活を送っている患者は、適切な仕事、またはその他の有益な活動をする必要があるため、医療提供者は職業安定所、福祉機関、業界と緊密に連携しています。

参考文献

大森正博「オランダの医療・介護保険制度改革」『海外社会保障研究』No.145、
　　Winter 2003、pp.36-52。
角瀬保雄監修『日本の医療はどこへいく』新日本出版社、2007 年、pp.227-229。
長坂寿久『オランダモデル——制度疲労なき成熟社会——』日本経済新聞社、
　　2000 年。
広瀬真理子「オランダの長期医療・介護保障制度」『海外社会保障研究』No.131、
　　Summer 2000、pp.47-55。

第2章 オランダの介護保険

　オランダの介護保険について、詳しく紹介している文献はそう多くはありません。しかし、国内のシンクタンクが調査した内容から、ある程度の情報を入手できます。ここで資料として利用するのは、医療経済研究機構（2002）、日本総合研究所（2004）。そして、医療経済研究機構（2005）、等です。

第1節　世界で最初の介護保険

特別医療費補償保険

　オランダは1968年より実施されている特別医療費補償保険（AWBZ）は、世界で最初の介護保険制度であるといわれています。当初はナーシングホーム等における長期医療等のみが対象でしたが、その後給付範囲が拡大し、財政負担も増大しています。つまり、最初は施設や病院を対象にしていましたが、後に在宅にも広げた経緯があります。

　オランダの介護保険制度は、一般的に非常に総合的な介護保険をつくっているといわれており、介護保険という意味では世界で一番興味深い国でもあります。

需要主導型のサービスが実現

　オランダの地方自治体は、高齢者や障害者に介護サービスを提供するよう法律で義務付けられています。そのため、交通手段、車椅子、自宅で使用する特別な設備などのサービスを提供しなければなりません。

　介護サービスの利用方法は2つあります。1つは、自治体の専門機関に申請する方法であり、もう1つは介護サービスを購入するた

めの個人予算を申請する方法です。その結果、介護サービスの柔軟
性が高まり、需要主導型のサービスが実現しました。

施設系と住宅系の介護サービス

　オランダの施設・居住サービスの類型は施設系と住宅系がありま
す。介護施設にはナーシングホームがあります。住宅系としては、
高齢者ホームとシェルタードハウジングがあります。

　ナーシングホームは、重度者を対象として24時間体制で介護・
看護サービスを提供する施設です。看護師が常駐していますが、医
師が常駐する場合もあります。住宅系の高齢者ホームは、軽度者か
ら重度の高齢者を対象とするケア付き集合住宅です。医師、看護師
は常駐せず、介護職員が常駐しています。必要に応じて外部の医療
サービス等を利用します。

　シェルタードハウジングは、主に自立高齢者を対象とする集合住
宅です。職員は常駐しない場合が多いです。必要に応じて外部の医
療・介護サービス等を利用します。そして、これらの施設や住宅に
は一律の人員配置基準は存在せず、利用者の状態に応じて職員の配
置を行なっています。

　これらの3つの整備状況等は、2000年の高齢者人口の7.8％です。
ナーシングホームは2.7％、高齢者ホームは5.1％、シェルタードハ
ウジングは1.0％でした。

創設時の保険料率は0.4％

　オランダは1968年に介護保険をつくり、そのときの介護保険料
が課税所得の0.4％でした。現在は10.5％です（視察当時）。課税所
得の10.5％というのはどれほど高いものであるかというと、ちなみ
にドイツは1.7％です。日本は、定額制でカウントしにくいですが、
標準労働者の収入で計算すると大体1.2％くらいとなります。ただ
公費が半分入っているので、実態的には2.5％ぐらいの厚みをもっ
ていると考えらえます。

　オランダの介護保険の2004年度の財源・費用負担は、保険料
91.3％、利用者負担8.7％となっています。利用者負担については、
資産調査を経て、所得・世帯構成等を考慮して決定されます。料率

第Ⅳ部　オランダの医療と介護

の推移については、1968年0.4%、1990年5.4%、1998年9.6%、2005年は13.45%となっています。

第2節　ナーシングホームから住宅へシフト

保険料が25倍に上がった

なぜ、オランダは0.4%の保険料が10年で5.4%の12倍に跳ねあがって、現在の10.5%を超える、つまり保険料が25倍に上がっているのか。その理由は、施設吸引効果によるコスト爆発ということになっています。つまり、政府がナーシングホームの建設についてコントロールできませんでした。その結果として、一斉にナーシングホームが増えて、そこに利用者が入ってはねあがりました。

そのため、オランダでは1990年代にナーシングホームから在宅のための住宅に施策がシフトしました。

軽度者の保険給付をコムーネの事業へ

オランダでは2000年には、幅広い軽度の保険給付をやめて、それをコムーネの事業にしていきました。日本でいうならば、地域支援事業みたいなものにしていったということです。

ドイツはオランダから遅れること30年ですが、ドイツの介護保険というのは非常に部分給付で、施設に入るのも、要介護だったら入れるわけではなく、MDKの認定が必要となっています。

ちなみに、世界の介護保険は、オランダは最初で次はイスラエルであり、その次がドイツでルクセンブルクと続きます。日本は5番目であり、6番目が韓国という順に施行されてきました。

文献

医療経済研究機構「要介護高齢者の終末期における医療に関する研究報告書」2002年。
医療経済研究機構「オランダ医療関連データ集2004年版」2005年。
日本総合研究所「介護施設等の費用体系に関する総合調査報告書」2004年。

第3章 新しい医療保険制度

第1節　国民健康保険制度への加入が義務付けられた

健康保険制度が一本化

　オランダ保険・福祉・スポーツ省（2005）によれば、オランダでは2006年1月1日に健康保険制度が一本化されました。これによって、オランダに居住している、または所得税を納めているすべての人に、国民健康保険制度への加入が義務付けられました。

　健康保険の基本的な内容は法律で規定されており、保険会社の選択は国民に任されています。保険会社は、基本健康保険への加入を希望するすべての人を受け入れるよう義務付けられています。基本的な補償範囲については、高齢や慢性疾患を理由に高い保険料を請求されることはありません。

　新しい制度は、より効率的で患者中心の医療サービスを実現することが期待されています。

オランダ在住、在勤者はすべて各自保険会社を選んで加入

　これまでオランダの医療保険は、税込み年収33,000ユーロ（528万円）以下の人が加入する政府管掌保険（強制医療保険：Ziekenfonds）と任意保険（Particulere verzekering）の2つに分かれていました。

　2006年1月1日以降、その区別がなくなり、オランダ在住、在勤者はすべて各自保険会社を選んで加入することになりました。保険会社には、加入希望者を年齢、性別あるいは健康状態のいかんにかかわらず受け入れる義務があります。被保険者は毎年加入保険会社を変えることができます。また、高齢者である、病気をかかえている、などの理由から保険会社が保険料を上げることはできません。

263

第Ⅳ部　オランダの医療と介護

　法律で定められた強制基礎医療保険は、これまでの政府管掌保険（強制医療保険）に相当するものです。基礎医療保険と補充医療保険それぞれ異なる保険会社と契約を結ぶことも可能です。

　基礎医療保険料は、18歳以上のすべてのオランダ住民が保険料を払います。保険料は、保険会社と保険の種類によって異なるので、それぞれの特徴、差異によって気をつけて、自分に適した保険を選ぶことが大事です。

第2節　年収別医療保険料を支払う

年収の約6.25%

　収入のある場合、法的基礎医療保険料に加えて、年収別医療保険料を支払います。これは年収の約6.25%で〔年収30,000ユーロ（480万円）が上限〕、雇用者が負担することになります。

　これまでの政府管掌保険のパーセンテージ表示の保険料はなくなり、また、MOOZ負担金とWTZ割り当て負担金など、これまでの任意保険加入者に課されていた法定保険料はなくなり、給与から引かれていたAWBZ保険金のパーセンテージが低くなります。

　低所得者（独身の場合、年収の25,000ユーロ（400万円）以下であること。あるいは一世帯の合計年収が40,000ユーロ（640万円）以下であることが基本的条件）で、諸事情により保険料の支払いが困難な場合、国の補助を受ける権利があります。税務署が被保険者の給与水準をもとに医療特別手当の水準を定めて補助金を出します。1人当たり420ユーロ（67,200円）まで、一世帯当たり1,200ユーロ（19,200円）までです。

ノー・クレイム

　約11,000ユーロ（176万円）の保険料には、「ノー・クレイム」の255ユーロ（40,800円）が含まれています。1年間1度も医療保険を使わない場合、255ユーロ（40,800円）は保険会社から被保険者に払い戻されます。

　また、被保険者が1年間に使った医療費の合計が255ユーロ（40,800円）以下の場合、差異が被保険者に払い戻されます。ホー

264

ム・ドクターの診察と妊娠中・出産後のケアは、ノー・クレイムの判断の対象に入りません。また、18歳未満の子供はノー・クレイムを請求できません。

文献

オランダ保険・福祉・スポーツ省『新しい医療保険制度』2005年7月。

第4章 オランダの病院とナーシングホーム
──フリースランド州とアムステルダム市の病院視察を中心として──

　私は、2007年5月に、数人の建築家らとオランダのフリースランド州の地域病院、アムステルダム市内の地域病院と大学附属病院を視察する機会に恵まれました。そして、北アムステルダムにあるナーシングホームも視察することができました。

　本章では、これらの施設を視察した内容を、各施設の担当者の説明と私たちが実際に見学して気がついたことについて、視察した病院の特徴や機能を中心に報告します。

第1節　ウェストフリース病院

Westfries gasthuis

　ウェストフリース病院（Westfries gasthuis）のミスター・ターミスさんが私たちに病院の説明をしてくれました。ターミスさんは、日本でいえば施設管理責任者の役職に当たる人で、病院の建築だけでなくデザインにも関わったそうです。ウェストフリース・ゲスト・ハウスの「ウェストフリース」とはフリースランド州の西部を意味し、「ゲスト・ハウス」とは、英語では「ホスト・ハウス」のことであり、オランダでは「病院」を意味します。したがって、日本語に訳すと「ウェストフリース病院」の意味となります（写真4-1、写真4-2）。

2つの病院を統合して1つの病院へ

　この病院は、20年前位に地域の2つの病院が合併してできた病院でした。新しい病院をつくりたかったのですが、政府はどちらか一つの病院にしか増築を認めなかったために、現在の病院が増築されたということです。古い建物はそのまま病院敷地内に残されてお

第4章　オランダの病院とナーシングホーム

写真4-1　ウェストフリース・ゲスト・ハウスと書かれた病院入口

写真4-2　ウェストフリース病院

り、取り壊すのか他の何かに利用するのかはまだ方針が決まっていませんでした。

　新病院は2000年に工事を開始し2003年にオープンした、まだ新しい病院でした。増改築した新しい病院は敷地面積28,000m^2で7階建ての建物となりました。かつての古い病院は26,000m^2でしたから敷地面積が若干広くなったことになります。

　病床数は530床であり、そのうちICUベッドは13床です。年間外来数は20万8千人で、施設の1階と2階部分に診察室と検査室の外来部分が配置されていました。10室の手術室と日帰り手術室は3階に配置されていました。外来患者のほとんどは地域のクリニックからの紹介で外来に罹りに来る患者でした。患者が紹介状なしに直接病院に来ることは救急以外ではとても稀なことです。

患者が医療を受療する3段階

　オランダで患者が医療を受療する場合は、一般的に3段階があります。まず、患者は近所のクリニックを受診します。そしてクリニックの医師が十分治療できないと判断した場合には、医師は地域の病院を紹介します。地域の病院でも治療できない場合には大学病院を紹介する、といった具合です。

　この病院の平均在院日数は6日間でした。オランダの医療の考え方はまずは在宅療養であって、病院に入院しようとは思いません。入院加療後の退院の際には、その後の患者の家の事情を確認しフォローするのは看護師です。そこには時にはドクターも参加しますが、

267

第Ⅳ部　オランダの医療と介護

写真 4-3　病院通路から外が見える

中心はあくまで看護師です。

患者がくつろげる環境づくりが重要

　ターミスさんは、この病院のデザインポイントは、病院の通路からすべて外を見られることであり、患者が精神的にリラックスできるようにつくられていてとても大切なことである、と説明してくれました（写真 4-3）。

　病棟では各ベッドにラジオ、テレビがついており、インターネットも接続されています。料金は無料でいつでも利用できます。オランダの普通の病院では当然有料ですが、この病院では無料で利用できます。各階には患者がくつろげるようにリビングルームが設置されており、やはりここでもインターネット使用はすべて無料です。

　病棟は4人部屋と2人部屋、そして個室となっており、保険会社との契約者は個室を欲することが多くなり、この病院でも個室数が増えているそうです。

患者が病院を選べる仕組み

　オランダの病院は民間企業が経営しており、北ホーランド州にある大きな4つの地域病院はすべて医療保険会社が運営しています。この病院は、元々は公立病院でしたが、合併して保険会社が運営する病院となりました。したがって、病院は、保険会社に医療報酬を請求することになります。

　民間保険会社は利益が出なければ患者にも手術費用を値上げすることができます。しかし、仮に急に手術費用を病院が値上げしたとしたら、その患者は違う病院を選べるしくみを国がつくっていて、オランダの病院は他の病院との競争関係にさらされていることになります。

　このように、ある病院だけが医療費を値上げできない仕組みが社会システムとしてできています。しかも、国の指導もあって、そう

簡単に患者への医療費値上げをすることはできないようになっています。そして、医療の品質管理も国・厚労省の責任で行っているということでした。

病院設備

この病院の設備面について聞くと、CTが1台あり、もう1台追加で購入する予定で現在代理店と交渉中でした。MRIは2台ありました。追加で購入予定のCTは東芝社製だそうですが、そのほかのCTとMRIはいずれもドイツ・シーメンス社製でした。MRI検査のウェイティングリストでは、長くて1カ月の待機者がいるとのことでした。「1カ月」という長さに私たちが驚くと、ターミスさんは慌てて「しかし、緊急の時は1週間位で検査をする」と言いました。

写真4-4　病院の壁に飾られた若手芸術家の作品

病院建築予算の1％は美術品で使う法律

私が最も感激したことは、オランダでは病院建築予算の1％位は美術品で使わなければならないという法律がある、ということでした。これは、美術品が患者の心を癒す効果があることから、積極的に施設内にディスプレイさせるためです。そしてもう1つ合理的だと私が考えたことは、芸術家が病院に自分の作品を持ち込んで自由に壁に掛けたりできることでした。

これは、若い芸術家のためにやっているもので、病院に掛けておく作品は患者がもし気に入ったらその画家から買うことが出来る仕組みだそうです（写真4-4）。このような試みは芸術を愛する国オランダが、とくに若い芸術家を育てようとする仕組みの1つと思われました。

心臓病の患者はそのまま3階のICUにすぐに運ばれる仕組み

ターミスさんの救急についての説明では、救急車専用の車庫には病院の両側の公道からは一般車が入れないようになっており、例え

269

第Ⅳ部　オランダの医療と介護

写真 4-5　病院併設の発電所

ば心臓病の患者であればそのまま3階のICUにすぐに運ばれる仕組みになっていて、合理的な設計になっているとのことでした。

ただ彼が言うには、建築設計で唯一地震対策だけはしていないそうです。なぜなら、オランダでは10年に1回くらいしか地震が起きないからです。

どのエネルギーを使うかは病院の自由

さらにたいへん興味深かったのは、病院のエネルギー対策でした。病院には専用の発電所があって、国の平均価格をみながら、電気、ガスを自前で供給するインフラを整備していました（写真 4-5）。

毎月コンピューターで管理して、例えば今月は国からエネルギーを安く買ったとしても、翌月には自前でエネルギー供給する方が安ければそうしており、常時変わるということでした。つまり、国の一般の電力のシステムからエネルギーを買うか、病院が自分でつくるエネルギーを使うかを決めた上で、さらに、電力か石油かガスのうちどのエネルギーを使うかを決めます。

そもそもオランダのエネルギーは、太陽発電の他に北部の海底で採取できる天然ガス、強風を利用した風力発電、水力発電などがあります。しかし、太陽光発電は全エネルギー消費量のわずか0.16％にすぎませんでした（視察当時）。オランダには地下の天然ガスが豊富であることからガスを使うことが多いのです。

第2節　セント・ルーカス・アンドリュース病院

Sint Lucass Andeas Ziekenhuis

アムステルダム市にある地方病院のセント・ルーカス・アンドリュース病院（Sint Lucass Andeas Ziekenhuis）は、病床数600床の病院で、1965年に設立された歴史ある病院でした（写真 4-6）。

第4章　オランダの病院とナーシングホーム

写真 4-6　セント・ルーカス・アンドリュース病院の全景

写真 4-7　ロビーに飾られた大きなオブジェ

写真 4-8　患者への情報提供のための装置

　2000年に改装工事が始まり視察時も工事が続けられている病院であり、やはり、保険会社が運営している病院でした。
　元々は、セント・ルーカス病院とセント・アンドリュース病院の別個の地方病院でしたが、両病院が合併して新しい病院となりました。当時の両病院の病床数をあわせると 900 床未満の病床数でしたが、新病院となった際に 600 床までダウンサイジングした病院です。

800 オブジェにも及ぶ絵画や彫刻が病院内に展示

　この病院の特徴は、800 オブジェにも及ぶ絵画や彫刻などが病院内に展示されていることです。施設内のあちこちに様々な絵画や彫刻などのオブジェが飾られていて美術館のようでもあり、病院らしからぬ雰囲気でした（**写真 4-7**）。
　玄関を入るとすぐのところにオランダ心臓健康協会が患者に提供する啓蒙のための情報や、脳健康協会が提供する患者啓蒙のための情報サービスの機械が設置されていました（**写真 4-8**）。私たちが訪問したときも患者が自分で情報を収集しており、患者サービスとともに病院の付加価値を高めているようでした。
　さらに玄関を進んでいくと大きなカフェテリアがあり、患者や家

271

第Ⅳ部　オランダの医療と介護

写真 4-9　病院ロビーでくつろぐ患者ら

写真 4-10　千夜一夜をテーマにした特別室

写真 4-11　水と空と大地と太陽をテーマにした部屋

族が思い思いにくつろぐ様子は、やはりヨーロッパの病院らしいゆとりが感じられました（写真4-9）。

産婦人科に力を入れている病院

　この病院では、産婦人科に力を入れているらしく、私たちの施設見学の中心は産婦人科病棟の特別室に集中しました。一般的にオランダ人の出産は、自分の家で行われることが多いです。今日でも助産師によって出産することが多いのですが、視察当時の話では、全出産者の半分位は、ハイリスクの患者と病院で出産してもよいという人たちでした。

　私たちが見学した、半年前にオープンしたという千夜一夜をテーマにした特別室は、イスラム人専用ということではなく、一般のオランダ人も使えるということでした（写真4-10）。イスラムといえば、院内にモスクがあったことは、現在のオランダが他民族国家であることを物語っていました。

　また、水と空と大地と太陽をテーマにした部屋もあり、私たちを案内してくれたヘンドリーさんはとても自慢気でした（写真4-11）。

272

第4章 オランダの病院とナーシングホーム

写真 4-12 AMC 病院の全景

写真 4-13 AMC 内のロビー

第3節　アムステルダム大学医学部付属病院（AMC）

Academisch medisch Centrium

　アムステルダム大学医学部附属病院（AMC：Academisch medisch Centrium）は、アムステルダム一の病院らしく大変立派な施設で、私たちのみんなが圧倒された病院でした（写真4-12）。

　もともとアムステルダムにはもう1つ大学病院がありましたが、昔からアムステルダム病院はカトリック系の医師と患者たちが多く、もう1つの大学病院はプロテスタントの医師と患者たちが多かったそうです。しかし今日では、カトリックとプロテスタントの区別に社会的意味がなくなったという理由で合併したということでした。

　さらに1985年に3つ目の病院も合併して、現在のAMCとなりました。

総床面積は34万 km² で病院敷地面積世界一の病院

　オランダの法律では、大学病院は1,000床以上なければならないことになっています。建物全体を見渡したとき、手前の低い建物は外来棟であり、後ろの高い棟が病室であって、その裏側に大学の教育施設が設置されていました。

　AMCの総床面積は34万 km² で、そのうち24万 km² がリノリウムという自然素材の床材を使用しています。この病院は、塩ビの床材を使用しない環境にとても優しい病院でした。ちなみに、アムステル大学附属病院は、病院敷地面積で世界一の病院であるらしい

273

第Ⅳ部　オランダの医療と介護

 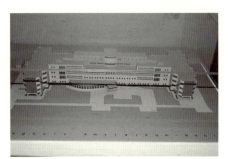

写真 4-14　コールダーンのナーシングホーム　　写真 4-15　ナーシングホームの模型

とのことでした。
　建物の中は一つの街となっており、エリアごとに広場があって、そこには患者とその家族であろうと思われた人達が気軽にカフェを楽しんでいました（**写真 4-13**）。
　AMC には、入院している子どもたちのために映画館が設置されており、予約は必要ですが無料で観賞できるシステムになっています。長期入院の子供たちのための学校ももちろんあるし、大学の小児科とはまったく違う小児クリニックも AMC にテナントとして入居しているなど、日本ではまったく考えつかない事例はとても興味深いシステムでした。

第 4 節　ナーシングホーム

De Die Cordaan
　最後に、私たちは、コールダーン（De Die Cordaan）という組合組織が運営する 1993 年に設立されたナーシングホームを見学しました（**写真 4-14**、**写真 4-15**）。以前は、独立した老人ホームが組合（cooperative）をつくっており、別々の経営体でしたが、今日では 8 カ所の施設が連携していました。
　アムステルダム市だけで、コールダーンは 8 施設を事業展開していましたが、20 人くらいの小規模施設から 160 人のこの施設のような大規模施設まであるといいます。私たちにこのように説明してくれたのは、施設スタッフの若い女性、ニーナ・マーザレオさんで

274

第4章　オランダの病院とナーシングホーム

写真4-16　施設スタッフのニーナ・マーザレオさん

写真4-17　高齢者が入居する2人部屋

した（写真4-16）。

施設の入居者は168人

　この施設では、現在168人の高齢入居者があり、死ぬまで入居できる（終の棲家）という施設であって、日本でいえば特別養護老人ホームに当たります。施設内にリハビリテーションを行う部署があり、通所ではなく、入居者が専用のリハビリテーションルームでリハビリテーションを行っていました。高齢者が入居する部屋は2人部屋が一般的のようですが、中には個室も少しですがあるそうです（写真4-17）。

　3階建ての建物のうち、1フロア当たり25人が1ユニットで50人位の入居者があり、建物の左右に25人ずつ1ユニットになっていました。スタッフは1フロアに7人の看護師がいて、夕方は3人となり夜勤は1人の看護師になるそうです。そして、3人の医師が施設全体を医療管理しており、夜勤はしないそうです。認知症の入居者のフロアも同じスタッフ構成でした。入居者の多くがかなり要介護度の高い人でした。廊下には家族がつくったという刺繍が飾ってあったのが印象的でした。

地域コミュニティセンターとしての役割

　施設のレストランは、ランチ代5ユーロを支払えば、部外者の誰でも無料で施設を使用できます（写真4-18）。多くの外部の高齢者が気軽にレストランで食事をしており、地域コミュニティセンター

第Ⅳ部　オランダの医療と介護

写真 4-18　施設のレストラン

としての役割を立派に果たしていました。

　この施設のある北アムステルダム地域は、経済的にはあまり裕福な人達が住んでいる地域ではありません。周りをみると団地があって、このナーシングホームがあるといったロケーションは、確かにアムステルダムの街中に比べるとあまり外国人が足を運ぶことがないと思われました。

おわりに

　オランダの医療機関もヨーロッパ諸国の中にあって、同じような歩みをしているようでした。ヨーロッパ諸国では、高騰する医療費の抑制を目的に、およそ20年前から病院の統廃合を行い、機能を集中化させてきた経過があります。

　現在、日本の医療が機能分化と集中を行っているのも、こうしたヨーロッパの政策の後追いとも一般的に考えられています。

　しかし私は、日本の医療機関のアクセスの良さは先進諸国の中でも極めて優れていて、地域住民の医療を受ける権利を保障する大事な施策であると考えています。世界一の高齢社会をすでに迎えた日本においては、急性期医療の充実とともに、在宅での介護と福祉の充実が喫緊の課題であると思われました。

　未だ未成熟な日本の市民社会において、社会が高齢者を支えるシステムづくりを急ぐ必要があると思われます。日本の良い点は生かしながら、住民が地域で生活しやすい新たな社会政策をオランダから学ぶことは重要であろうと考えました。

（2007年6月28日記）

あとがき

　本書を閉じるにあたって、いつもと少し違う「あとがき」を記させていただきたいと思います。これまでは、あとがきでは著作にするまでの調査の紹介やいきさつ、視察調査先でお世話になった人たちへの謝辞が多かったのですが、今回は、最初にこれまでの海外視察研修の紹介をさせていただきたいと思います。

　私が海外視察を始めたのは2005年からです。当時法政大学大学院博士後期課程で政策科学を専攻し、とりわけ医療政策を研究しながら国際比較研究を行うことを目的に、デンマーク・ドイツ・フランスにおける在宅医療・訪問看護研修に参加したことがきっかけでした。その後の視察調査の経緯を一覧表にすると、次のようになります。

2005（平成17）年11月20〜27日
デンマーク・ドイツ・フランスにおける在宅医療・訪問看護研修
（訪問看護振興財団ほか）

2007（平成19）年5月13〜20日
オランダ医療施設及び一般建築視察・研修（フォルボ・フロアリング・ジャパン）

2012（平成24）年9月3〜7日
英国公共サービス改革最前線——オープン・パブリック・サービスとソーシャル・インパクト・ボンドから学ぶ——（明治大学）研修助成金あり

2012（平成24）年11月3〜11日
ドイツの非営利・協同の医療と脱原発の地域電力事業を見る旅（非営利・協同総合研究所いのちとくらし）研修助成金あり

2013（平成25）年10月26日〜11月4日

イタリアの非営利・協同の医療福祉と社会サービスの視察（非営利・協同総合研究所いのちとくらし）研修助成金あり

2015（平成27）年8月29日〜9月6日
デンマーク・イギリスに学ぶ高齢者ケア視察（トラベルパートナーズ）

2015（平成27）年10月31日〜11月8日
イギリスの医療・福祉と社会的企業視察（非営利・協同総合研究所いのちとくらし）

2016（平成28）年10月9日〜10月15日
フランス（パリ）で学ぶ高齢者ケア視察（トラベルパートナーズ）：日本文化厚生連より海外出張命令（調査研究）

2017（平成29）年8月26日〜9月3日
ドイツの介護保険・認知症ケア・在宅ホスピス視察（トラベルパートナーズ）

2019（令和1）年8月25日〜8月31日
フィンランド・リトアニア　全世代型社会保障、施設・在宅ケア、ICTヘルス、介護・保育一体資格制度視察（高齢者住宅新聞社）

　2005年から2019年までの15年間で、参加または企画実施した海外視察・研修調査は10回です。訪問した国は、イタリア、デンマーク、ドイツ、フランス、イギリス、オランダ、フィンランド、リトアニアの8カ国になります。
　この他にも、この間に、ロンドンのLSEでの国際学会発表でイギリスを訪問しており、所用でフランスのパリと南仏を2度訪問しています。一方、企画だけして、自分は参加しなかった視察調査もあります。
　こうした海外視察調査は、国内調査では得られない貴重な経験をもたらしてくれたことは間違いありません。10回すべての視察調

278

あとがき

査の企画にかかわったわけではありませんが、複数の海外視察調査には企画段階から参加し、報告書の執筆、出版まで行うことは大変でしたが、楽しい 15 年間でした。コロナ禍前まではこのような海外調査を今後も続けようと考えていましたが、コロナ後は、社会も変化し私の生活環境も変化しました関係で、一度も海外への視察調査はかなっていません。

　この度、「ヨーロッパの社会保障」という大変大きなタイトルで 4 カ国の取り組みを紹介できたことは、これまでの 15 年間の海外調査研究の集大成に近いものだと考えます。同時に、大それたことをしてしまったと自覚していることも事実です。しかし私の時間の制約を考えてみると、この際やり残して悔いがないようにしなければという思いから本書を上梓することにいたしました。

　15 年間、実に多くの方々の力をお借りして、海外視察調査研究を行うことができましたことに感謝申し上げます。もうすでに、これまで上梓した著作において、何度もお礼を申し上げさせていただきましたので、本書では差し控えさせていただきます。

　いずれにしても、これまで同様に本書におきましても間違い等につきましては、著者である私に帰することは言うまでもありません。

　最後に、出版事情の悪い中、前著『社会保障を知るためのブックガイド』に続く本書も、同時代社から出版されましたことに、川上隆社長にお礼申し上げます。

著　者

初出一覧

第 I 部　イタリアの国民保健サービス

第1章　イタリアの医療制度
書き下ろし

第2章　家庭医とイタリア医療の課題（ミラノ）
第1節　STUDIO MEDICO BARDI MONTANI SUTTI
（原題）「イタリア・ミラノの家庭医　STUDIO MEDICO BARDI MONTANI SUTTI」『文化連情報』№ 447、日本文化厚生連、2015 年 6 月、pp.44-49。
第2節　メディチナ・デモクラティカ（Medicina Democratica）――イタリア医療の課題――
（原題）「メディチナ・デモクラティカ　イタリアの医療の課題」『文化連情報』№ 451、日本文化厚生連、2015 年 10 月、pp.76-80。

第3章　オスペダーレ・マッジョーレ・(Ospedale Maggiore)・ボローニャ　　――ボローニャ市 Ausl の地域医療政策――
第1節　118 番オペレーションセンター
（原題）「オスペダーレ・マッジョーレ・ボローニャ　(1)　118 番救急オペレーションセンター」『文化連情報』№ 448、日本文化厚生連、2015 年 7 月、pp.64-68。
第2節　マッジョーレ病院の医療機能
（原題）「オスペダーレ・マッジョーレ・ボローニャ　(2)　マッジョーレ病院の医療機能」『文化連情報』№ 449、日本文化厚生連、2015 年 8 月、pp.58-61。
第3節　ボローニャ市 Ausl の地域医療政策
（原題）「オスペダーレ・マッジョーレ・ボローニャ　(3)　ボローニャ市 Ausl の地域医療政策」『文化連情報』№ 450、日本文化厚生連、2015 年 9 月、pp.70-73。

第4章　地区高齢者介護施設と薬局
第1節　ヴィラ・ラヌッチ（Villa Ranuzzi）（ボローニャ）
（原題）「ヴィラ・ラヌッチ　地区高齢者介護施設」『文化連情報』№ 440、日本文化厚生連、2014 年 11 月、pp.65-69。
（原題）「イタリアの認知症ネットワーク」『文化連情報』№ 441、日本文化厚生連、2014 年 12 月、pp.60-61。
第2節　サンタ・マリア・ノヴェッラ薬局（フィレンツェ）――Officina Profumo-Farmaceutica di Santa Maria Novella――
（原題）「世界最古の薬局　フィレンツェ・サンタ・マリア・ノヴェッラ」『文化連情報』№ 435、日本文化厚生連、2014 年 6 月、pp.56-59。

第Ⅱ部　フランスの医療と介護

第1章　フランスの医療保険制度
（原題）「フランスの医療保険制度」『くらしと健康』No. 91、日本文化厚生連、2017年9月、pp.17-23。

第2章　フランスの介護保険と在宅入院制度
第1節　フランスの介護保険、及び、第2節　在宅入院制度
（原題）「フランスの介護保険と地域包括ケア」『文化連情報』No. 477、日本文化厚生連、2017年12月、pp.66-71。
第3節　パリ公立病院協会所属在宅入院連盟
（原題）「フランスの24時間在宅ケアシステムを支える訪問看護——パリ公立病院協会所属在宅入院連盟と在宅看護・介護事業所の活動から」『文化連情報』No. 339、2006年、6月、pp.56-62（パリ公立病院協会所属在宅入院連盟の部分を掲載）。

第3章　フランス赤十字社アンリ・デュナン病院老年科センター——CROIX-ROUGE FRANÇAISE HÔPITAL HENRY DUNANT Centre de Gérontologie——
第1節　医療保険制度と病院
（原題）「フランス赤十字社アンリ・デュナン病院老年科センター CROIX-ROUGE FRANÇAISE HÔPITAL HENRY DUNANT Centre de Gérontologie（1）医療保険制度と病院」『文化連情報』No. 482、日本文化厚生連、2018年5月、pp.70-73。
第2節　HÔPITAL HENRY DUNANT Centre de Gérontologie　CROIX-ROUGE FRANÇAISE
（原題）「フランス赤十字社アンリ・デュナン病院老年科センター CROIX-ROUGE FRANÇAISE HÔPITAL HENRY DUNANT Centre de Gérontologie（2）パリの病院」『文化連情報』No. 483、日本文化厚生連、2018年6月、pp.74-78。
第3節　日本への示唆
（原題）「フランス赤十字社アンリ・デュナン病院老年科センター CROIX-ROUGE FRANÇAISE HÔPITAL HENRY DUNANT Centre de Gérontologie（3）日本への示唆」『文化連情報』No. 484、日本文化厚生連、2018年7月、pp.72-75。

第4章　フランスの訪問看護
第1節　制度の概要
（原題）「フランスの訪問看護（1）制度の概要」『文化連情報』No. 479、日本文化厚生連、2018年2月、pp.52-56。
第2節　開業看護師による訪問看護の実際
（原題）「フランスの訪問看護（2）開業看護師による訪問看護の実際」『文化連情報』No. 480、日本文化厚生連、2018年3月、pp.58-62。

第3節　活動と課題
（原題）「フランスの訪問看護（3）活動と課題」『文化連情報』No. 481、日本文化厚生連、2018 年 4 月、pp.77-83。
第4節　訪問看護振興協会／高齢者対象在宅看護・介護ケアを行う NPO 組織、開業ナースオフィス（ASSID）
（原題）「フランスの 24 時間在宅ケアシステムを支える訪問看護——パリ公立病院協会所属在宅入院連盟と在宅看護・介護事業所の活動から」『文化連情報』No. 339、2006 年、6 月、pp.56-62（在宅看護・介護事業所の活動の部分を掲載）。

第5章　フランスの地域包括ケア——パリ西地区の MAIA, CLIC, RéseauX の活動
書き下ろし

第Ⅲ部　ドイツの社会保障

第1章　ドイツの介護保険
（原題）「まだ未成熟に思えるドイツの『介護の社会化』」『COMMUNITY CARE』Vol.08、No. 03、日本看護協会、2006 年 3 月、pp.59-61。
（原題）「苦悩するドイツの介護保険——バイエルン州 MDK の視察と最近の動向から——」『福祉の協同研究』No. 1、福祉の協同を考える研究会、2007 年 7 月、pp.42-49。

第2章　ミュンヘン・カリタス・ゾチアルスタチオン
（原題）「苦悩するドイツの介護保険——バイエルン州 MDK の視察と最近の動向から——」『福祉の協同研究』No. 1、福祉の協同を考える研究会、2007 年 7 月、pp.42-49。

第3章　プロテスタント・ディアコニークランケンハウス・フライブルク
——Evangelisches Diakoniekrankenhaus freiburg——
（原題）「プロテスタント・ディアコニー・クランケンハウス・フライブルク」『文化連情報』No. 427、日本文化厚生連、2013 年 12 月、pp.66-71。

第4章　デンツリンゲン・森の自然幼稚園
（原題）「ドイツ・デンツリンゲンの森の幼稚園——ヴァルトキンダーガルテン」『文化連情報』No. 427、日本文化厚生連、2013 年 10 月、pp.66-69。

第5章　ダッハウ・強制収容所
（原題）「ダッハウ強制収容所がいまに教えるもの」全国老人福祉問題研究会編『ゆたかなくらし』2013 年 8 月号、本の泉社、pp.35-42。

第Ⅳ部　オランダの医療と介護

（原題）「オランダの病院とナーシングホーム――フリースランド州とアムステルダム市の病院視察を中心として――」『オランダ医療施設及び一般建築視察ツアー　報告書（2007年5月）』フォルボ・フロアリングジャパン、2007年8月、pp.1-9。

　以上の初出一覧を挙げることができます。しかし、各章各節は初出に加筆したものもあれば、逆に本書の文脈上不必要と判断した場合には削除しています。本書に収めた写真についても、本書の文脈上必要かどうかを判断し、初出と違っていることがあることを申しあげておきます。

著者業績

《単著》

『地域と高齢者医療福祉』日本博士論文登録機構、雄松堂出版、2008年8月。

『地域と高齢者の医療福祉』御茶の水書房、2009年1月。

『医療機能分化と連携——地域と病院と医療連携』御茶の水書房、2013年4月。

『「論文を書く」ということ——憂鬱な知的作業のすすめ』御茶の水書房、2014年9月。

『ドイツのエネルギー協同組合』同時代社、2015年4月。

『イタリアの社会的協同組合』同時代社、2015年10月。

『高齢者医療と介護看護——住まいと地域ケア』御茶の水書房、2016年6月。

『イギリスの認知症国家戦略』同時代社、2017年1月。

『フランスの医療福祉改革』日本評論社、2019年4月。

『イギリスの医療制度改革——患者・市民の医療への参画』同時代社、2019年10月。

『公害病認定高齢者とコンビナート——倉敷市水島の環境再生』御茶の水書房、2020年6月。

『イギリスの社会的企業と地域再生』同時代社、2020年9月。

『協同組合と情報——編集者12年の軌跡』同時代社、2021年1月。

『コロナ危機と介護経営』同時代社、2021年5月。

『ドイツの介護保険改革』同時代社、2023年6月。

『ドイツの介護強化法』同時代社、2023年11月。

『社会保障を知るためのブックガイド』同時代社、2024年8月。

《共著》

法政大学大原社会問題研究所編『社会労働大事典』旬報社、2011年2月。

平岡公一ほか監修・須田木綿子ほか編『研究道——学的探求の道案内』東信堂、2013年4月。

油井文江編『ダイバーシティ経営処方箋—— 一からわかるダイバーシティ 男・女・高齢者・障がい者・外国人 多様性を力に』全国労働基準関係団体連合会、2014年1月。

法政大学大原社会問題研究所・相田利雄編『大原社会問題研究所叢書：サステイナブルな地域と経済の構想——岡山県倉敷市を中心に』御茶の水書房、2016年2月。

高橋巌編『農協——協同のセーフティネットを創る』コモンズ、2017年12月（日本協同組合学会賞　学術賞（共同研究）、2020年8月受賞）。

日本文化厚生農業協同組合連合会編『日本文化厚生連七十年史』2018

年9月。

《論文》

「医療計画と地域政策」日本地域政策学会『日本地域政策研究』第4号、2006年3月。

「急性期入院加算取得病院と地域特性調査による医療連携の分析——厚生連病院所在の第二次医療圏を対象とした遠隔医療導入の可能性」日本遠隔医療学会『日本遠隔医療学会雑誌』第2巻第2号、2006年9月。

「中山間地域の高齢者と在宅ケアについての研究」日本地域政策学会『日本地域政策研究』第6号、2008年3月。

「病院勤務医師不足の現状と対応についての研究——公的病院のアンケート分析から」日本医療福祉学会『医療福祉研究』第2号、2008年7月。

「過疎山村限界集落の高齢者と地域福祉に関する研究」日本地域政策学会『日本地域政策研究』第7号、2009年3月。

「有料老人ホームが終のすみかとなる可能性——東京都内ホームの経済的入居条件と保健医療の考察」日本保健医療学会『保健医療研究』第1号、2009年6月。

「高齢者の住まいと医療福祉に関する研究——有料老人ホームの制度等の変遷と経済的入居条件の考察」日本医療福祉学会『医療福祉研究』第3号、2009年6月。

「高齢者介護の地域格差に関する研究——首都圏・中部地方・大都市の介護力指数の比較」日本保健医療学会『保健医療研究』第2号、2010年2月。

「小規模・高齢化集落の高齢者と地域福祉」福祉社会学会『福祉社会学研究』第8号、2011年5月。

「地域福祉は住民のもの——協同組合・非営利組織の視点から」日本地域福祉学会『日本の地域福祉』第31巻、2018年3月。

「製薬企業におけるイノベーションと企業業績との関係性」立教大学大学院ビジネスデザイン研究科『立教ビジネスデザイン研究』第20号、2023年12月。

ほか多数。

著者紹介

小　磯　明（こいそ　あきら）

柴田学園大学短期大学部教授

1960 年生まれ
法政大学大学院政策科学研究科政策科学専攻博士後期課程修了
立教大学大学院ビジネスデザイン研究科ビジネスデザイン専攻博士課程前期課程修了
政策科学修士・政策科学博士（法政大学）、経営管理学修士（立教大学）、専門社会調査士（社会調査協会）

35 年にわたり、日本文化厚生農業協同組合連合会において、主に医療・介護政策と経営に関する調査研究と実践に従事。2020 年 6 月から子会社のヘルスケア企業の代表取締役社長を歴任し、2024 年 4 月から同社取締役。この間、2009 年から法政大学大学院政策科学研究科及び公共政策研究科兼任講師等を経て、2024 年 4 月に柴田学園大学短期大学部着任。同年 7 月から弘前市健康づくり推進審議会委員、11 月から弘前市立博物館協議会委員。主な担当科目は経済学、経営学、マーケティング、ビジネスデザイン論、ビジネス実践演習、登録販売者対策講座（安全対策と法規）。ほかに、ブランド・マネージャー検定特別講座を担当

主な著書
『公害病認定高齢者とコンビナート──倉敷市水島の環境再生』（御茶の水書房、2020 年）
『ドイツの介護強化法』（同時代社、2023 年）
『社会保障を知るためのブックガイド』（同時代社、2024 年）　ほか多数

受賞歴
『農協──協同のセーフティネットを創る』（共著、コモンズ）で、2020 年 8 月に日本協同組合学会賞学術賞（共同研究）受賞

ヨーロッパの社会保障
──イタリア・フランス・ドイツ・オランダ

2025 年 3 月 10 日　　初版第 1 刷発行

著　者　　小磯　明
発行者　　川上　隆
発行所　　株式会社同時代社
　　　　　〒 101-0065　東京都千代田区西神田 2-7-6
　　　　　電話 03(3261)3149　FAX 03(3261)3237
組　版　　精文堂印刷株式会社
印　刷　　精文堂印刷株式会社

ISBN978-4-88683-983-1